Contents

How to use this book   4

Die deutschsprachige Welt   6

1: Everyday life at home and at school

1A	House and home	8
1B	School life and routine	16
1C	Food and drink	24
1D	Common ailments and healthy lifestyles	30
1E	Media – TV and film	38
	Vokabular	44
	Magazin	48
	Prüfungsecke	52

2: Self, family and friends – at home and abroad

2A	Relationships with family and friends	58
2B	Daily routine and helping at home	66
2C	Hobbies and interests	72
2D	Special occasions	78
2E	Holidays	84
2F	Tourist information and directions	90
	Vokabular	98
	Magazin	102
	Prüfungsecke	106

3: The world around us

3A	Life in the town and rural life	112
3B	Shopping and money matters	118
3C	Public services	124
3D	Environmental issues	130
3E	Weather and climate	136
3F	Everyday life in a German-speaking country	142
3G	Customs and festivals	148
3H	Travel and transport	154
	Vokabular	160
	Magazin	164
	Prüfungsecke	168

4: Life from infancy to adulthood

4A	Childhood	174
4B	School rules and pressures	178
4C	School trips, events, exchanges	182
4D	The importance of sport	186
4E	Accidents and injuries	190
4F	The world of work	194
4G	Future plans	198
4H	Work, volunteering, careers	202
4I	Communication – by internet, phone, email, social media	206
4J	Keeping informed – radio, newspapers, TV, online	210
	Vokabular	214
	Magazin	218
	Prüfungsecke	222

Grammar	226
Verb tables	245

How to use this book

Structure of the book

This book is split into four parts. Each part is broken down into units that cover topics on your course. Each unit is split into several spreads. Every spread has listening, reading, grammar, writing and/or speaking activities to help develop your skills. Below is an example of what you can find on each spread.

Listening material and exercises: engaging audio recordings with a variety of speakers help develop your comprehension and listening skills

Learning objectives: one linguistic objective and one grammar objective

Title of the spread

Phonics exercises: these help you practise your pronunciation

Level: *Einsteigen, Abfliegen* or *Unterwegs*

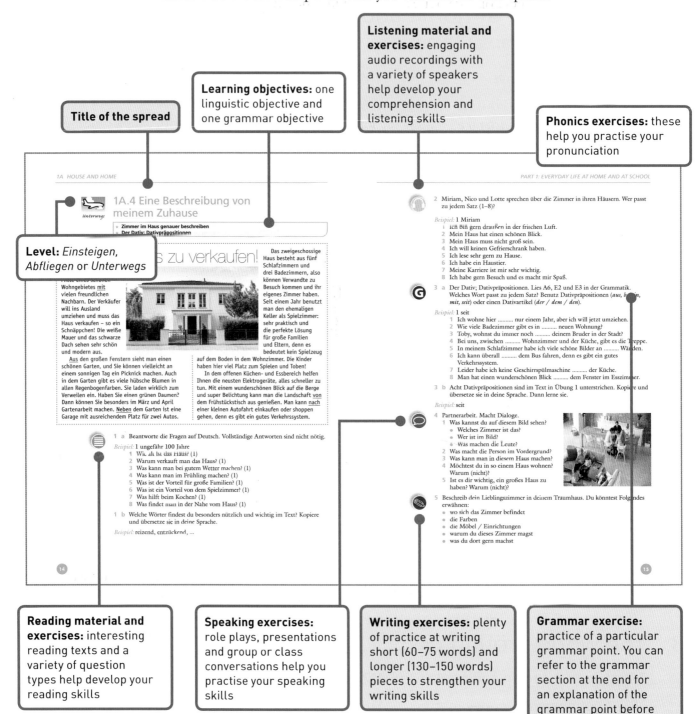

Reading material and exercises: interesting reading texts and a variety of question types help develop your reading skills

Speaking exercises: role plays, presentations and group or class conversations help you practise your speaking skills

Writing exercises: plenty of practice at writing short (60–75 words) and longer (130–150 words) pieces to strengthen your writing skills

Grammar exercise: practice of a particular grammar point. You can refer to the grammar section at the end for an explanation of the grammar point before trying the exercise.

INT

fum
ates
uber
Helen Kent
Janet Searle
Zoe Thorne

German
for Edexcel International GCSE

SECOND EDITION

DYNAMIC LEARNING

HODDER
EDUCATION
AN HACHETTE UK COMPANY

The Publishers would like to thank the following for permission to reproduce copyright material.

Photo credits

p.49 Action Plus Sports Images / Alamy Stock Photo, **p.141** Les Gibbon / Alamy Stock Photo, **p.167** REUTERS / Alamy Stock Photo, **p.179** Juice Images / Alamy Stock Photo, **p.192** MichaelSvoboda; all other photos © Fotolia.

Acknowledgements

Hodder Education would like to thank the following people:

Jackie Coe for her dedication as freelance Publisher

Harriette Lanzer for her hard work as Development Editor

Dorothea Evans for her invaluable role as Teacher Reviewer.

Every effort has been made to trace all copyright holders, but if any have been inadvertently overlooked, the Publishers will be pleased to make the necessary arrangements at the first opportunity.

Although every effort has been made to ensure that website addresses are correct at time of going to press, Hodder Education cannot be held responsible for the content of any website mentioned in this book. It is sometimes possible to find a relocated web page by typing in the address of the home page for a website in the URL window of your browser.

Hachette UK's policy is to use papers that are natural, renewable and recyclable products and made from wood grown in sustainable forests. The logging and manufacturing processes are expected to conform to the environmental regulations of the country of origin.

Orders: please contact Bookpoint Ltd, 130 Park Drive, Milton Park, Abingdon, Oxon OX14 4SE. Telephone: (44) 01235 827720. Fax: (44) 01235 400454. Email education@bookpoint.co.uk Lines are open from 9 a.m. to 5 p.m., Monday to Saturday, with a 24-hour message answering service. You can also order through our website: www.hoddereducation.com

ISBN: 978 1 5104 0331 4

© Helen Kent, Amy Bates, Mariela Affum, Zoe Thorne, Alice Gruber, Janet Searle and Harriette Lanzer 2017

First published in 2015

This edition published in 2017 by
Hodder Education,
An Hachette UK Company
Carmelite House
50 Victoria Embankment
London EC4Y 0DZ

www.hoddereducation.com

Impression number 10 9 8 7 6 5 4 3 2

Year   2021 2020 2019 2018 2017

Cover photo © StevanZZ/Shutterstock

Illustrations by Barking Dog

Typeset by Ian Foulis Design

Printed in Dubai

A catalogue record for this title is available from the British Library.

At the end of parts 1–4, you will find the following:

- **Vocabulary** — four pages of key vocabulary for that area. (The words in italics in these lists are not part of the Edexcel minimum core vocabulary.)
- **Magazine** — four pages of magazine material. These introduce you to a German-speaking country or area with extra reading material and exercises to practise your skills.
- **Exam corner** — four or six pages that focus on a particular key skill you need to develop for your exam. These include exam-style tasks and suggested answers.

Differentiation

The three levels of difficulty in the book are indicated by an aeroplane icon along with the following terms: *Einsteigen, Abfliegen* and *Unterwegs*.

Einsteigen

- *Einsteigen* — these sections introduce you to the topic with simple reading or listening material and exercises.

Abfliegen

- *Abfliegen* — the material in these sections is of medium difficulty.

Unterwegs

- *Unterwegs* — these sections are for students who are aiming for top marks.

Grammar

- There are grammar exercises throughout the book, covering all the grammar you need to know.
- There is a grammar reference section at the back of the book with explanations of all the grammar points in the book.
- Grammar exercises include a reference to the grammar section so that you can refer to this to help you complete the exercises.
- Examples of the grammar point in the exercise can be found in the reading or listening passage on the same spread.

Teacher material

Teacher material can be purchased either as a CD-ROM or as a Teaching & Learning resource as part of the online Dynamic Learning platform.

9781510403338   Edexcel International GCSE German Teacher's CD-ROM
9781510403321   Edexcel International GCSE German Teaching & Learning

The teacher material includes: teaching notes with extra activities, answers, transcripts, audio files, and answers to exam-style writing activities in the book along with sample answers and commentary.

Deutschland

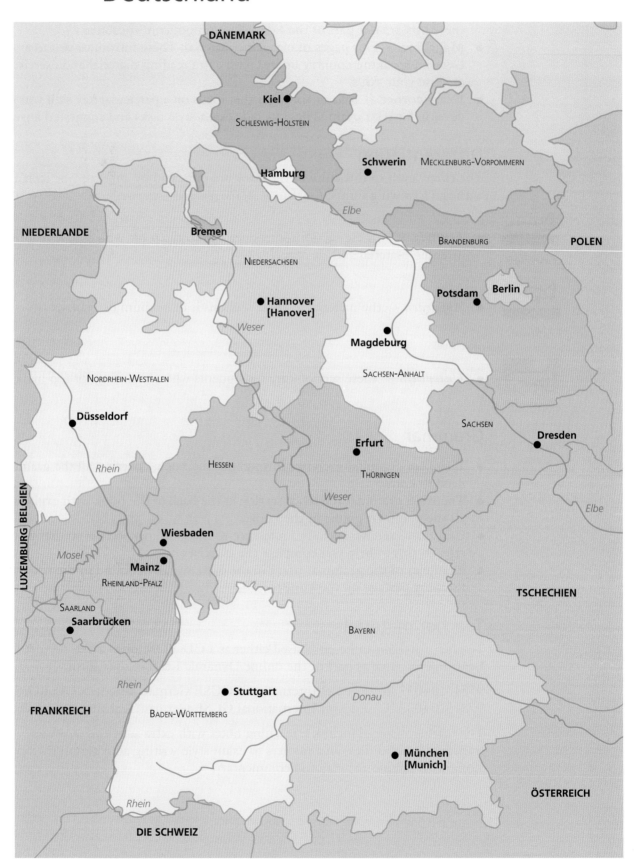

Deutschsprachige Länder

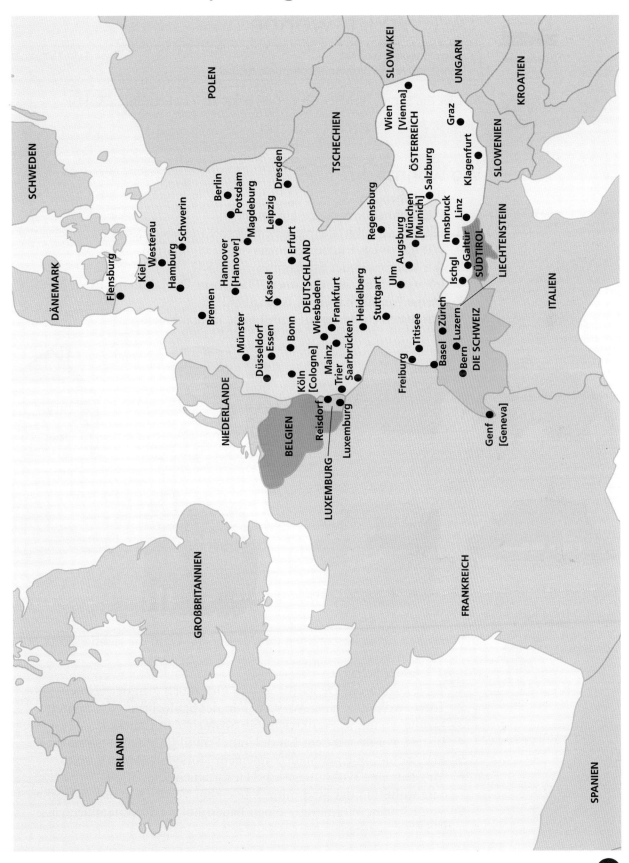

1A House and home

1A.1 Wo ich wohne

Einsteigen

* ★ **Sagen, wo du wohnst**
* ★ **Substantive mit dem unbestimmten Artikel**

1 Lies die Sätze. Welcher Satz (1–8) passt zu welchem Bild (A–H)?

Beispiel: 1 C

Wo wohnst du?

1 Wir haben eine Wohnung.
2 Wir wohnen in Spanien am Strand.
3 Ich wohne in Ottakring, einem Vorort in Österreich.
4 Wir haben ein Einfamilienhaus und einen Garten.
5 Wir wohnen in der Stadtmitte.
6 Ich wohne in Lauterbrunnen. Das ist ein Dorf in der Schweiz.
7 Meine Familie hat einen Bauernhof.
8 Wir haben ein Haus auf dem Lande in Frankreich.

A B C D E F G H

2 Vier junge Leute beschreiben ihre Wohnorte. Wähl die richtige Antwort.

Beispiel: 1 in der Schweiz

1 Tobias wohnt: in Deutschland / in Österreich / in der Schweiz.
2 Tobias wohnt: in einer Vorstadt / in der Stadtmitte / am Strand.
3 Lianne wohnt: in Frankreich / in Spanien / in Italien.
4 Lianne wohnt: auf dem Lande / am Strand / in einer Wohnung.
5 Max wohnt: in einer Stadt / in einem Dorf / in einem Vorort.
6 Max hat: eine Wohnung / ein Haus / einen Bauernhof.
7 Sara wohnt: in der Stadtmitte / in einem Vorort / in einem Dorf.
8 Sara hat: eine Wohnung / einen Bauernhof / ein Einfamilienhaus.

3 a Substantive mit dem unbestimmten Artikel. Lies A1 und A4 in der Grammatik. Welches Wort passt zu jedem Satz?

Beispiel: 1 ein

1 Es gibt .... Haus auf dem Lande.
2 Wir haben .... Bauernhof.
3 .... Stadtmitte ist oft sehr laut.
4 Meine Familie hat .... Wohnung.
5 Alpbach ist .... Dorf in Österreich.
6 Kreuzberg ist .... Vorort von Berlin.
7 Ich habe .... Garten. Das finde ich wunderbar!
8 Es gibt .... Wohnung im Dorf.

| ein | eine | ein | einen |
| einen | ein | eine | eine |

3 b Lies die Sätze in Übung 3a noch einmal und finde mindestens vier Substantive mit dem unbestimmten Artikel. Kopiere sie und schreib M (Maskulinum), F (Femininum) oder N (Neutrum).

Beispiel: 1 ein Haus – N

 4 a Die Laute *äu* und *au*. Hör dir den Satz an und trenne die Wörter. Wiederhole den Satz dreimal. Achte auf die Aussprache. Hör noch einmal zu und überprüfe. Übersetze den Satz in deine Sprache. Lerne den Satz auswendig.

DiebraunenMäusewohnenindenbraunenHäusern.Siesindnichtnurbraun,sondern-auchsehrlaut.AuchwohnenderBauerunddieBäuerinaufeinemBauernhof.

4 b Partnerarbeit. Sag den Satz in Übung 4a. Wer kann das am besten machen?

 5 Partnerarbeit. Macht Dialoge zum Thema „Mein Wohnort".
1 In welchem Land wohnst du?
2 In welcher Stadt wohnst du?
3 Wohnst du in der Stadtmitte?
4 Wohnst du in einem Haus?

Ich wohne	in Deutschland / in der Schweiz / in Österreich.
	in Köln / in Berlin / in Zürich / in Bern / in Wien / in Salzburg.
	in einem Dorf / auf dem Lande.
	am Strand / in den Bergen / an der Küste.
	in einem Vorort / in einer Vorstadt / am Stadtrand.
	in einer Stadt / in einer Großstadt / in einer Kleinstadt.
	in der Stadtmitte / im Stadtzentrum.
	in einem Haus / in einem Einfamilienhaus / in einem Doppelhaus / in einem Reihenhaus
	in einer Wohnung / auf einem Bauernhof.

 6 Wo wohnst du? Schreib einen Absatz darüber auf Deutsch. Du musst Folgendes erwähnen:
- das Land
- die Stadt
- die Region
- das Haus.

Abfliegen

1A.2 Mein Zuhause

★ **Dein Haus und die Zimmer beschreiben**
★ **Der bestimmte Artikel (Nominativ und Akkusativ); Adjektive, die nicht dekliniert sind**

Herzlich willkommen bei mir!

Hallo und willkommen!

Ich heiße Lena und ich komme aus Köln, aber jetzt wohne ich in einem Dorf in einem schönen Haus. Ich wohne in der Nähe von Berlin. Das ist die deutsche Hauptstadt. Ich liebe das Leben hier, aber es ist manchmal ein bisschen hektisch! Ich finde mein Haus einfach klasse. Mein Lieblingszimmer ist das Schlafzimmer, denn es ist so bequem und ruhig und ich kann mich ausruhen. Alles ist weiß und sehr hell. Der Balkon im Sommer ist auch sehr angenehm und meine Freunde und ich essen gern zusammen im Garten. Die Küche gefällt mir nicht – sie ist ziemlich groß, aber ich hasse die Farbe. Sie ist blau und schwarz, wie schrecklich! Auch finde ich den Teppich ein bisschen altmodisch und ich will einen neuen Teppich kaufen.

1 Lies den Artikel. Schreib R (richtig), F (falsch) oder NA (nicht angegeben).

Beispiel: 1 F

   1 Das Haus ist in Köln.
   2 Lena mietet das Haus.
   3 Lenas Lieblingszimmer ist das Wohnzimmer.
   4 Das Schlafzimmer ist im ersten Stock.
   5 Lena wohnt im Haus mit Freunden.
   6 Man kann draußen essen.
   7 Die Küche hat zwei Farben.
   8 Der Teppich ist blau und schwarz.

2 Mein Zuhause. Welches Bild (A–H) passt zu welcher Person (Anja, Bastian, Claudia)? Vorsicht! Ein Bild passt zu niemandem.

Beispiel: 1 Anja

A

B

C

D

E

F

G
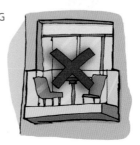

H
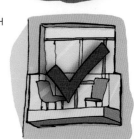

3 a Der bestimmte Artikel (Nominativ und Akkusativ). Lies A1 in der Grammatik. Welches Wort passt zu jedem Satz?

Beispiel: 1 Das

    1 .... Haus ist klein aber auch modern.
    2 Im Erdgeschoss gibt es .... Wohnzimmer, es ist groß.
    3 Wie findest du .... Teppich? Ich finde ihn schön.
    4 .... Wohnung ist so angenehm, besonders im Sommer.
    5 Wo ist .... Toilette, bitte?
    6 .... Büro ist gelb und sehr ruhig.
    7 Dieses Wochenende streicht meine Schwester .... Balkon rot, was ich super finde.
    8 Ich kaufe heute .... Bett. Ich hoffe, es ist bequem!

das	die	die	das
den	den	das	das

3 b Adjektive. Lies B1 in der Grammatik. Lies die Sätze 1–8 in Übung 3a noch einmal und finde zehn Adjektive, die nicht dekliniert sind. Kopiere und übersetze sie in deine Sprache.

Beispiel: 1 klein, modern, ...

4 Partnerarbeit. Macht Dialoge zum Thema „Mein Zuhause".
    1 Wo wohnst du?
    2 Wie ist deine Wohnung / dein Haus? Welche Zimmer gibt es?
    3 Wie ist dein Schlafzimmer? Wie findest du das?
    4 Was ist dein Lieblingszimmer? Warum?

Ich wohne	in Deutschland / in Köln ... in einem Dorf / in einer Kleinstadt ... in einem Haus / in einer Wohnung ...		
Im Erdgeschoss / Dachgeschoss Im ersten / zweiten Stock Im Keller	gibt es	einen Balkon / Garten. ein Schlafzimmer / Wohnzimmer / Badezimmer / Esszimmer / Büro. eine Küche / Toilette / Terrasse.	
Das Haus Die Wohnung Das ____zimmer Der Garten Mein Schlafzimmer	ist	ziemlich ganz sehr	klein / groß. interessant / langweilig / ruhig. hell / dunkel / bunt. schön / hübsch / (un)angenehm / hässlich. (un)ordentlich / (un)bequem.
Ich finde / ich denke / ich glaube / meiner Meinung nach Ich würde sagen, dass ...			

5 Mach ein Poster, um ein Haus zu verkaufen. Beschreib:
    • die Gegend (wo ist das Haus?)
    • das Haus (wie ist das?)
    • die Zimmer (was gibt es? wie sind sie?)

Abfliegen

1A.3 Was ich zu Hause mache

★ **Sagen, was du in verschiedenen Zimmern zu Hause machst**
★ **Regelmäßige Verben im Präsens; Pronomen im Nominativ**

Was ich zu Hause mache

LiebeLouisa
Nachmittags nach der (1) .... gehe ich sofort nach oben und ich höre Musik in meinem Schlafzimmer. Dann mache ich meine Hausaufgaben für zwei Stunden. Meine Mutter glaubt, das ist nicht gut und sie findet es sehr (2) ....

99Dan99
Mein Lieblingszimmer ist die Küche, denn es ist sehr groß und hell und ich koche (3) .... Ich mache oft das Abendessen mit meinem Vater, aber er ist leider kein guter Koch und es ist immer kalt oder nicht so lecker!

kölnerkünstlerin
Ich denke, ich bin sehr kreativ und ich liebe malen, besonders am Wochenende. Wir haben eine Garage, aber kein (4) ...., deshalb habe ich viel Platz für alle meine Sachen, und ich finde das sehr praktisch.

frauanja
Ich wohne mit meinen Großeltern auf einem großen (5) .... und sie haben einen schönen, großen Garten. Ich spiele Fußball mit meinen Geschwistern und meinen Freunden und es macht viel (6) ...., besonders im Sommer!

junger_Oldtimer
Mein Bruder und ich müssen leider ein Zimmer teilen, deshalb ist es immer (7) .... Ich möchte mein eigenes Zimmer! Ich mache lieber meine Hausaufgaben im Wohnzimmer, denn es ist (8) .... und meine Eltern helfen mir.

1 a Lies das Web-Forum. Welches Wort (a–m) passt zu jeder Lücke (1–8)?

Beispiel: 1 f

a Zeit	**d** gern	**g** Auto	**j** nicht	**m** Bauernhof
b Spaß	**e** ruhig	**h** lustig	**k** Garten	
c unordentlich	**f** *Schule*	**i** unbequem	**l** unhöflich	

1 b Welche Wörter findest du besonders nützlich und wichtig im Text? Kopiere und übersetze sie in deine Sprache.

Beispiel: nach oben, das Schlafzimmer, ...

2 Ulli beschreibt vier Zimmer in ihrer Wohnung. Für jedes Zimmer beantworte die Fragen auf Deutsch.

   a Welches Zimmer ist das?   **b** Was macht Ulli dort?

   c Mit wem macht sie das?

Beispiel: 1 a Wohnzimmer, b sie spielt Computerspiele, c Schwester

3 a Regelmäßige Verben im Präsens. Lies F1 in der Grammatik. Schreib die Form des Wortes (a)–(j), damit das Wort im Satz richtig ist. Vorsicht! Es ist nicht immer nötig, die Form in Klammern zu ändern.

Beispiel: (a) wohne

Ich (a) .... (*wohnen*) in einem Einfamilienhaus. Ich habe zwei Brüder und wir (b) .... (*spielen*) gern zusammen im Garten. Es macht so viel Spaß und ich (c) .... (*lieben*) es. Meine Brüder (d) .... (*teilen*) ein Zimmer, aber sie (e) .... (*glauben*), das ist nicht gut, denn es ist immer so unordentlich und chaotisch! Vati mag das nicht und (f) .... (*sagen*) immer, sie müssen das aufräumen. Mutti (g) .... (*denken*), es ist kein großes Thema – sie ist nicht so streng. Ich (h) .... (*bekommen*) viele Hausaufgaben und zum Glück finde ich die Küche sowohl leise als auch ordentlich. Man (i) .... (*brauchen*) einen ruhigen Platz, um zu arbeiten. Was (j) .... (*machen*) du zu Hause?

3 b Lies das Web-Forum in Übung 1 noch einmal und finde zwölf regelmäßige Verben im Präsens. Kopiere und übersetze sie in deine Sprache.

Beispiel: ich denke

4 Partnerarbeit. Macht Dialoge zum Thema „Was ich zu Hause mache".
   1 Was machst du gern (oder nicht gern) zu Hause?
   2 Wo genau machst du das?
   3 Warum machst du das in diesem Zimmer?
   4 Mit wem machst du das?

Ich	spiele koche male faulenze entspanne mich lese	mit	meiner Mutter / meiner Schwester / meiner Freundin meinem Bruder / meinem Vater / meinem Freund meinen Eltern / meinen Brüdern / meinen Schwestern / meinen Geschwistern / meinen Freunden	im	Wohnzimmer / Schlafzimmer / Esszimmer / Badezimmer / Büro / Garten.
		allein		in der	Küche / Garage.
denn es ist [...] weil es [...] ist da es [...] ist	ruhig / leise / groß / klein / hell / bunt. entspannend / (un)ordentlich / (un)bequem / (un)gemütlich / (un)angenehm. sauber / schmutzig.				

5 Was machst du zu Hause und wie findest du das? Schreib 60–75 Wörter auf Deutsch. Du musst alle Wörter hier benutzen.

| Haus | Lieblingszimmer | gern | nicht gern |

Unterwegs

1A.4 Eine Beschreibung von meinem Zuhause

★ **Zimmer im Haus genauer beschreiben**
★ **Der Dativ; Dativpräpositionen**

Das reizende und entzückende Haus befindet sich <u>seit</u> einem Jahrhundert <u>in</u> der Mitte eines schönen Wohngebietes <u>mit</u> vielen freundlichen Nachbarn. Der Verkäufer will ins Ausland umziehen und muss das Haus verkaufen – so ein Schnäppchen! Die weiße Mauer und das schwarze Dach sehen sehr schön und modern aus.

Haus zu verkaufen!

Das zweigeschossige Haus besteht aus fünf Schlafzimmern und drei Badezimmern, also können Verwandte zu Besuch kommen und ihr eigenes Zimmer haben. Seit einem Jahr benutzt man den ehemaligen Keller als Spielzimmer: sehr praktisch und die perfekte Lösung für große Familien und Eltern, denn es bedeutet kein Spielzeug

<u>Aus</u> den großen Fenstern sieht man einen schönen Garten, und Sie können vielleicht an einem sonnigen Tag ein Picknick machen. Auch in dem Garten gibt es viele hübsche Blumen in allen Regenbogenfarben. Sie laden wirklich zum Verweilen ein. Haben Sie einen grünen Daumen? Dann können Sie besonders im März und April Gartenarbeit machen. <u>Neben</u> dem Garten ist eine Garage mit ausreichendem Platz für zwei Autos.

<u>auf</u> dem Boden in dem Wohnzimmer. Die Kinder haben hier viel Platz zum Spielen und Toben!

In dem offenen Küchen- und Essbereich helfen Ihnen die neusten Elektrogeräte, alles schneller zu tun. Mit einem wunderschönen Blick auf die Berge und super Belichtung kann man die Landschaft <u>von</u> dem Frühstückstisch aus genießen. Man kann <u>nach</u> einer kleinen Autofahrt einkaufen oder shoppen gehen, denn es gibt ein gutes Verkehrssystem.

1 a Beantworte die Fragen auf Deutsch. Vollständige Antworten sind nicht nötig.

Beispiel: 1 ungefähr 100 Jahre

1 Wie alt ist das Haus? (1)
2 Warum verkauft man das Haus? (1)
3 Was kann man bei gutem Wetter machen? (1)
4 Was kann man im Frühling machen? (1)
5 Was ist der Vorteil für große Familien? (1)
6 Was ist ein Vorteil von dem Spielzimmer? (1)
7 Was hilft beim Kochen? (1)
8 Was findet man in der Nähe vom Haus? (1)

1 b Welche Wörter findest du besonders nützlich und wichtig im Text? Kopiere und übersetze sie in deine Sprache.

Beispiel: reizend, entzückend, ...

2   Miriam, Nico und Lotte sprechen über die Zimmer in ihren Häusern. Wer passt zu jedem Satz (1–8)?

Beispiel: 1 Miriam

1   Ich bin gern draußen in der frischen Luft.
2   Mein Haus hat einen schönen Blick.
3   Mein Haus muss nicht groß sein.
4   Ich will keinen Gefrierschrank haben.
5   Ich lese sehr gern zu Hause.
6   Ich habe ein Haustier.
7   Meine Karriere ist mir sehr wichtig.
8   Ich habe gern Besuch und es macht mir Spaß.

3   a   Der Dativ; Dativpräpositionen. Lies A6, E2 und E3 in der Grammatik. Welches Wort passt zu jedem Satz? Benutz Dativpräpositionen (*aus, bei, in, mit, seit*) oder einen Dativartikel (*der / dem / den*).

Beispiel: 1 seit

1   Ich wohne hier .... nur einem Jahr, aber ich will jetzt umziehen.
2   Wie viele Badezimmer gibt es in .... neuen Wohnung?
3   Toby, wohnst du immer noch .... deinem Bruder in der Stadt?
4   Bei uns, zwischen .... Wohnzimmer und der Küche, gibt es die Treppe.
5   In meinem Schlafzimmer habe ich viele schöne Bilder an .... Wänden.
6   Ich kann überall .... dem Bus fahren, denn es gibt ein gutes Verkehrssystem.
7   Leider habe ich keine Geschirrspülmaschine .... der Küche.
8   Man hat einen wunderschönen Blick .... dem Fenster im Esszimmer.

3   b   Acht Dativpräpositionen sind im Text in Übung 1 unterstrichen. Kopiere und übersetze sie in deine Sprache. Dann lerne sie.

Beispiel: seit

4   Partnerarbeit. Macht Dialoge.
1   Was kannst du auf diesem Bild sehen?
   ● Welches Zimmer ist das?
   ● Wer ist im Bild?
   ● Was machen die Leute?
2   Was macht die Person im Vordergrund?
3   Was kann man in diesem Haus machen?
4   Möchtest du in so einem Haus wohnen? Warum (nicht)?
5   Ist es dir wichtig, ein großes Haus zu haben? Warum (nicht)?

5   Beschreib dein Lieblingszimmer in deinem Traumhaus. Du könntest Folgendes erwähnen:
   ● wo sich das Zimmer befindet
   ● die Farben
   ● die Möbel / Einrichtungen
   ● warum du dieses Zimmer magst
   ● was du dort gern machst.

School life and routine

Einsteigen

1B.1 Mein Stundenplan

★ **Deinen Stundenplan beschreiben und Meinungen dazu geben**
★ **Ordnungszahlen; Wochentage**

1 a Lies den Stundenplan. Welcher Satz (1–8) passt zu jeder Lücke (A–H)?

Beispiel: 1 B

Ein typischer deutscher Stundenplan

	Montag	Dienstag	Mittwoch	Donnerstag	Freitag
1 (07.45 – 08.30)	Chemie	C	Chemie	Englisch	Mathe
2 (08.30 – 09.15)	Biologie	Deutsch	Biologie	G	Erdkunde
09.15 – 09.30	*kleine Pause*	*kleine Pause*	*kleine Pause*	*kleine Pause*	*kleine Pause*
3 (09.30 – 10.15)	Englisch	Physik	E	Geschichte	Englisch
4 (10.15 – 11.00)	Mathe	D	Erdkunde	Deutsch	H
11.00 – 11.15	*Pause*	*Pause*	*Pause*	*Pause*	*Pause*
5 (11.15 – 12.00)	A	Chemie	F	Mathe	Physik
6 (12.00 – 12.45)	B	Geschichte	Mathe	Biologie	Deutsch

   1 Montags um zwölf Uhr lerne ich Deutsch.
   2 Dienstags in der ersten Stunde haben wir Mathe.
   3 Mittwochs um zehn Uhr dreißig gibt es Geschichte.
   4 Donnerstags in der zweiten Stunde lerne ich Chemie.
   5 Freitags um zehn Uhr fünfzehn gibt es Biologie.
   6 Montags in der fünften Stunde haben wir Erdkunde.
   7 Dienstags in der vierten Stunde lerne ich Englisch.
   8 Mittwochs um elf Uhr fünfzehn lernen wir Physik.

1 b Lies den Stundenplan noch einmal. Finde acht Schulfächer. Kopiere und übersetze sie in deine Sprache.

Beispiel: Chemie

2 Elena, Karl und Mia sprechen über ihren Stundenplan. Schreib R (richtig), F (falsch) oder NA (nicht angegeben).

Beispiel: 1 R
   1 Elenas Lieblingstag ist Freitag.
   2 Elena hat Freitag Deutsch.
   3 Elena mag Montag.
   4 Karls erste Stunde heute ist Biologie.
   5 Karl hat eine Pause um elf Uhr.
   6 Mias Lieblingsfach ist Mathe.
   7 Mia lernt gern Erdkunde.
   8 Mia lernt heute zwei Sprachen.

3 Ordnungszahlen. Lies I2 in der Grammatik. Welches Wort passt zu jedem Satz?

Beispiel: 1 zweiten

1 Zuerst habe ich Deutsch und in der .... Stunde lerne ich Mathe.
2 Jetzt ist die .... Stunde und ich bin müde.
3 Montags und .... lernen wir Geschichte.
4 Um .... Uhr jeden Tag machen wir Pause.
5 .... habe ich immer Englisch und Spanisch.
6 Die erste Stunde beginnt um .... Uhr.
7 Es gibt .... Stunden pro Tag in meiner Schule.
8 In der .... Stunde habe ich Erdkunde, nach Physik und Deutsch.

montags	*zweiten*	fünfte	sechs
dritten	sieben	zehn	dienstags

4 a Die Laute *ie* und *ei*. Hör dir den Satz an und trenne die Wörter. Wiederhole den Satz dreimal. Achte auf die Aussprache. Hör noch einmal zu und überprüfe. Übersetze den Satz in deine Sprache. Lerne den Satz auswendig.

ChemieistlangweiligundmeineLieblingstagesindFreitagundDienstagweilichkeinChemiehabe.

4 b Partnerarbeit. Sag den Satz in Übung 4a. Wer kann das am besten machen?

5 Partnerarbeit. Macht Dialoge zum Thema „Mein Stundenplan".
1 Was ist dein Lieblingsfach?
2 Wann lernst du das?
3 Was lernst du freitags / montags / mittwochs?
4 Was ist dein Lieblingstag? Warum?

Mein Lieblingsfach ist	Deutsch / Englisch / Spanisch / Französisch / Latein Erdkunde / Geschichte / Sozialkunde / Religion Mathe / Physik / Biologie / Chemie / Naturwissenschaften Werken / Musik / Sport / Theater
denn es ist (nicht)	lang / kurz gut / schlecht interessant / langweilig einfach / schwierig nützlich / nutzlos sinvoll / sinnlos logisch / kompliziert.
Ich lerne das	in der ersten / zweiten / dritten Stunde montags / dienstags / mittwochs / donnerstags / freitags um sieben / acht / neun / zehn / elf / zwölf / dreizehn / vierzehn / fünfzehn / sechzehn Uhr.
Mein Lieblingstag ist	Montag / Dienstag / Mittwoch / Donnerstag / Freitag.

6 Was lernst du an einem typischen Schultag? Wie findest du die Fächer? Wähl deinen Lieblingstag, zeichne deinen Stundenplan und schreib fünf Sätze darüber.

Abfliegen

1B.2 Ein typischer Schultag

* ★ **Einen typischen Schultag beschreiben**
* ★ **Unregelmäßige Verben im Präsens**

Der erste Tag an einer neuen Schule

Hast du Angst vor deinem ersten Tag an der Hauptschule? Bist du gestresst? Das ist ganz normal. Ich bin Fabian aus der Hauptschule und ich kann helfen.

Der Tag fängt um halb acht an und man hat sechs Stunden jeden Tag. Die Lehrer sind alle sehr hilfsbereit und normalerweise freundlich (aber man darf die Hausaufgaben nicht vergessen!).

Es gibt eine Pause um Viertel nach neun und eine Pause um Viertel nach elf. In der Pause spricht man mit Freunden, oder man isst eine Kleinigkeit. Man kann Hausaufgaben in der Bibliothek machen. Wir haben keine Mittagspause, aber man kann Essen am Kiosk kaufen (es ist lecker, aber nicht billig!).

1 a Lies das Informationsblatt. Wähl die richtige Antwort (A–D).

Beispiel: 1 C

1 Viele Jugendliche haben Angst vor ...
 A dem Schulessen.
 B den Hausaufgaben.
 C dem ersten Schultag.
 D dem Mobbing.

2 Fabian gibt guten Rat, denn er ist ...
 A Lehrer.
 B Direktor.
 C Schüler.
 D Fremdsprachenassistent.

3 Die Schule beginnt jeden Tag um sieben Uhr ...
 A zwanzig.
 B dreißig.
 C vierzig.
 D fünfzig.

4 Die Lehrer in der Schule sind normalerweise ...
 A fröhlich.
 B streng.
 C ernst.
 D müde.

5 Jeden Tag hat man zwei ...
 A Stunden.
 B Pausen.
 C Mahlzeiten.
 D Unterrichte.

6 Fabian findet das Schulessen ...
 A ekelhaft.
 B nicht schlecht.
 C teuer.
 D fantastisch.

1 b Welche Wörter findest du besonders nützlich und wichtig im Informationsblatt? Kopiere und übersetze sie in deine Sprache.

Beispiel: Angst haben, die Hauptschule, ...

2 Katja beschreibt einen typischen Schultag. Korrigiere die Sätze.

Beispiel: 1 ~~neun~~ acht

1 Die Schule beginnt um Viertel vor neun.
2 Katja findet Naturwissenschaften einfach.
3 Katjas Lieblingsfach ist Spanisch.
4 Es gibt zwei Pausen jeden Tag.
5 Katja isst allein in der Pause.
6 Katja macht ihre Hausaufgaben im Klassenzimmer.
7 Katja findet den Direktor streng.
8 Die Schule endet um ein Uhr zwanzig.

3 a Unregelmäßige Verben im Präsens. Lies F1 in der Grammatik. Schreib die Form des Wortes (a)–(j), damit das Wort im Satz richtig ist. Vorsicht! Es ist nicht immer nötig, die Form in Klammern zu ändern.

Beispiel: (a) haben

Viele Schüler (a) .... (*haben*) Angst vor dem ersten Schultag an einer neuen Schule. Manchmal beginnt der Schultag ganz früh und die Stunden (b) .... (*sein*) länger. Es (c) .... (*sein*) nicht immer einfach, neue Freunde zu finden denn im Klassenzimmer (d) .... (*geben*) es so viele andere Schüler! Ab und zu (e) .... (*vergessen*) man die Hausaufgaben, und das ist peinlich. Aber die Vorteile sind klar: man (f) .... (*sehen*) jeden Tag seine besten Freunde und (g) .... (*essen*) leckeres Essen in der Kantine. Die Lehrer (h) .... (*sprechen*) gern mit den Schülern und man (i) .... (*haben*) eine größere Auswahl an Fächern als in der Grundschule – man (j) .... (*arbeiten*) fleißig, aber die Schule macht trotzdem viel Spaß!

3 b Lies das Informationsblatt in Übung 1 noch einmal und finde elf unregelmäßige Verben im Präsens. Kopiere und übersetze sie in deine Sprache.

Beispiel: hast

4 Partnerarbeit. Macht Dialoge zum Thema „Ein typischer Schultag".

1 Wann beginnt ein typischer Schultag? Wie findest du das?
2 Wann endet ein typischer Schultag? Wie findest du das?
3 Was lernst du an einem typischen Schultag? Wie findest du diese Fächer?
4 Wie viele Pausen hast du an einem typischen Schultag? Was machst du in der Pause?

Ein typischer Schultag beginnt um ...	Ich finde das ...	langweilig.
Ein typischer Schultag endet um ...	Ich denke das ist ... Ich glaube das ist ...	interessant.
		lustig.
An einem typischen Schultag lerne ich / lernt man ...	Das ist ...	gut.
An einem typischen Schultag habe ich / hat man ... Pausen.	Meiner Meinung nach, ist das ...	schlecht.
Normalerweise in der Pause ...		

5 Schreib ein Blog über deinen Traumschultag. Du könntest Folgendes erwähnen:
- die Fächer
- die Lehrer(innen)
- die Schüler(innen)
- die Stunden.

1B.3 Meine Schulgebäude

Abfliegen

> ★ **Meine Schulgebäude und die Einrichtungen beschreiben**
> ★ **Präpositionen mit dem Akkusativ**

1 Henry beschreibt acht Zimmer und Einrichtungen in der E-Mail. Kopiere und übersetze sie in deine Sprache. Dann lerne sie. Dann lies die E-Mail noch einmal. Findet Henry die Zimmer und Einrichtungen P (positiv) oder N (negativ)?

Beispiel: das Schulbüro – P

Hallo Oliver!

Danke für den Brief. Ich freue mich auf deinen Besuch! Unsere Schule ist sehr groß und sauber und ich hoffe, sehr gastfreundlich – die Lehrer sind manchmal streng, aber auch sehr freundlich und höflich.

Die ersten Zimmer am Eingang sind das Schulbüro und das Lehrerzimmer. Sie sind modern, hell und ruhig, aber ohne einen Lehrer darf man sie nicht betreten!

Auf der linken Seite ist der große Schulhof, und den Hof entlang gibt es viele geräumige Klassenzimmer. Die Klassenzimmer sind alle neu und sehr gut ausgestattet mit modernen Computern.

Mein Lieblingsklassenzimmer ist der Musiksaal, denn ich bin sehr musikalisch und ich spiele dort Klavier und Geige. Es ist manchmal zu laut, aber es macht viel Spaß.

Man muss durch den altmodischen Umkleideraum gehen und dann gibt es die Turnhalle. Sie ist ganz klein und ein bisschen schmutzig und im Winter immer eiskalt!

Wir haben auch eine sehr große Bibliothek mit vielen tollen Büchern und bequemen Sesseln. Sie ist immer sehr ruhig und angenehm und ich mache oft meine Hausaufgaben hier. Manchmal helfen die Lehrer.

Schreib bald! Dein Henry

---

2 In meiner Schule. Welches Bild (A–H) passt zu welcher Person (Leo, Sara, Tim)? Vorsicht! Ein Bild passt zu niemandem.

Beispiel: **A Leo**

A
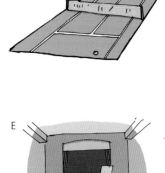

B

C

D

E

F

G
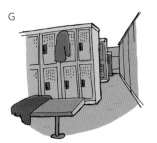

H

3 a Präpositionen mit dem Akkusativ. Lies E1 in der Grammatik. Welches Wort passt zu jedem Satz?

Beispiel: 1 die

1 Kannst du den Beamer für .... Aula finden? Ich kann ihn nicht sehen!
2 Wir müssen nur .... nächste Woche warten, um unsere Austauschpartner zu sehen.
3 Da ich Schüler bin, ist ins Lehrerzimmer zu gehen .... die Schulregeln.
4 Frau Schmidt, haben Sie einen Schlüssel .... das Klassenzimmer?
5 Wir sammeln Geld für .... neuen Musiksaal, denn der alte ist sehr klein.
6 Ich gehe zu Fuß zur Schule und ich gehe immer durch .... Schulhof.
7 Ohne .... großes, modernes Labor kann man keine Chemie oder Physik lernen.
8 Unsere Schule ist sehr schön. Den Schulweg .... gibt es viele Bäume und Blumen und einen Fluss.

einen	ein	bis	gegen
für	*die*	entlang	den

3 b Lies die E-Mail in Übung 1 noch einmal und finde vier Präpositionen mit dem Akkusativ. Kopiere und übersetze sie in deine Sprache.

Beispiel: für

 4 Partnerarbeit. Macht Dialoge.
1 Was kannst du auf diesem Bild sehen?
  ● Welches Zimmer ist das?
  ● Welche Einrichtungen kannst du sehen?
  ● Welche Personen sind im Bild?
2 Was machen der Lehrer und die Schüler?
3 Möchtest du in diesem Klassenzimmer lernen? Warum (nicht)?
4 Wie findest du dieses Klassenzimmer? Warum?
5 Was für Zimmer und Einrichtungen sind wichtig für eine Schule?

 5 Mach ein Poster, um deine Schule für neue Schüler(innen) zu beschreiben. Beschreib Folgendes:

● Wie ist die Gegend genau?
● Welche Gebäude gibt es und wo sind sie?
● Wie sind die Klassenzimmer?

● Was ist dein Lieblingsklassenzimmer und warum?
● Welche Einrichtungen gibt es?
● deine Meinugen (du musst positiv sein!)

Unterwegs

1B.4 Das Schulleben in den deutschsprachigen Ländern

> ★ **Über das Schulleben in den deutschsprachigen Ländern lernen**
> ★ **Fragen stellen**

Wir planen einen Austausch

Nina: Hallo! Wie geht's euch? Habt ihr Fragen? Der Schulaustausch bei uns beginnt bald und ich bin sehr aufgeregt!

Laura: Hallo Nina! Ja, meine erste Frage ist: wann fängt der Schultag an? Ich stehe überhaupt nicht gern früh auf, denn ich bin den ganzen Tag erschöpft! Und was sollen wir am ersten Tag mitbringen? Was sollen wir tragen?

Nina: Leider fängt der Schultag bei uns ganz früh an, gewöhnlich um halb acht! Du solltest immer etwas zu essen mitbringen, denn es gibt keinen Speisesaal. In Deutschland trägt man keine Uniform, deshalb kannst du lockere Kleidung tragen (bequeme Schuhe sind ein Muss!).

Yasmin: Wer ist für die Austauschpartner verantwortlich? Ich möchte mehr über meine Gastfamilie wissen. Ich hoffe, ich bekomme kein Heimweh! Ich finde das peinlich.

Nina: Die Lehrerin heißt Frau Müller und sie kann dir bestimmt helfen. Aber alle Familien sind sehr nett und gastfreundlich. Es ist kein Problem, deine Familie zu Hause anzurufen. Wie heißt deine Gastfamilie und wo wohnt sie?

Yasmin: Meine Partnerin heißt Melina Pohler und die Familie wohnt im Wannsee.

Nina: Ich kenne dieses Mädchen, sie ist super nett und lustig. Und Wannsee ist ein schönes Gebiet.

Laura: Letzte Frage – machen wir Ausflüge? Wo fahren wir hin? Ich habe wirklich Lust, das Museum am Checkpoint Charlie an der ehemaligen Berliner Mauer zu sehen. Ich interessiere mich so sehr für Geschichte.

Nina: Natürlich machen wir viele Ausflüge! Wir planen unter anderem eine Radtour durch die Stadt zu machen. So sehen wir alles! In Berlin gibt es so viele schöne Sehenswürdigkeiten und man sieht viel mehr mit dem Rad als mit der U-Bahn.

Yasmin: Danke schön, Nina. Es klingt toll.

1 a Lies das Gespräch. Welches Satzende (a–h) passt zu jedem Satzbeginn (1–6)?

Beispiel: 1 g

1 Laura und Nina …
2 Laura will …
3 Die Schule …
4 Man kann nicht …
5 Yasmin will …
6 Radfahren ist besser als …

a in der Schule essen.
b öffentliche Verkehrsmittel.
c die Stadt sehen.
d länger schlafen.
e mehr Informationen.
f die Geschichte.
g machen bald einen Austausch.
h beginnt früh.

1 b Welche Wörter findest du besonders nützlich und wichtig im Gespräch? Kopiere und übersetze sie in deine Sprache.

Beispiel: der Schulaustausch, aufgeregt, …

2 a Der Lehrer beantwortet Fragen zum Austausch. Ordne die Wörter chronologisch ein.

Beispiel: 8, …

1 der Unterricht	**4** die Schreibwaren	**7** der Schultag
2 das Verkehrsmittel	**5** die Freizeit	**8** die Vorstellung
3 die Kleidung	**6** das Essen	

2 b Hör dir das Gespräch noch einmal an. Was sind die Unterschiede zwischen dieser deutschen Schule und deiner Schule? Mach eine Liste und schreib darüber in deiner Sprache.

Beispiel: In der deutschen Schule beginnt der Tag um halb acht und endet um halb zwei. In meiner Schule beginnt der Tag um …

3 Fragen stellen. Lies H5 in der Grammatik. Welches Wort passt zu jedem Satz?

Beispiel: 1 Wann

    1 ……… kommt der Schulbus? Ich will am ersten Tag pünktlich ankommen!

    2 ……… die Wohnung deiner Gastfamilie in der Nähe von der Partnerschule?

    3 Wo ……… ihr das Wochenende? Wir bleiben hier.

    4 ……… wir ins Kino nach der Schule? Ich muss zuerst meine Hausaufgaben machen.

    5 Morgen ist das Schulfest, wie spannend! ……… ihr mit? Es sieht super aus.

    6 ……… ist Mathe dein Lieblingsfach? Schade, dass es Pflichtfach in deutschen Schulen ist.

    7 ……… heißt der Lehrer, der den Ausflug organisiert? Ich habe eine Frage.

    8 Seit ……… seid ihr hier? Ich wünsche euch noch einen schönen Aufenthalt.

verbringt	ist	*wann*	gehen
warum	kommt	wie	wann

4 Partnerarbeit. Macht Dialoge zum Thema „Das Schulleben in einem deutschsprachigen Land".

    1 Was ist ein typischer Schultag an der Schule in deutschsprachigen Ländern?

    2 Was gefällt dir am besten / am wenigsten an der Schule in deutschsprachigen Ländern?

    3 Möchtest du eine Schule in einem deutschsprachigen Land besuchen? Warum (nicht)?

    4 Was sind die Vor- und Nachteile der Schule in deinem Land im Vergleich mit einem deutschsprachigen Land?

5 Du machst einen Schulaustausch in einem deutschsprachigen Land. Schreib einen Brief (130–150 Wörter) an deine Familie. Du musst Folgendes erwähnen:

- ein typischer Schultag hier
- was dir hier am besten gefällt
- die Unterschiede zwischen dieser Schule und der Schule in deinem Land
- welche Schule du bevorzugst, und warum.

Einsteigen

1C.1 Essen und trinken

★ **Typisches Essen und typische Getränke beschreiben**
★ **Substantive im Plural;** *kein*

1 **a** Lies das Web-Forum. Schreib G (gesund) oder U (ungesund).

Beispiel: 1 G

Ein typischer Tag

Was isst du und trinkst du normalerweise?

1

Stephan9722 Ich trinke fünf Gläser Wasser pro Tag.

2

pferdreiter Ich liebe Trauben und Erbsen und ich hasse Schokolade.

3

JK92Berliner Ich hasse alle Gemüse, besonders Champignons – sie sind ekelhaft! ☹

4

guten8cht Mein Lieblingsessen ist ein Käsebrot mit Pommes, besonders zum Abendessen.

5

Hatschi Ich finde süße Getränke lecker. ☺

6

bayern_bernd Ich esse keine Süßigkeiten und ich esse immer Frühstück.

7

lenaliebtlesen Ich esse immer Nachspeisen, vor allem Torten.

8

debbie_11 Jeden Tag zum Mitagessen esse ich Gurken und Tomaten mit einem Salat.

1 **b** Finde drei Mahlzeiten im Web-Forum. Kopiere und übersetze sie in deine Sprache.

Beispiel: **Abendessen**

2 Acht Leute beschreiben, was sie essen und trinken. Beantworte die Fragen auf Deutsch.

Beispiel: 1 ekelhaft

1 Wie findet Louisa Kaffee? (1)
2 Was isst Thomas zum Frühstück? (1)
3 Wo isst Hannah zum Abendessen? (1)
4 Was trinkt Lukas jeden Tag? (1)

5 Was ist Johanns Lieblingsessen? (1)
6 Wie findet Maria Erbsen? (1)
7 Wie oft isst Wilhelm Süßgkeiten? (1)
8 Wie findet Alison Tomaten? (1)

 3 Substantive im Plural; *kein*. Lies A2 und A5 in der Grammatik. Welches Wort passt zu jedem Satz?

Beispiel: 1 Eier

1 Zum Frühstück esse ich gern .... mit Toast.
2 .... sind lecker und auch gesund.
3 Ich trinke .... heißen Getränke.
4 Ich trinke .... Tee, aber ich liebe Kaffee mit Milch.
5 Die .... hier sind sehr frisch und knusprig.
6 Zum Abendessen essen wir oft .... mit Fleisch.
7 Ich trinke immer fünf .... Wasser pro Tag. Das ist gesund.
8 Zum Mittagessen esse ich .... Brot. Ich finde es ekelhaft.

| kein | keine | Brötchen | *Eier* |
| keinen | Gläser | Birnen | Kartoffeln |

 4 a Die Laute *a* und *ä*. Hör dir den Satz an und trenne die Wörter. Wiederhole den Satz dreimal. Achte auf die Aussprache. Hör noch einmal zu und überprüfe. Übersetze den Satz in deine Sprache. Lerne den Satz auswendig.

ApfelwaffelnschmeckenbesseralsÄpfelwährendichKäseundLachsundHähnchenundSahnehasse.

4 b Partnerarbeit. Sag den Satz in Übung 4a. Wer kann das am besten machen?

 5 Partnerarbeit. Macht Dialoge zum Thema „Essen und trinken".
1 Was isst du gern normalerweise? Warum?
2 Was isst du nicht gern? Warum nicht?
3 Was trinkst du gern normalerweise? Warum?
4 Was trinkst du nicht gern? Warum nicht?

Mein Lieblingsessen ist Ich esse gern / nicht gern ... und ...	Süßigkeiten / Torte / Schokolade Hähnchen / Lachs / Wurst Obst / Äpfel / Erdbeeren / Trauben / Birnen / Kirschen / Ananas Gemüse / Champignons / Erbsen / Gurken / Tomaten / Salat Brötchen / Brot / Eier / Pommes / Sahne / Kartoffeln / Käse.
Ich trinke gern / nicht gern	Cola / kohlensäurehaltige / zuckerhaltige / süße Getränke / Wasser / Kaffee / Tee / Milch
denn es ist denn ich finde es	ekelhaft / ekelig / lecker / gesund / ungesund.

 6 Was isst und trinkst du an einem typischen Tag? Mach ein Essentagebuch (mit Bildern) für dich selbst oder für einen Promi.

Abfliegen

1C.2 Meinungen zum Essen rund um die Welt

★ **Essen in verschiedenen Ländern vergleichen und Meinungen äußern**
★ **Der Komparativ**

Das Essen weltweit

Hier in Spanien sind die Mahlzeiten viel länger und man isst öfter Obst und Gemüse. Alles sieht frischer aus. Jedoch mag ich Paella nicht, denn ich bin allergisch gegen Meeresfrüchte. Die Torten und Kuchen sind unglaublich und viel größer als in der Schweiz!

Bernd

Das Wetter in Frankreich ist viel schöner als zu Hause – sehr warm und sonnig. Ich liebe französisches Essen, vor allem Muscheln und Krabben! Hier zum Abendessen trinkt man normalerweise Mineralwasser und ich finde das viel besser als in Deutschland – zu Hause trinkt man lieber Sprudel oder Cola (ich finde das ekelhaft!).

Amira

Alberta Fischer
Mustergasse 6
39100 Bozen
Italien

In den Vereinigten Staaten sind die Teller riesig! Ich finde, es gibt zu viel Fleisch. Ich bin Vegetarierin und ich finde es viel schwieriger hier, ein vegetarisches Restaurant zu finden. Ich esse Fisch, aber das hilft nicht! Ich finde das Essen in Österreich viel gesünder, aber vielleicht auch ein bisschen langweiliger.

Chloe

Anne Weber
Neuhauser Str. 20
80331 München
Deutschland

1 a Lies die Postkarten. Wer sagt das: Amira, Bernd oder Chloe? Vorsicht! Jede Person kann mehrmals oder gar nicht erscheinen.

Beispiel: 1 Amira

1 Ich esse gern Meeresfrüchte.
2 Ich kann keinen Fisch essen.
3 Ich esse kein Fleisch.
4 Das Essen ist gesünder hier als in meinem Land.
5 Man verbringt mehr Zeit hier beim Essen.
6 Das Essen ist nicht so gesund hier wie in meinem Land.
7 Ich trinke nicht gern kohlensäurehaltige Getränke.
8 Die Nachspeisen in diesem Land sind besser als die Nachspeisen in meinem Land.

1 b Lies die Postkarten noch einmal und finde sechs Länder. Kopiere und übersetze sie in deine Sprache.

Beispiel: Frankreich

2 a Bettina ist im Urlaub und spricht über das Essen. Schreib R (richtig), F (falsch) oder NA (nicht angegeben).

Beispiel: 1 NA

1 Bettina macht Urlaub in Süditalien.
2 Sie isst gern italienisches Essen.
3 Die italienischen Nachspeisen sind größer als in Deutschland.
4 Die italienischen Kellner sind freundlicher als in Deutschland.
5 Man bekommt das Essen schneller in Italien als in Deutschland.
6 Das Wetter in Italien ist schöner als in Deutschland.
7 Bei gutem Wetter isst sie am liebsten Erdbeereis.
8 Sie trinkt gesündere Getränke in Italien.

2 b Korrigiere die falschen Sätze.

Beispiel: 5 Man bekommt das Essen ~~schneller~~ ...   langsamer

 3 Der Komparativ. Lies B8 und C6 in der Grammatik. Welches Wort passt zu jedem Satz?

Beispiel: 1 leckerer

1 Ich esse gern Sauerkraut aber ich finde Schnitzel ....
2 In den Vereinigten Staaten sind die Teller oft viel .... als in Deutschland.
3 In Spanien esse ich viel .... Obst und Gemüse, das ist sehr gesund.
4 Ich finde Fleisch .... als Meeresfrüchte, weil ich Krabben nicht mag.
5 Wenn das Meer .... ist, isst man mehr Fisch und er ist sehr frisch.
6 Ich finde das Essen rund um die Welt.......... als das Essen zu Hause.
7 Im Sommer esse ich gern ein Eis, denn das Wetter ist ....
8 Meiner Meinung nach ist Senf ekelhaft und viel .... als Butter.

besser	*leckerer*	größer	näher
wärmer	interessanter	schärfer	öfter

 4 Partnerarbeit. Macht Dialoge.
1 Was kannst du auf diesem Bild sehen?
   - Was essen die Leute?
   - Was trinken sie?
   - Welche Mahlzeit ist das?
2 Was machen die Erwachsenen?
3 Möchtest du das Essen probieren? Warum (nicht)?
4 Wie findest du das typische Essen in deinem Land?
5 Was für internationales Essen isst du gern und nicht gern? Warum?

 5 Wie findest du das Essen in einem ausländischen Land? Schreib 60–75 Wörter auf Deutsch. Du musst alle Wörter hier benutzen.

typisches Essen	Lieblingsessen	deutsches Essen	Meinung

Unterwegs

1C.3 Eine ausgewogene Ernährung

★ **Eine gesunde Ernährung beschreiben**
★ **Der Superlativ**

Wie kann man sich gesund ernähren?

A Willst du abnehmen? Willst du einfach gesund bleiben? Dann ist es nötig, dich ausgewogen zu ernähren. Es hilft, Krankheiten zu vermeiden und Stress zu verhindern und es ist gut für den Körper.

B Die gesündesten Leute essen wenigstens fünf Portionen Obst und Gemüse pro Tag. Man sollte auch Kohlenhydrate wie Brot oder Kartoffeln essen, mit Milch oder Käse für die stärksten Zähne.

C Soll ich Fleisch essen? Das ist eine der am häufigsten gestellten Fragen. Laut den Experten sollte man so viel Gemüse wie möglich essen, und es ist eigentlich kein Problem, kein Fleisch zu essen.

D Es ist sehr wichtig, viel zu trinken. Das beste Getränk ist Wasser, weil Saft oft viel Zucker hat. Natürlich sind kohlensäurehaltige Getränke die schlimmsten Getränke für die Zähne!

E Man sollte mindestens drei Mahlzeiten pro Tag essen. Die wichtigste Mahlzeit ist das Frühstück – ein leckeres Frühstück heißt ein guter Start in den Tag.

F Immer mehr Leute kochen gern frisches Essen zu Hause, und das ist der einfachste Weg, sich ausgewogen zu ernähren. Aber es ist kein großes Thema, ab und zu einen Nachtisch im Restaurant zu bestellen!

G Ärzte und Wissenschaftler sagen, junge Leute sollen mehr über Essen und Kochen in der Schule lernen und es soll mehr Spaß machen. Die Eltern sollen auch mehr darüber sprechen.

H Ohne eine ausgewogene Ernährung fühlt man sich müde und krank und man kann zunehmen. Die meisten Leute sagen, gesundes Essen macht sie glücklicher.

1 a Lies den Artikel. Welcher Titel (1–8) passt zu welchem Absatz (A–H)?

Beispiel: 1 E

1 Wie oft soll man essen?
2 Was soll man essen?
3 Was sagen die Experten zu diesem Thema?
4 Warum soll man sich gesund ernähren?
5 Wie kann man anfangen, eine ausgewogene Ernährung zu haben?
6 Was soll man trinken?
7 Was sind die Folgen von einer schlechten Ernährung?
8 Ist es gesund, Vegetarierin zu sein?

1 b Welche Wörter findest du besonders nützlich und wichtig im Text? Kopiere und übersetze sie in deine Sprache.

Beispiel: abnehmen, gesund, ...

2 Ein Bericht über gesunde Ernährung bei jungen Leuten in Österreich. Welches Wort (a–m) passt zu welchem Satz (1–6)?

Beispiel: 1 f

1 Man macht sich Sorgen über ...
2 Die Anzahl von Fast-Food-Restaurants ist zu ...
3 Man sollte den Preis von Obst und Gemüse ...
4 Die Schule spielt eine ... Rolle
5 Kinder sollten mehr mit den ... kochen
6 Man blickt ... in die Zukunft

a senken	**d** verschlimmern	**g** Eltern	**j** kaufen	**m** hoch
b verantwortlich	**e** Supermärkte	**h** lernen	**k** bessere	
c pessimistisch	**f** *Jugendliche*	**i** kleine	**l** wichtige	

3 a Der Superlativ. Lies B9 in der Grammatik. Welches Wort passt zu jedem Satz?

Beispiel: 1 größte

1 Man fühlt sich gesünder – das ist der .... Vorteil einer ausgewogenen Ernährung.

2 Viele Leute wollen abnehmen, aber das ist nicht immer der .... Teil eines gesunden Lebenstils.

3 Es ist oft .... als erwartet, gesund zu sein, besonders am Anfang.

4 Laut Experten, was ist der .... Weg, sich besser zu ernähren?

5 Man weiß es schon: das gesündeste Essen ist leider nicht immer das .... Essen.

6 Das Essen im Fast-Food-Restaurant kommt viel .... als zu Hause.

7 Man sollte öfter zu Hause kochen – eine hausgebackene Torte ist immer ....!

8 Um gesünder zu sein, sollte man natürlich .... Wasser trinken.

mehr	*größte*	billigste	beste
schwieriger	leckerer	wichtigste	schneller

3 b Lies den Artikel in Übung 1 noch einmal und finde acht Superlative. Kopiere und übersetze sie in deine Sprache.

Beispiel: gesündesten

4 Partnerarbeit. Macht Dialoge zum Thema „Gesundes Essen".

1 Isst und trinkst du gesund oder ungesund? Warum?

2 Ist es wichtig, gesund zu essen? Warum?

3 Warum essen manche Leute ungesundes Essen?

4 Wie kann man gesünder essen?

Ich bin gesund,	denn ich esse	viel Obst / Gemüse / viele Kohlenhydrate
	denn ich trinke	viel Wasser / Milch
Ich bin ungesund,	denn ich esse	viele Süßigkeiten / viel Schokolade / Fleisch
	denn ich trinke	viele süße Getränke / viel Kaffee / Tee.
Es ist wichtig, gesund zu essen,		denn es ist gut für den Körper denn es hilft, Krankheiten zu vermeiden denn es hilft, Stress zu verhindern denn man kann abnehmen denn man fühlt sich glücklicher.
Es ist nicht wichtig, gesund zu essen,		denn es macht keinen Spaß denn es ist langweilig denn ungesundes Essen ist leckerer.
Man soll Man kann		keinen Nachtisch bestellen öfter zu Hause kochen mehr Wasser trinken mehr über gesundes Essen lernen.

5 Wie kann man sich gesünder ernähren? Mach ein Poster mit Informationen und Bildern. Du musst Folgendes erwähnen:

- Was soll man essen?
- Was soll man trinken?
- Warum ist eine gesunde Ernährung wichtig?
- Welche Vorteile bringt eine gesunde Ernährung?

Common ailments and healthy lifestyles

Einsteigen

1D.1 Körperteile und Krankheit

★ **Körperteile benennen und sagen, wie es dir geht**
★ **Unpersönliche Verben, *es gibt*, *es geht*, *es tut weh***

1 a Welcher Satz (1–8) passt zu welchem Bild (A–H)?

Beispiel: 1 C

1 Es geht mir nicht gut. Ich kann trinken, aber ich kann nicht essen. Mein Hals tut so weh!
2 Aua! Mein Bauch tut sehr weh! Ich will nichts essen.
3 Aua! Ich habe Ohrenschmerzen! Ich höre nicht gut.
4 Meine Augen tun weh. Ich sehe nicht gut.
5 Mein linkes Bein! Es tut so weh. Vom Fußballspielen!
6 Ich habe Kopfschmerzen. Ich nehme eine Tablette. Ich bin erkältet.
7 Es geht mir schlecht. Ich habe Rückenschmerzen! Ich bleibe im Bett. Ich kann nicht aufstehen.
8 Mein Zahn tut weh! Gibt es hier einen Zahnarzt?

A  B 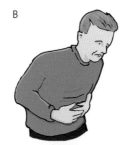 C  D

E  F  G  H

1 b Lies die Sätze noch einmal und finde die acht Körperteile. Kopiere und übersetze sie in deine Sprache. Benutze ein Wörterbuch und schreib *der*, *die* oder *das*.

Beispiel: 1 der Hals

2 Acht Leute sprechen über Krankheiten. Welches Wort (a–h) passt zu welchem Satz (1–8)?

Beispiel: 1 b

1 Ich habe ....
2 Nicht gut, ich habe ....
3 Ich habe ....
4 Ich habe ....
5 Ich bin ....
6 Mein .... tut weh.
7 Meine .... tun weh.
8 Ich habe noch ....

a Fieber	**c** Ohren	**e** Rückenschmerzen	**g** müde
b *Kopfschmerzen*	**d** Bein	**f** Halsschmerzen	**h** Zahnschmerzen

3 Unpersönliche Verben. Lies G1 in der Grammatik. Welches Wort passt zu jedem Satz? Vorsicht! Zwei Wörter können mehrmals erscheinen.

Beispiel: 1 tut

1 Ich brauche Tabletten, mein Bauch .... weh!
2 Bist du krank? Wie .... es dir?
3 Meine Beine .... weh. Ich nehme Medikamente.
4 Was .... dir weh? Der Arm?
5 Ich bin krank. .... es hier einen Arzt?
6 Meine Ohren .... weh!
7 Mein Hals .... weh. Ich nehme eine Tablette.
8 Mein Bein .... weh! Ich gehe zum Arzt!

geht	tut	gibt	tun

 4 a Partnerarbeit. Ein(e) Freund(in) ruft dich an. Macht den Dialog.

A: Hallo! Wie geht's? Kommst du heute zu mir?
B: Nein, es tut mir leid. Es geht mir <u>nicht so gut</u>.
A: Oh, je! Hast du <u>Fieber</u>?
B: Ja, und <u>mein Bauch</u> tut weh!
A: Das ist gar nicht gut!
B: Ich bin ziemlich <u>müde</u>.
A: <u>Gehst du zum Arzt?</u>
B: Ja, das mache ich. Alles tut furchtbar weh!

4 b Tauscht die Rollen und macht den Dialog noch einmal. Ersetze die unterstrichenen Satzteile durch diese Ausdrücke.

Bleibst du im Bett?	krank	sehr schlecht
eine Grippe	mein Kopf	

 5 Schreib einen Absatz über Schmerzen. Nenn zwei Probleme.

Beispiel: Ich bin krank. Mein Bauch tut weh und ...

Es geht mir	gut / nicht gut / schlecht / sehr schlecht.
Mein Hals / Mein Zahn / Mein Bauch / Mein Rücken	tut weh.
Meine Augen / Meine Beine	tun weh.
Ich habe	Ohrenschmerzen / Kopfschmerzen / Fieber.
Dann trinke ich	viel Wasser / viel Tee.
Dann bleibe ich	im Bett / zu Hause.
Ich gehe	zum Arzt.

 6 a Der Laut *j*. Hör dir den Satz an und trenne die Wörter. Wiederhole den Satz dreimal. Achte auf die Aussprache. Hör noch einmal zu und überprüfe. Übersetze den Satz in deine Sprache. Lerne den Satz auswendig.

DiejodelndenJungenJakobundJosefjammernjedesJahrinJapan.

6 b Partnerarbeit. Sag den Satz in Übung 6a. Wer kann das am besten machen?

Abfliegen

1D.2 Der Körper und die Krankheiten

★ **Erklären, was weh tut**
★ **Adjektive als Adverbien**

1 Lies die E-Mail. Welches Wort (a–m) passt zu jedem Satz (1–6)?

Beispiel: 1 f

1 Ben sagt, es geht ihm ....
2 Ben hat schreckliche .... und Kopfschmerzen
3 Es geht auch anderen Leuten in der .... schlecht.
4 Sascha kommt .... und bringt die Hausaufgaben.
5 Ben mag die .... nicht.
6 Ben hat Schmerzen und deshalb ist alles ....

a täglich	**d** freundlich	**g** Zahnschmerzen	**j** langweilig	**m** Tabletten
b gebrochen	**e** Magenschmerzen	**h** schlafen	**k** unkonzentriert
c weh	**f** *schlecht*	**i** gern	**l** Schule

Hallo Seline,

wie geht es dir? Mir geht es nicht gut! Ich liege seit ein paar Tagen im Bett, denn ich habe eine schlimme Grippe. Mir tut einfach alles weh, vor allem mein Bauch tut furchtbar weh. Und mein Kopf! In der Schule sind auch viele krank und liegen im Bett. Auch ein paar Lehrer haben die Grippe. Fast meine ganze Familie ist krank, nur meiner Mutter geht es gut. Unsere Katze ist auch nicht krank ☺.

Glücklicherweise kommt Sascha jeden Tag zu mir und bringt mir die Hausaufgaben. Aber ich kann mich nicht gut konzentrieren, deshalb mache ich die Hausaufgaben noch nicht.

Ich habe Schmerzen und ich schlafe auch schlecht. Die Tabletten schmecken schlecht und ich bin immer müde. Ich nehme die Tabletten immer, denn ich will bald gesund werden. Ich gehe vielleicht morgen zum Arzt. Komm mal vorbei, wenn du willst! Es ist langweilig, den ganzen Tag im Bett und auf der Couch zu liegen! Ich kann nicht fernsehen, Computerspiele spielen oder lesen, denn mein Kopf tut so weh! Ich will wieder gesund werden, denn so macht das keinen Spaß!

Liebe Grüße

Ben

2 Sabine und Holger telefonieren. Korrigiere die Sätze.

Beispiel: 1 Holger ist ~~gesund~~. krank

1 Holger ist gesund.
2 Holger liegt im Bett und hat eine leichte Grippe.
3 Holger schläft schlecht und er kann nicht einmal im Internet surfen.
4 Holger will die Hausaufgaben heute machen.
5 Er trinkt viel Kakao und bleibt im Bett.
6 Seine Mutter kümmert sich sehr gut um ihn.
7 Sein Vater geht in den Supermarkt.
8 Holger möchte noch ein bisschen reden.

3 a Adjektive als Adverbien. Lies C1 in der Grammatik. Welches Wort passt zu jedem Satz?

Beispiel: 1 regelmäßig

1 Oskar ist seit fünf Tagen krank. Er nimmt ………. seine Tabletten, denn er will schnell gesund werden.

2 Anna hat ein neues Auto. Es ist schnell, aber Anna fährt ………., weil sie Angst hat.

3 Thomas spricht manchmal fünf Minuten lang, ohne Pause! Alle finden: Er redet zu ………. .

4 Sandra ist spät dran, sie ist 10 Minuten verspätet. Sie muss ………. in die Schule laufen.

5 Österreich? Nein, ich kenne Österreich nicht, ich weiß sehr ………. über das Land!

6 Silvias Nachbarin ist sehr nett und wir essen oft bei ihr. Sie ist Köchin und sie kocht immer sehr ………. .

7 Andrea hat eine Grippe und sie schläft im Moment. Wir müssen ………. sprechen.

8 Maria ist krank, sie hat Schmerzen und deshalb schläft sie ………. .

viel	wenig	gut	schlecht
langsam	*regelmäßig*	schnell	leise

3 b Lies die E-Mail in Übung 1 noch einmal und finde vier Adjektive als Adverbien. Kopiere die Satzteile und übersetze sie in deine Sprache.

Beispiel: tut **furchtbar** weh

4 Partnerarbeit. Macht Dialoge zum Thema „Krankheiten".

1 Du bist krank. Wie geht es dir?
2 Welche Symptome hast du und wie lange hast du sie schon?
3 Was machst du gegen die Schmerzen?
4 Was machst du sonst noch?

Mir ist	übel / schlecht / nicht gut.	
Ich habe	eine Grippe / Bauchschmerzen / Kopfschmerzen / Zahnschmerzen / Fieber.	
Ich	schlafe / konzentriere mich	nicht gut / schlecht / wenig.
Ich muss	Medikamente nehmen / Tabletten nehmen / zum Arzt gehen / Suppe essen / im Bett bleiben / auf der Couch liegen.	
Mein	Kopf / Bein / Bauch	tut weh.
Ich kann (nicht)	lesen / fernsehen / Computerspiele spielen / SMS schreiben / im Internet surfen.	

5 Schreib eine E-Mail an deinen Freund/deine Freundin. Beantworte die folgenden Fragen und überprüfe deinen Text genau.

● Bist du krank oder gesund?
● Wie geht es dir?
● Was ist das Problem?
● Welche Symptome hast du?
● Was kannst du nicht machen?

1D.3 Wie man sich fit hält

★ **Einen gesunden Lebensstil beschreiben**
★ **Modalverben im Präsens**

Wie wichtig ist Sport für dich?

hutschi2

Ich muss täglich mit dem Rad zur Schule fahren, das sind rund fünf Kilometer. Ich glaube, dass ich mich deshalb genug bewege. Am Nachmittag nach der Schule habe ich keine Motivation, Sport zu treiben. Samstags muss ich Fußball spielen, aber ich will eigentlich faulenzen. Sport ist mir nicht so wichtig. Ich mag andere Aktivitäten lieber. Beim Computerspielen bewege ich mich auch! 😃

schlabber

Sport ist sehr wichtig für mich – ich will gesund bleiben und ich bin fit! Ich spiele dreimal pro Woche Federball. Andere Sportarten wie Fußball und Leichtathletik kann ich leider nicht machen, ich habe keine Zeit. In den Ferien habe ich manchmal Zeit für andere Sportarten. Ich spiele mit meinem kleinen Bruder und meiner kleinen Schwester manchmal Fußball, wenn wir zu Hause sind. Meine Schwester kann sehr gut spielen! Ein Leben ohne Sport – das geht bei mir und meiner Familie nicht!

anton01

Mein Vater ist Sportlehrer und deshalb treiben wir zusammen Sport. Das macht mir großen Spaß, aber er ist immer besser als ich. Wir gehen oft segeln und schwimmen. In den Ferien gehen wir manchmal surfen. Wassersport ist unser Lieblingssport! Wir fahren auch Rad, aber nur, wenn es warm ist. Ich will auch bald in der Fußballmannschaft meiner Schule trainieren. Ich kann sehr gut Ski laufen, aber ich habe fast nie Zeit dafür. Meine Mutter ist nicht so sportlich, aber sie findet es gut, dass ich sportlich bin.

---

1 a Wer sagt das? Schreib H (hutschi2), S (schlabber) oder A (anton01).

Beispiel: 1 H

1 .... muss täglich radeln, weil er zur Schule fährt.

2 .... spielt gern Badminton.

3 .... will keinen Sport machen.

4 .... spielt manchmal mit ihren Geschwistern Fußball.

5 .... muss Fußball spielen.

6 .... macht mit einem Elternteil Sport.

7 .... mag Sport, denn Sport ist gesund.

8 .... fährt nur bei warmem Wetter Rad.

1 b Finde Sportarten im Text und in Übung 1a und kopiere sie. Kennst du noch andere Sportarten? Übersetze sie in deine Sprache und lerne sie.

Beispiel: radeln

2 a Sarah spricht über Sport. Ordne die Sätze chronologisch ein.

Beispiel: 4, …

    1 Sarah findet, dass das Training nicht leicht ist.
    2 Sie will später als Fußballerin arbeiten.
    3 Sarah hat neue Freundinnen gefunden, weil sie jetzt Fußball spielt.
    4 Sarah spielt mit ihren Freundinnen Fußball.

2 b Hör dir Sarah noch einmal an. Welches Wort fehlt?

Beispiel: 1 Energie

    1 Sarah findet: Fußball spielen bringt viel ....
    2 Sie findet auch, dass das Training .... ist.
    3 Ihre Eltern sagen, Sarah ist jetzt ....
    4 Sarah mag Fußball sehr, aber sie hat noch ....
    5 Sarah findet, ihre Mannschaft ist ein gutes ....

3 Modalverben. Lies F1 in der Grammatik. Schreib die Form des Wortes (a)–(j), damit das Wort im Satz richtig ist. Vorsicht! Es ist nicht immer nötig, die Form in Klammern zu ändern.

Beispiel: (a) muss

Man (a) .... (*müssen*) Sport treiben, dann bleibt man fit. Mein Freund Daniel (b) .... (*mögen*) Sport nicht, aber seine Schwester (c) .... (*wollen*) den ganzen Tag Volleyball spielen. Ich (d).......... (*wollen*) jeden Tag trainieren. Wir (e) .... (*bewegen*) uns nicht so viel in der Schule, deshalb treibe ich zwei Mal pro Woche Sport.

Mein Bruder (f) .... (*können*) sehr gut Tennis spielen, aber er spielt nicht oft Tennis. Meine Schwester und ich (g) .... (*kaufen*) morgen für meinen Vater eine Badehose. Er (h) .... (*brauchen*) eine neue und er hat Geburtstag. Mein Vater (i) .... (*können*) sehr gut schwimmen und hasst es, nur im Büro zu (j) .... (*sitzen*).

4 Partnerarbeit. Macht Dialoge zum Thema „Sport und gesundes Leben".

1 Wie oft willst du Sport treiben?
2 Wann willst du Sport treiben?
3 Du willst fit bleiben. Was muss man machen?
4 Wie kann man gesund leben?

Ich will	einmal / zweimal / dreimal	pro Woche / pro Monat / pro Tag	Sport treiben. Tennis / Handball/Federball spielen.
	manchmal vor der Schule / nach der Schule am Abend		
Normalerweise spiele ich	nicht gern / gern / besonders gern	Federball / Tennis / Tischtennis / Handball / Fußball.	
Man muss	gesund essen / genug trinken.		
	genug Sport / Pausen	machen.	

5 Wie gut ist deine Fitness? Schreib 60–75 Wörter auf Deutsch. Du musst alle Wörter hier benutzen.

Sport treiben	heute	joggen	Rad fahren

Unterwegs

1D.4 Gesund leben

★ Über Sport und gesunde Ernährung sprechen
★ Trennbare Verben

1 a Lies den Artikel. Schreib R (richtig), F (falsch) oder NA (nicht angegeben).

Beispiel: 1 F

1 Karen interessiert sich sehr für Sport.
2 Karen geht alle zwei Wochen mit ihren Freunden aus.
3 Für Karen spielt gesundes Essen keine wichtige Rolle.
4 Karen entspannt sich oft.
5 Karen hat das Rauchen aufgegeben und ihre Familie lebt jetzt gesünder.
6 In den Ferien geht sie einmal pro Woche mit ihren Freunden schwimmen.
7 Jakob ist nur zufrieden, wenn er jeden Tag Sport treiben kann.
8 Jakob tut sich beim Fußballspielen weh und gibt dann auf.

Zu welchem Fitness-Typ gehörst du?

Sicher! hat mit zwei Jugendlichen gesprochen – mit einem Fitnessfanatiker und einem Fitnessmuffel!

Karen

Also, ich bin unsportlich, aber ich bewege mich trotzdem: Ich steige Treppen und ich fahre fast täglich mit dem Fahrrad zur Schule. Aber ich gehe selten spazieren. Ich ruhe mich oft aus und ich liege den ganzen Tag auf dem Sofa und simse. Ich mache das einfach total gerne.

Ich ernähre mich nicht sehr gesund, wenn ich mit meinen Freunden zusammen bin. Ich gehe gern mit meinen Freunden aus und dann esse ich meistens etwas Ungesundes. Ungesundes Essen gibt es bei mir zu Hause leider nicht, meine Mutter kocht nur gesunde Produkte. Aber eigentlich schmeckt das Essen zu Hause ziemlich gut.

Mein Vater hat das Rauchen vor einem Monat aufgegeben und wir sind alle froh, dass er es geschafft hat. Jetzt sind wir alle ein wenig gesundheitsbewusster. In den Ferien bewege ich mich mehr, da habe ich mehr Zeit und Energie für Sport, aber auch nicht so viel. Ich gehe dann auch manchmal mit meinen Freunden schwimmen. Aber eigentlich bin ich eher faul.

Jakob

Sport ist mein Leben! Wenn ich nicht täglich Sport treibe, bin ich unzufrieden. Ich tue mir beim Fußballspielen manchmal weh, aber ich spiele trotzdem weiter! Man darf nie aufgeben! Meine Eltern sagen, dass ich es nicht übertreiben soll. Es ist wie eine Droge! Aber ich bin am glücklichsten, wenn ich Sport treibe. Ich will auch bald in der Fußballmannschaft unserer Schule mitspielen. Mitmachen reicht mir aber nicht, ich will immer gewinnen! Ich achte auch auf eine gesunde Ernährung. Süßigkeiten und gesüßte Getränke lehne ich auf Partys nie ab, aber zu Hause gibt es keine Softdrinks! Meine Freunde gehen gern in Fast-Food-Restaurants und ich gehe mit, aber ich esse dann immer Fisch mit Salat. Sie lachen mich manchmal aus und sagen „Fitnessfanatiker" zu mir, aber das ist kein Problem für mich! Ich kann Leute, die Sport nicht mögen, einfach nicht verstehen!

1 b Korrigiere die falschen Sätze.

Beispiel: 1 Karen interessiert sich ~~sehr~~ für Sport. nicht sehr

2 Sandra und Finn sprechen über ihre Essgewohnheiten. Kopiere und füll die Tabelle auf Deutsch aus.

	positive Aspekte	negative Aspekte
Sandra	**Beispiel:** 1 zwei Liter Wasser pro Tag – wichtig für den Körper 2..........	3 ....
Finn	4 .... 5	6..........

3 a Trennbare Verben. Lies F1 in der Grammatik. Welches Verb passt zu welchem Satz? Schreib die Form des Verbes, damit das Verb im Satz richtig ist.

Beispiel: 1 Ich **sehe** immer gern **fern**.

1 Ich .... immer gern ....
2 Meine Schwester .... gern leckere Salate ....
3 Für gesundes Essen muss man nicht viel Geld .... Regional ist günstig.
4 Ich .... meistens erst um 17 Uhr von der Schule ....
5 Simon .... den Kühlschrank oft ...., denn er hat immer Hunger.
6 Wir .... oft .... und essen in einem Fast-Food-Restaurant.
7 Meine Mutter .... nächste Woche das Rauchen ....
8 Klaus.......... zurzeit die Fleisch-Diät .... Sie dauert vier Wochen.

> aufgeben   ausgeben   ausgehen   aufmachen
> *fernsehen*   zubereiten   ausprobieren   zurückkommen

3 b Lies den Artikel in Übung 1 noch einmal und finde vier trennbare Verben. Schreib die Infinitivform auf und übersetze sie in deine Sprache.

Beispiel: ruhe (mich) ... aus = (sich) ausruhen

4 Partnerarbeit. Macht Dialoge.
1 Was kannst du auf diesem Bild sehen?
  - Was machen die Leute?
  - Wo sind sie?
  - Wie sehen sie aus?
2 Was machen sie nach dem Joggen?
3 Wie findest du Joggen?
4 Warum ist es gut, Sport in der Natur zu machen?
5 Was ist wichtiger: Sport treiben oder eine gesunde Ernährung haben?

5 Schreib ein Blog darüber, wie du im Alltag gesund oder nicht so gesund lebst. Schreib über Aspekte wie Essen, Sport und Entspannung. Verwende Strukturen aus Übung 1 und die folgenden Verben.

Beispiel: Normalerweise esse ich viel Obst und Gemüse. Manchmal ...

Sfernsehen	spazieren gehen	ausprobieren

Media – TV and film

Einsteigen

1E.1 Fernsehen und Fernsehsendungen

★ **Sagen, wie du fernsiehst und Sendungen beschreiben**
★ **Konjunktionen (eine Einführung)**

1 a Lies die Sätze. Welcher Satz (1–8) passt zu welchem Bild (A–H)?

Beispiel: 1 G

Was siehst du gern?

1 Ich sehe gern einen Trickfilm mit meinem kleinen Bruder.
2 Meine Lieblingssendung ist eine Doku, denn sie ist interessant.
3 Ich mag Reality-TV, aber es ist manchmal dumm.
4 Mein bester Freund sieht gern Seifenopern und er findet sie lustig.
5 Ich sehe jeden Tag Gameshows mit meiner Mutter.
6 Ich gehe nicht ins Kino, sondern ich sehe Filme zu Hause, denn es ist bequem.
7 Ich lese nicht gern Zeitungen, aber ich sehe immer die Tagesschau oder die Nachrichten.
8 Ich sehe oft den Sportbericht oder eine Sportsendung.

1 b Finde fünf Adjektive in den Sätzen. Kopiere und übersetze sie in deine Sprache.

Beispiel: klein

2 a Sara, Ben, Emma und Noah sprechen über Fernsehen. Schreib R (richtig), F (falsch) oder NA (nicht angegeben).

Beispiel: 1 R

1 Sara mag Trickfilme.
2 Sara sieht jeden Tag Trickfilme.
3 Ben mag Reality-TV nicht.
4 Ben sieht lieber Seifenopern.

5 Emmas Lieblingssendung ist ein Sportbericht.
6 Emma sieht nach der Schule fern.
7 Noah ist sportlich.
8 Noah spielt gern Rugby.

2 b Korrigiere die falschen Sätze.

Beispiel: 1 R

 3 Konjunktionen. Lies H3 in der Grammatik. Welches Wort passt zu jedem Satz?

Beispiel: 1 aber

1 Manchmal sehe ich einen Trickfilm, ... normalerweise finde ich sie kindisch.
2 Ich lese Zeitungen .... ich sehe die Tagesschau, denn ich finde sie nützlich.
3 Ich hasse Reality-TV .... Gameshows – ich sehe sie nie.
4 Ich sehe nicht jeden Tag fern, ... nur am Wochenende.
5 Meine Lieblingssendung ist ein Sportbericht, ... ich treibe gern Sport.
6 Ich mag Dokus sehen, ... sie sind manchmal traurig.
7 Hast du Lust, ins Kino zu gehen, ... sehen wir den Film zu Hause?
8 Nachmittags mache ich meine Hausaufgaben .... ich sehe auch fern.

aber	und	oder	und
oder	aber	denn	sondern

 4 a Die Laute *u* und *ü*. Hör dir den Satz an und trenne die Wörter. Wiederhole den Satz dreimal. Achte auf die Aussprache. Hör noch einmal zu und überprüfe. Übersetze den Satz in deine Sprache. Lerne den Satz auswendig.

DieSchülerübersetzenBücherinderSchuleunddieStudentenübersetzeneinrührendesBuchanderUniversitätinMünchen.

4 b Partnerarbeit. Sag den Satz in Übung 4a. Wer kann das am besten machen?

 5 Partnerarbeit. Macht Dialoge zum Thema „Fernsehen".
1 Was siehst du gern im Fernsehen? Warum?
2 Was siehst du nicht gern? Warum?
3 Wann siehst du fern?
4 Wie oft siehst du fern?

Ich sehe gern / nicht gern ... Ich mag / Ich hasse ... sehen Meine Lieblingssendung ist ...		einen Sportbericht / eine Sportsendung / einen Film / einen Trickfilm / eine Tagesschau / eine Gameshow / eine Reality-TV Sendung / eine Seifenoper / eine Doku / eine Nachrichtensendung
denn	ich finde es / sie (nicht) es ist / sie sind (nicht)	nützlich / prima / klasse / lustig / interessant / rührend traurig / langweilig / dumm / kindisch.
Ich sehe ... fern immer / oft / manchmal / jeden Tag / täglich.		am Wochenende / nach der Schule / abends / morgens / nachmittags.

 6 Schreib einen Absatz zum Thema „Siehst du gern fern?". Beantworte die Fragen aus Übung 5.

Abfliegen

1E.2 Filme sehen

★ **Sagen, wie du Filme siehst (mit Meinungen)**
★ **Subjunktionen (1)**

Wie siehst du Filme?

dunkler_himmel Ich denke, dass das Kino viel zu teuer ist!
Die Karten kosten zu viel, besonders wenn
man einen guten Sitz will, und ich will immer
Süßigkeiten und ein Getränk kaufen. Das Essen
kostet oft mehr als die Eintrittskarten! Es geht
mir auf die Nerven, wenn die Filme immer spät anfangen, weil es immer
dumme Werbespots gibt.

- -

pfirschpflaume09 Mir gefällt es besser, einen Film zu Hause anzuschauen, weil es einfacher
und bequemer als im Kino ist. Da ich einen guten DVD-Spieler und
Satellitenfernsehen habe, habe ich deshalb eine gute Auswahl. Ich sehe gern
Filme mit einer Gruppe von Freunden und wir chatten auch gern während
des Filmes – das darf man im Kino nicht machen ☺. Aber meiner Meinung
nach ist mein Computerbildschirm zu klein für Filme und die Lautsprecher
sind nicht sehr gut.

- -

schnellerbesser Ich downloade viele Filme vom Internet, denn man muss einfach auf
eine Website klicken, sodass man den Film sofort genießen kann. Das
ist super, obwohl ich lieber ins Kino gehe, wenn ich einen Film mit guten
Spezialeffekten oder meinen Lieblingsschauspielern sehen will. Ich muss
auch zugeben, dass die Spannung oft besser im Kino ist, vor allem bei
Actionfilmen und Krimis.

- -

1 a Lies das Web-Forum. Wer sagt das: D (dunkler_himmel), P
(pfirschpflaume09) oder S (schnellerbesser)? Vorsicht! Jede Person kann
mehrmals oder gar nicht erscheinen.

Beispiel: 1 P

  1 Ich habe viele Fernsehkanäle zu Hause.
  2 Der Eintrittspreis ist zu hoch.
  3 Das Kino ist nicht so komfortabel wie zu Hause.
  4 Es ist leicht, Filme herunterzuladen.
  5 Das Kinoerlebnis ist manchmal besser als zu Hause.
  6 Ich kaufe einen Imbiss, wenn ich einen Film sehe.
  7 Mein Bildschirm ist nicht groß genug.
  8 Ich mag die Werbungen nicht.

1 b Welche Wörter findest du besonders nützlich und wichtig im Text? Kopiere
und übersetze sie in deine Sprache.

Beispiel: teuer, die Karten, …

2 a Ein Bericht über Filme und Fernsehen. Finde die vier richtigen Sätze.

Beispiel: 3, ...

1 Man muss viel bezahlen, um einen Film im Internet zu sehen.
2 Kinder finden das Kino besser als Filme online.
3 Viele sind mit dem Kinoeintrittspreis nicht zufrieden.
4 Man sieht lieber Komödien im Kino.
5 Es kann praktischer sein, einen Film zu Hause anzuschauen.
6 Das Kino wird immer populärer bei vielen Leuten.
7 Man kann Kinokarten online kaufen.
8 Der Computerbildschirm kann zu klein sein.

2 b Korrigiere die falschen Sätze.

Beispiel: 1 Man ~~muss viel bezahlen~~, ...   bezahlt oft nichts

3 a Subjunktionen. Lies H4 in der Grammatik. Welches Wort passt zu jedem Satz?

Beispiel: 1 weil

1 Mein Freund lädt immer Filme herunter, ... er nicht gern ins Kino geht.
2 .... ich allein zu Hause bin, sehe ich nicht gern Gruselfilme!
3 .... die Spezialeffekte und das Bild viel besser sind, gehen wir nie ins Kino.
4 Ich esse immer gern Chips und ich trinke Cola, ... ich einen Film sehe.
5 Ich bin der Meinung, ... DVD-Spieler sehr altmodisch und veraltet sind.
6 Wir leihen am Wochenende einen Film aus, ... wir Zeit zusammen verbringen können.
7 Ich finde das Kinoerlebnis super, ... der Film spannender und lauter ist.
8 .... du den Film anschaust, musst du das Buch lesen! Es ist viel besser.

dass	damit	weil	wenn
weil	obwohl	während	bevor

3 b Lies das Web-Forum in Übung 1 noch einmal und finde drei Meinungen mit Subjunktionen. Kopiere und übersetze sie in deine Sprache.

Beispiel: Ich denke, dass das Kino viel zu teuer ist!

4 Partnerarbeit Macht Dialoge zum Thema „Filme und Kino".
1 Gehst du gern ins Kino? Warum (nicht)?
2 Siehst du gern Filme im Internet? Warum (nicht)?
3 Ist es besser, Filme zu Hause oder im Kino zu sehen? Warum?
4 Warum ist es so beliebt, Filme online zu sehen?

5 Wie sieht die Zukunft für das Kino und Filme aus? Schreib einen Artikel darüber. Du musst Folgendes erwähnen:
- Vor- und Nachteile des Kinos
- Vor- und Nachteile des Onlinefernsehens
- Was ist deine Meinung?
- Warum denkst du das?

Unterwegs

1E.3 Hast du viele Filme gesehen?

★ **Lieblingsfilme und Sendungen beschreiben**
★ **Das Perfekt mit** *haben* **(1);** *es war*

Filme und Sendungen

Hallo Daniel, wie geht's?

Ich schreibe dir, um einige Filme und Sendungen zu (1) ....
Ich weiss, dass du ein großer Filmfan bist!

Letztes Wochenende, im Supermarkt mit meinem Vater,
haben wir eine billige DVD gefunden – sie hat uns nur einen
Euro gekostet und der Film war besser als (2) .... Es geht
um einen Mann und er muss ein <u>komisches</u>, altes Buch mit
vielen wichtigen Informationen finden – eine sehr interessante
<u>Geschichte</u>, aber nicht sehr <u>realistisch</u>! Trotzdem war er super
lustig und hat mich zum <u>Lachen</u> gebracht.

Mein Lieblings<u>schauspieler</u> hat die (3) .... gespielt, und der Film war <u>eindrucksvoll</u>! Er hat mir sehr gut
gefallen, weil er nicht nur <u>spannend</u> und (4) ...., sondern auch <u>glaubhaft</u> war. Ich habe den Namen des
Filmes vergessen, tut mir leid ☹.

Meine Familie und ich verbringen sehr gern Zeit miteinander und wir sehen sehr gern Filme (5) ....
zusammen auf dem Sofa, aber manchmal finden wir Filme ganz <u>enttäuschend</u>. Zum Beispiel Samstagabend
haben wir den neuen James Bond Film angeschaut. Mein Bruder ist ein großer (6) .... von der Buchserie,
aber ich habe sie nie gelesen (ich denke, die Filme und Bücher sind sehr unterschiedlich). Meine Schwester
sieht am liebsten Komödien, aber sie mag auch Actionfilme.

Wir haben Popcorn gegessen und Limo getrunken und ich habe mich sehr darauf gefreut, aber leider war
der Film nicht nur zu <u>lang</u>, sondern auch zu kompliziert. Ich habe (7) .... nichts verstanden und ich habe
die Spezialeffekte ziemlich (8) .... gefunden. Meine Mutter hat gesagt, die Musik war zu laut. Schade – ich
habe die anderen James Bond Filme wirklich geliebt!

Was hast du neulich gesehen? Wie war es?

Deine Karin

1 a Welches Wort (a–m) passt zu jeder Lücke im Text (1–8)?

Beispiel: 1 m

a Fan	**d** erwartet	**g** Prominenter	**j** im Kino	**m** *empfehlen*
b fast	**e** ruhig	**h** sehen	**k** Film	
c zu Hause	**f** langweilig	**i** Hauptrolle	**l** interessant	

1 b Es gibt 10 unterstrichene Wörter im Text. Kopiere und übersetze sie in
deine Sprache.

Beispiel: **komisches**

2 a Filme und Sendungen. Carlotta hat Filme und Sendungen gesehen und gibt ihre Meinung. Kopiere und füll die Tabelle auf Deutsch aus.

	positive Aspekte	negative Aspekte
der Actionfilm	**Beispiel:** die Spezialeffekte	**Beispiel:** der Film und die Bücher waren zu unterschiedlich
die Seifenoper	1	2 ....
die Quizsendung	3	4 ....
der Trickfilm	5	6 ....

2 b Hör dir die Informationen noch mal an. Finde die positiven und negativen Adjektive über Filme und Sendungen. Schreib sie auf und übersetze sie in deine Sprache.

Beispiel: positive Adjektive: spannend, ... negative Adjektive: komisch, ...

 3 a Das Perfekt. Lies F3 in der Grammatik. Schreib die Form des Wortes (a)–(j), damit das Wort im Satz richtig ist. Vorsicht! Es ist nicht immer nötig, die Form in Klammern zu ändern.

Beispiel: (a) gehe

Ich (a) .... (*gehen*) gern ins Kino und ich habe neulich einen sehr spannenden Film mit meiner besten Freundin (b) .... (*sehen*). Auf den ersten Blick haben wir (c) .... (*denken*), dass er vielleicht ein bisschen zu kompliziert war, weil wir einfache Filme (d) .... (*bevorzugen*), aber das war falsch! Es war ein Gruselfilm und normalerweise (e) .... (*finden*) meine Freundin sie sehr dumm, aber dieser Film hat uns wirklich gut (f) .... (*gefallen*). Mein Bruder hat mir (g) .... (*sagen*), es (h) .... (*sein*) eine wahre Geschichte und ich habe das beunruhigend (i) .... (*finden*)! Die Spezialeffekte und die unheimliche Musik haben das Erlebnis noch besser (j) .... (*machen*).

3 b Lies die E-Mail in Übung 1 noch einmal und finde 15 Verben im Perfekt. Kopiere und übersetze sie in deine Sprache.

Beispiel: gefunden, ...

 4 Partnerarbeit. Macht Dialoge.

1 Was kannst du in diesem Bild sehen?
  - Wie fühlen sich die Leute?
  - Was für eine Beziehung haben sie?
  - Wo sind sie?
2 Was machen die drei?
3 Was haben sie vor dem Filmbeginn gemacht?
4 Ist es besser, so einen Film zu Hause oder im Kino zu sehen?
5 Was ist dein Lieblingsfilm? Warum?

 5 Schreib eine E-Mail (130–150 Wörter) an einen Freund / eine Freundin über einen Film, den du neulich gesehen hast. Du musst Folgendes erwähnen:
  - wo du den Film gesehen hast
  - mit wem du den Film gesehen hast
  - Informationen über den Film
  - deine Meinung über den Film (positiv und negativ).

Vokabular

1A.1 Wo ich wohne

der Bauernhof
Deutschland
das Dorf
das Einfamilienhaus
Frankreich
groß
das Haus
Italien
klein

Köln
komfortabel
das Land
auf dem Lande
laut
Österreich
schön
die Schweiz
Spanien

die Stadt
die Stadtmitte
der Strand
der Vorort
die Vorstadt
Wien
wohnen
die Wohnung

1A.2 Mein Zuhause

angenehm
der Balkon
das Badezimmer
bequem
das Bett
das Büro
bunt
dunkel
das Erdgeschoss
der Garten

der Herd
hässlich
die Hauptstadt
hell
hübsch
die Küche
streichen
mieten
ordentlich
ruhig

das Schlafzimmer
schön
der Stock
der Teppich
die Toilette
unangenehm
unordentlich
unbequem
das Wohnzimmer
das Zimmer

1A.3 Was ich zu Hause mache

aufräumen
arbeiten
bekommen
das Buch
der Computer
das Computerspiel
denken
Fotos machen
fotografieren

glauben
die Geschwister (pl)
die Hausaufgaben (pl)
hier
hören
kochen
lieben
leider
leise

machen
nachmittags
nach oben gehen
Spaß machen
spielen
teilen
verbringen
die Zeit
zusammen

1A.4 Eine Beschreibung von meinem Zuhause

aus
der Baum
bei
der Berg
besuchen
bevorzugen
der Blick
die Blume
draußen
einladen
das Esszimmer

das Fenster
die Garage
die Gartenarbeit
die Größe
der Keller
das Kind
der Kühlschrank
die Landschaft
mit
die Möbel (pl)
in der Nähe

reizend
sauber
die Terrasse
der Tisch
die Treppe
verkaufen
die Wand
wunderschön

1B.1 Mein Stundenplan

die Biologie
die Chemie
das Deutsch
Dienstag

dienstags
Donnerstag
donnerstags
das Englisch

die Erdkunde
erst
das Fach
das Französisch

Freitag
freitags
die Geschichte
kurz
Lieblings-
lang
langweilig

lernen
die Mathe
Mittwoch
mittwochs
Montag
montags
die Pause

die Physik
das Spanisch
die Sprache
die Stunde
der Stundenplan
der Tag
um ... Uhr

1B.2 Ein typischer Schultag

anfangen
Angst haben
beginnen
dauern
der/die Direktor(in)
einfach
enden
der/die Freund(in)
freundlich
früh

die Hauptschule
helfen
die Imbissstube
die Kleidung
der/die Lehrer(in)
die Mittagspause
die Naturwissenschaften (pl)
die Oberstufe
die Schularbeit
der Schulbus

die Schule
der/die Schüler(in)
der Schultag
schwer
schwierig
sich Sorgen machen
streng
tragen
der Unterricht

1B.3 Meine Schulgebäude

altmodisch
die Aula
ausgestattet
der Beamte / die Beamtin
durch
der Eingang
die Einrichtung
entlang

das Gebäude
groß
der Hof
das Klassenzimmer
das Labor
das Lehrerzimmer
der Musiksaal
der Platz

schmutzig
die Schulbibliothek
der Schulhof
der Tennisplatz
das Theaterstück
die Turnhalle
der Umkleideraum

1B.4 Das Schulleben in den deutschsprachigen Ländern

der Aufenthalt
der Ausflug
der Austausch
der/die Austauschpartner(in)
die Austauschschule
deutschsprachig
erleben
das Erlebnis
erschöpft
die Frage
der Gast

die Gastfamilie
gastfreundlich
gewöhnlich
das Heft
das Heimweh
der Kuli
mitbringen
die Partnerschule
das Pflichtfach
pünktlich
die S-Bahn

die Schreibwaren
der Schulaustausch
das Schulfest
das Schulleben
der Speisesaal
typisch
die U-Bahn
der Unterschied
verantwortlich
das Wahlfach
der Zug

1C.1 Essen und trinken

das Abendessen
der Apfel
die Birne
das Brot
das Brötchen
das Ei
ekelhaft
die Erbse
essen
das Frühstück
das Gemüse
das Glas

die Gurke
der Kaffee
die Kartoffel
der Käse
kohlensäurehaltig
lecker
die Mahlzeit
die Milch
das Mittagessen
die Nachspeise
das Obst
die Pommes (pl)

der Salat
die Süßigkeit
der Tee
die Tomate
die Torte
die Traube
trinken
ungesund
das Wasser

1C.2 Meinungen zum Essen rund um die Welt

die Banane
die Bedienung
die Cola
das Eis
die Erdbeeren (pl)
der Fisch
frisch
der Geschmack
das Getränk
die Krabbe

der Kuchen
lieber
die Limonade
die Meeresfrüchte (pl)
das Mineralwasser
die Muscheln (pl)
die Nudeln (pl)
die Pizza
das Restaurant
riesig

das Sauerkraut
das Schnitzel
der Sprudel
der Teller
unglaublich
der/die Vegetarier(in)
die Welt
das Wetter

1C.3 Eine ausgewogene Ernährung

der Anfang
ausgewogene
der Bericht
billig
die Energie
sich ernähren
die Ernährung
faul

(sich) fühlen
gesund
glücklich
kaufen
krank
die Krankheit
die Leute (pl)
nötig

notwendig
schnell
der Stress
der Supermarkt
teuer
wichtig
der Zucker

1D.1 Körperteile und Krankheit

alles
der Arm
der Arzt / die Ärztin
das Auge
bleiben
brauchen
das Bein
der Bauch
erkältet
das Fieber
furchtbar

es gibt
die Grippe
gute Besserung
der Hals
der Kopf
der Körper
leid tun
der Magen
das Medikament
müssen
nehmen

das Ohr
Rückenschmerzen
die Schmerzen
die Tablette
der Teil
weh tun
wie geht es dir?
der Zahn
der Zahnarzt / die Zahnärztin

1D.2 Der Körper und die Krankheiten

der Anruf
anrufen
anstrengend
die Apotheke
bald
besser gehen
ein bisschen
bringen

die Couch
erholen
gestern
lieber
schlecht
schlimm
schmecken
schwindlig

seit
stark
der Termin
übel
warten
wenig

1D.3 Wie man sich fit hält

bewegen
faulenzen
der Federball
fit bleiben
hart
der Handball
joggen
können
die Leichtathletik

der Lieblingssport
die Mannschaft
mögen
die Motivation
professionell
Rad fahren
reiten
schwimmen
segeln

Ski laufen
Sport treiben
die Sportart
täglich
das Team
trainieren
wollen

1D.4 Gesund leben

abnehmen
aufgeben
ausgehen
auslachen
ausruhen
dick
die Essgewohnheit
enthalten

der Fitnessmuffel
das Gericht
gesundheitsbewusst
der Konsum
mitmachen
müde
nervös
rauchen

vegetarisch
die Vitamine
ziemlich
zubereiten
zufrieden
zunehmen
zurzeit

1E.1 Fernsehen und Fernsehsendungen

abends
die Doku / Dokumentation
dumm
fernsehen
der Film
die Gameshow
immer
interessant
jeden Tag
kindisch
klasse

langweilig
die Lieblingssendung
lustig
manchmal
morgens
nachmittags
die Nachrichtensendung
nie
nützlich
oft
prima

das Programm
das Reality-TV
rührend
die Seifenoper
der Sportbericht
die Sportsendung
die Tagesschau
traurig
der Trickfilm
am Wochenende

1E.2 Filme sehen

anschauen
ausleihen
die Auswahl
beliebt
das Bild
der Bildschirm
buchen
downloaden
der DVD-Spieler
der Eintritt

der Eintrittspreis
gratis
der Gruselfilm
herunterladen
die Karte
das Kino
klicken
kosten
der/das Laptop
der Preis

das Satellitenfernsehen
der/die Schauspieler(in)
der Sitz
spannend
die Spezialeffekte (pl)
synchronisiert
die Untertitel (pl)
die Vorstellung
der Werbespot
die Werbung

1E.3 Hast du viele Filme gesehen?

der Actionfilm
ärgern
beunruhigend
die Buchserie
die DVD
eindrucksvoll
empfehlen
finden
gefallen
die Hauptrolle

herumzappen
komisch
kompliziert
lachen
lang
das Lied
der/die Moderator(in)
die Musik
neu
neulich

der/die Prominente
romantisch
die Sendung
die Serie
unheimlich
unterschiedlich
wahr

Magazin

Abfliegen

Stuttgart – da ist was los!

Eine coole Stadt für Jugendliche!

Sabine, 16, sagt über Stuttgart:

Stuttgart ist eine Stadt inmitten von Hügeln und Weinbergen und ist das Tor zum Schwarzwald. Aber Stuttgart ist mehr – es ist auch die Stadt der Autos! Stuttgart hat zwei der weltweit bekanntesten (1) ...., Porsche und Mercedes. Beide Unternehmen haben futuristische Gebäude als (2) .... in der Stadt gebaut. Stuttgart hat viele Orte für Jugendliche. Im Sommer sind der Schlossplatz und der Schlossgarten als Treffpunkt beliebt.

Wir haben hier tolle kulturelle Veranstaltungen und Sportevents. Ich drehe selbst Filme und nehme immer am (3) .... teil. Einmal pro Jahr werden die besten Filme prämiert. Es gibt verschiedene Kategorien: z. B. beste Visual Effects und bester dokumentarischer Film. Man kann Workshops bei den Experten machen! Was gibt es noch Kulturelles in Stuttgart? Musicals und Events wie das Jugendtheaterfestival. Es findet alle (4) .... Jahre statt. Für talentierte Jugendliche gibt es auch die Junge Oper und Jugendprojekte des Stuttgarter Balletts, das sehr (5) .... ist. In Stuttgart gibt es auch regelmäßig Poetry Slams und das Internationale Trickfilmfestival mit 500 Cartoons! Interessierst du dich für Technik und (6) ....? Dann geh ins Planetarium Stuttgart!

Fakten über Stuttgart

Bundesland: Baden-Württemberg

Lage: Südwesten von Deutschland

Fläche: 207,35 km2

Einwohner: ca. 620.000

Fluss: Neckar

1 Lies Sabines Blog über Stuttgart. Welches Wort passt zu jeder Lücke? Vorsicht! Du brauchst nicht alle Wörter.

Beispiel: 1 Autohersteller

600.000	zwei
Museen	Astronomie
Literatur	Autohersteller
berühmt	Jugendfilmpreis

Schlossplatz Stuttgart

Jürgen Klopp – ein Star aus Stuttgart!

Lies die Informationen über diesen Star aus Stuttgart. Vorsicht! Die Reihenfolge stimmt nicht. Ordne die Absätze chronologisch ein, um die Geschichte seines Erfolges zu erzählen.

1 Nach seiner Karriere als Spieler für Mainz war er der Manager des Teams. Unter Klopp hatte das Team seinen ersten Auftritt in Deutschlands Top-Liga, der Bundesliga.

2 Als Teenager spielte Klopp für seine lokalen Teams im Schwarzwald. Dann zog er nach Frankfurt, wo er für drei verschiedene Teams spielte, bevor er nach Mainz ging.

3 Im Jahr 2015 wurde er Manager von Liverpool Football Club.

4 Bevor er Manager wurde, spielte er für Mainz und schoss 52 Tore. Er war ursprünglich Stürmer und spielte später in der Abwehr.

5 Jürgen Klopp wurde 1967 in Stuttgart geboren und wuchs in dem nahen Schwarzwald auf.

6 Im Jahr 2016 unterzeichnete Jürgen Klopp einen sechs-Jahres-Vertrag mit Liverpool Football Club. Er nutzte seine Kenntnisse des deutschen Fußballs, um mehrere deutsche Spieler für das Team zu gewinnen.

7 Seine zweite Führungsposition war für Borussia Dortmund, eines der bekanntesten Teams Deutschlands. Er gewann zweimal die deutsche Meisterschaft mit ihnen.

Stuttgart – mehr als nur eine Motor-Stadt?

schatzl2 **Hallo Leute! Ich überlege, ob ich diesen Sommer mit meinem Freund Süddeutschland besuchen soll! Ist Stuttgart empfehlenswert?**

eolo Ich würde dir Deutschlands sechstgrößte Stadt auf jeden Fall empfehlen. Ich war im Herbst dort und auch auf dem „Wasen". Es war total toll! Es ist wie das Oktoberfest in München, aber es gibt weniger Besucher, mit vielen Fahrgeschäften und Ständen.

ingo17 Also, ich finde Stuttgart nicht so toll und im Sommer ist es oft viel zu warm. Es gibt manchmal leider viel Luftverschmutzung. Ich verbringe gerade wegen der Arbeit ein paar Tage dort.

birnenkompott02 ingo17, das stimmt, aber schau dir einfach die schönen historischen Gebäude in der Calwer Straße an! Seit vier Jahren lebe ich in Stuttgart. Es gibt ein paar wirklich tolle Museen in der Stadt, z. B. die Staatsgalerie. Stuttgart ist auch berühmt für seine Einkaufsmöglichkeiten, seine Thermalbäder und die schöne Landschaft! Eine schöne Aussicht auf die Stadt und die Hügel um Stuttgart bietet dir der Fernsehturm, der weltweit älteste Fernsehturm.

Fernsehturm Stuttgart

moni3 Und der Schwarzwald ist direkt um die Ecke, wenn du wandern möchtest! Eine schöne Aussicht auf die Stadt und die Hügel um Stuttgart bietet dir der Fernsehturm, der weltweit älteste Fernsehturm. Ich war vorletztes Jahr dort und war begeistert!

schatzl2 Das klingt gut! Danke, Leute! Ich buche jetzt gleich unsere Fahrkarten nach Stuttgart!

Abfliegen

Die Metropolregion Basel – Kultur pur in den Alpen

Im Herzen der Alpen – die Region Basel

A Die Region Basel liegt im Nordwesten der Schweiz. Der Kanton Basel-Stadt ist der kleinste Kanton in der Schweiz. Basel befindet sich an der Grenze zu Deutschland und Frankreich.

B Der Kanton ist eine der produktivsten, innovativsten und dynamischsten Wirtschaftsregionen der Schweiz. Die pharmazeutische Industrie, Finanz und Logistik spielen dort eine große Rolle. Rund 35 000 Menschen aus Frankreich und Deutschland fahren Tag für Tag in die Grenzstadt Basel zur Arbeit. Menschen aus über 160 Nationen leben und arbeiten in Basel.

C In der Basler Altstadt kann man Gebäude aus dem 15. Jahrhundert bewundern, aber auch moderne Architektur. Es gibt schöne Stadttore und das Wahrzeichen der Stadt, das Basler Münster, ist aus rotem Sandstein. Auch das Rathaus ist rot und fällt durch die Malerei auf. Es gibt außerdem 180 Brunnen in der Stadt.

D In der Region Basel spricht man zwei Dialekte. In der Stadt Basel spricht man Baseldeutsch, einen schweizerdeutschen Dialekt – Hochdeutsch wird in der Schule gelernt. Für Deutschsprachige aus anderen Ländern wie Österreich, Südtirol oder Deutschland ist der Dialekt teilweise unverständlich!

Die Stadt Basel

E Der Rhein war und ist ein wichtiger Transportweg. Er ist auch besonders bei Schwimmern und Spaziergängern beliebt. Einmal jährlich findet das offizielle Rheinschwimmen statt mit jährlich über 5.000 Teilnehmern.

F Die Region Basel liegt im Herzen Europas. Wichtige Städte wie Zürich, Bern und Straßburg sind nicht weit entfernt. Von Basel aus erreicht man die verschiedenen Skigebiete, wie zum Beispiel Langenbruck, in etwas mehr als einer Stunde.

G In der Region gibt es tolle Aussichtsplattformen, i.e. z. B. mit Blick auf das Elsass und den Schwarzwald. Weitere beliebte Ausflugsziele sind i.e. z. B. die Burg Rötteln und das Wasserschloss Bottmingen.

Rheinschwimmen in Basel

1 Welcher Absatz (A–G) passt zu welcher Beschreibung (1–7)?

  1 Die Bedeutung des Flusses für die Wirtschaft und das Leben

  2 Zentral und nah an anderen Städten

  3 Die Sprache in der Region

  4 Möglichkeiten für Naturfreunde und Geschichtsinteressierte

  5 Wichtige Branchen in der Region

  6 Historische und zeitgenössische Bauten

  7 Geografische Lage

Region Basel – für alle etwas dabei!

Die Region ist perfekt für Jugendliche, weil man viel erleben kann. Welcher Absatz (1–5) passt zu welchem Bild (A–E)?

1 Interessierst du dich für die römische Geschichte? Dann besuche den archäologischen Park mit über dreißig spannenden Sehenswürdigkeiten. Dort gibt es ein tolles römisches Theater, ein Römerhaus und im Museum kannst du den Silberschatz bewundern. Auch das jährliche Römerfest ist für Kinder besonders interessant.

2 In der Nähe von Basel kann man Schlitten fahren oder mit Schneeschuhen im verschneiten Wald laufen.

Die Gondelbahn bringt die Besucher hinauf auf 922 Meter Höhe.

3 Im Waldseilpark kann man von Mai bis teilweise November klettern.

4 Fahr mit dem Schiff und iss traditionelles Fondue! Auf der Schifffahrt kannst du Teile der Region aus der Flussperspektive sehen.

5 Das Dreiländereck ist der Punkt, an dem die Länder Deutschland, Frankreich und die Schweiz aneinanderstoßen. Der Ort hat eine besondere Atmosphäre. Ein Ort – drei Länder. Innerhalb von 10 Sekunden in drei verschiedenen Staaten – einzigartig!

A
B
C
D
E

Basler Fasnacht – lohnt es sich?

Jakob	**Hallo Leute, ich plane eine Reise nach Basel und habe gesehen, dass zu der Zeit die Basler Fasnacht ist. Ist das auch für Nicht-Schweizer interessant?**
buebausbasl	Auf jeden Fall! Die Basler Fasnacht beginnt am Montag nach Aschermittwoch mit dem Morgenstreich morgens – um Punkt vier Uhr geht das Licht aus und tausende Trommler und Pfeifer spielen laut das Marschmusikstück „Morgestraich". Die Fasnächtler tragen tolle Kostüme und Masken. Die Umzüge, die finde ich toll, aber ich mag den Lärm auf der Veranstaltung nicht.
meitschi16	Ich wohne in Basel und sehe die Fasnacht jedes Jahr. Es ist natürlich beeindruckend: 1200 Leute machen mit und bereiten sich das ganze Jahr darauf vor. Es ist immer so kalt, dieses Jahr zieh ich mich wärmer an …
beieli20	Die Laternenausstellung am Münsterplatz ist wirklich toll, finde ich. Verpass die Guggenkonzerte am Abend nicht, da hörst du dann Lieder, die typisch für die Fasnacht sind und die Leute tanzen auf der Straße – eine tolle Stimmung!
uribueb	Mir wird das alles zu viel, ich bleibe lieber zu Hause. Zuschauer dürfen sich nicht verkleiden, sondern nur aktive „Fastnächtler", das finde ich merkwürdig.

Abfliegen

Prüfungsecke 1.1

Eine Einführung zu den Hörverstehensübungen

Wichtige Hinweise

In diesem Teil findest du drei Arten von Hörverstehensübungen:

- das richtige Bild auswählen
- Notizen Machen
- die richtige Kategorie auswählen.

Du wirst diese Arten von Hörtexten hören:

- Interviews mit drei Personen
- eine Person spricht
- sechs Personen sprechen.

Allgemeine Strategien für das Hören

→ Lies alle Fragen sorgfältig vor dem Zuhören
→ Mach Notizen von den Schlüsselwörtern beim Zuhören
→ Keine Panik! Du hörst jeden Hörtext zweimal.

Das richtige Bild auswählen

Mein Stundenplan

		Max	Hanna	Nico
Beispiel:	(Taschenrechner)	☒	☐	☐
A	(Uhr)	☐	☐	☐
B	(Globus)	☐	☐	☐
C	(Flagge)	☐	☐	☐
D	(Mikroskop)	☐	☐	☐
E	(Atom)	☐	☐	☐
F	(Personen)	☐	☐	☐

[Total: 6]

1 a Partnerarbeit. Jede Person sagt das deutsche Wort für jedes Schulfach. Wechselt euch ab. Jede Person muss eine Meinung für jedes Fach sagen.

Beispiel: Mathe – Ich finde Mathe schwer.

1   b   Hör zu. Was lernen sie gern? Kreuze die sechs richtigen Kästchen an (✗).

> → Vorsicht! Du hörst vielleicht ein Schlüsselwort, z. B. Mathe, aber der Satz kann auch negativ sein. Zum Beispiel: *Mathe lerne ich nicht gern.*
> → Kontrolliere, dass du **sechs** Kästchen angekreuzt hast.
> → Kontrolliere deine Antworten, wenn du zum zweiten Mal zuhörst.

Notizen machen

Fernsehen

2   a   Schau dir die Lücken (a–e) an. Was für ein Wort könnte in jede Lücke passen? Ist das vielleicht ein Name / ein Adjektiv / eine Zahl?

2   b   Hör zu. Mach Notizen über eine Fernsehsendung. Füll die Tabelle auf Deutsch aus.

Beispiel: Mittwoch

(a) Tag: ....   [1]   (d) Publikum: ab .... Jahren   [1]

(b) Art von Sendung: ....   [1]   (e) Meinung: .... und ....   [2]

(c) Ende: .... Uhr   [1]

[Total: 6]

> → Kannst du nicht alles verstehen? Keine Panik! Du musst nicht jedes Wort verstehen.
> → Konzentrier dich auf die Informationen, die du brauchst (z. B. einen Tag, eine Uhrzeit, das Wetter, Transport).
> → Du kannst eine Zahl so (10) oder so (zehn) schreiben.

Die richtige Kategorie auswählen

Gesund leben

3   Hör zu. Haben diese Jugendlichen einen gesunden Lebensstil? Kreuze die sechs richtigen Kästchen an. (✗)

	Positiv	Negativ	Positiv und negativ
Beispiel:	☐	☐	☒
(a)	☐	☐	☐
(b)	☐	☐	☐
(c)	☐	☐	☐
(d)	☐	☐	☐
(e)	☐	☐	☐
(f)	☐	☐	☐

[Total: 6]

> → Was kann man von der Stimme des Sprechers hören? Wie fühlt er / sie sich? Gut oder schlecht?
> → Wenn du das Wort *aber* hörst, kann es sein, dass es um etwas Positives **und** etwas Negatives geht.
> → Vorsicht, wenn du negative Wörter wie *nicht*, *nie* oder *kein* hörst. Die richtige Antwort ist nicht immer negativ!

Abfliegen

Prüfungsecke 1.2

Eine Einführung zu den Leseverstehensübungen (1)

Wichtige Hinweise

In diesem Teil findest du drei Arten von Leseverstehensübungen:

- das richtige Satzende auswählen (a–f)
- Lücken in Sätzen ausfüllen (a–f)
- entscheiden, wer was sagt.

Die Textarten sind:

- persönliche Informationen z. B. Blog, Tagebuch, E-Mail
- kurze Artikel z. B. im Internet oder aus einer Zeitschrift
- drei individuelle Meinungen.

Allgemeine Strategien für das Lesen

→ Lies den Titel und die Fragen genau, um eine Idee über den Textinhalt zu bekommen.
→ Wenn ein Bild dabei ist, schau es dir an.
→ Informier' dich darüber, welche Art von Text es ist: z. B. Zeitschrift? Blog?
→ Lies den Text schnell durch, um etwas über den Inhalt zu lernen.

Das richtige Satzende auswählen

→ Achte auf synonyme Wörter und Begriffe.
→ Pass auf Negative auf.
→ Rate mal vernünftig, wenn du es wirklich nicht weißt.

Klaras Haus

Klara wohnt jetzt in einem modernen Doppelhaus. Im Erdgeschoss gibt es eine Küche und ein großes Wohnzimmer mit einem bequemen Sofa. Es gibt auch ein Esszimmer. Dieses Zimmer steht noch leer. Klaras Eltern wollen einen Tisch und vier Stühle kaufen.

Oben gibt es drei Schlafzimmer und ein schönes Badezimmer mit Dusche. Klara ist glücklich, weil sie ihr eigenes Zimmer hat. Das Haus hat auch einen Dachboden und einen Keller.

Draußen gibt es einen Garten aber keine Garage. Ein Haus mit Garage kostet zu viel. Klaras Vater sagte, eine Garage ist nicht notwendig. Klaras Hund, Bello, liebt den Garten, weil er einen ziemlich großen Rasen hat. Da schläft er gern.

---

1 a Finde Synonyme für die Adjektive in Frage (a) und Frage (e).

1 b Kreuze das richtige Kästchen an (✗).

Beispiel: Klaras Haus ist ziemlich:

☐	**A**	altmodisch.
☐	**B**	schmutzig.
☒	**C**	neu.
☐	**D**	sauber.

(a) Klara findet das Sofa:

☐	**A**	klein.
☐	**B**	komfortabel.
☐	**C**	kalt.
☐	**D**	modern.

(b) Ihre Eltern werden einkaufen gehen. Sie brauchen neue:

☐	**A**	Kleider.
☐	**B**	Schuhe.
☐	**C**	Tassen.
☐	**D**	Möbel.

(c) Die Familie schläft:

☐	**A**	im ersten Stock.
☐	**B**	im Dachboden.
☐	**C**	im Badezimmer.
☐	**D**	im Erdgeschoss.

(d) Klaras Zimmer ist:

☐	**A**	ein Doppelzimmer.
☐	**B**	ruhig.
☐	**C**	nur für sie.
☐	**D**	schön.

(e) Eine Garage für das Auto ist zu:

☐	**A**	hässlich.
☐	**B**	teuer.
☐	**C**	nötig.
☐	**D**	billig.

(f) Der Hund mag vor allem:

☐	**A**	das Sofa.
☐	**B**	sein Bett.
☐	**C**	die Nachbarn.
☐	**D**	das Gras.

[Total: 6]

Prüfungsecke 1.3

Eine Einführung zu den Leseverstehensübungen (2)

Lücken in Sätzen ausfüllen

→ Es gibt sechs Sätze, aber 13 Wörter. Du wirst nicht alle Wörter benutzen.
→ Pass auf die Grammatik im Satz auf. Einige Wörter passen nicht in die Lücke.

Kaffee und Kuchen

Die Tradition von Kaffee und Kuchen existiert seit Jahren, aber sie ist auch heute sehr beliebt.
Vor allem am Sonntagnachmittag kommen Familien und Freunde zusammen, um Kaffee und Kuchen zu genießen. Dann hat man mehr Zeit als in der Woche.

Viele Familien gehen am Nachmittag nach einem Ausflug in den Park ins Café. Dort finden sie eine große Auswahl an leckeren Kuchen und Torten: Käsekuchen, Erdbeertorte, Apfelkuchen. Alle kann man natürlich mit oder ohne Sahne essen. Am besten zählt man die Kalorien nicht!

Obwohl die Tradition Kaffee und Kuchen heißt, kann man statt Kaffee natürlich auch Tee oder Kakao bestellen. Viele Familien bleiben zu Hause, laden Gäste ein und bieten ihnen hausgemachte Kuchen an.

---

2 a   Welche Wörter passen grammatikalisch in die Lücken?

A spazieren	**E** mögen	**I** Wochenende	**M** Bekannten
B anderes	**F** verschiedene	**J** abnehmen	
C alte	**G** groß	**K** kalt	
D zunehmen	**H** findet	**L** kaufen	

2 b   Schreib den richtigen Buchstaben in das Kästchen.

Beispiel: Kaffee und Kuchen ist eine … Tradition.	**C**
(a) Viele Deutsche … diese Tradition.	
(b) Man genießt Kaffee und Kuchen oft mit … .	
(c) Am Sonntag gehen viele Eltern mit ihren Kindern… .	
(d) Im Café kann man … Kuchen und Torten essen.	
(e) Kuchen sind nicht das Beste, wenn man … will.	
(f) Wenn dir Kaffee nicht schmeckt, kannst du ein … Getränk haben.	

[Total: 6]

Entscheiden, wer was sagt

→ Achte auf Synonyme – das sind Wörter mit der gleichen Bedeutung, zum Beispiel *Sportkleidung = Trainingsanzug*.
→ Eine Person kann mehr als ein Kreuzchen haben.
→ Eine Person kann auch gar kein Kreuzchen haben.

Meine Schule

Lukas

In meiner Schule gibt es viele begabte Sportler. Unsere Uniform ist ein Trainingsanzug. Am Vormittag haben wir Unterricht in Klassenzimmern und am Nachmittag in der Turnhalle oder auf dem Sportplatz. Wir müssen aber genau so gut in Mathe oder Französisch sein wie in Sport.

Noah

Unser Schulgebäude ist sehr grau. Schade, dass die Mauern nicht rot, gelb oder grün sind. Mein Lieblingsfach ist Kunst. Ich bin schwach in Spanisch und musste letztes Jahr sitzen bleiben. Ich hoffe, mein nächstes Zeugnis wird besser sein.

Maja

An meinem Gymnasium ist die Schuluniform dunkelblau und hässlich. Die Lehrer sind ziemlich streng. Man muss immer pünktlich sein. Mein Lieblingsfach ist Sport. Ich spiele in unserer Fußballmannschaft. Meine Eltern ziehen um. Hoffentlich muss ich nicht auf eine neue Schule gehen.

3 a Partnerarbeit. Wählt ein Wort aus jedem Satz. Könnt ihr es anders ausdrücken?

Beispiel: Schuluniform – Kleidung für die Schule

3 b Wer sagt das? Kreuze die richtigen 8 Kästchen an (✗). Vorsicht! Einige Reihen können leer sein oder mehr als ein Kreuzchen (✗) haben.

	Lukas	Noah	Maja
Beispiel: Ich will in dieser Schule bleiben.	☐	☒	☐
A Ich muss gute Noten bekommen.	☐	☐	☐
B Ich finde Fremdsprachen schwer.	☐	☐	☐
C Ich mag meine Schuluniform nicht.	☐	☐	☐
D Ich darf nicht zu spät zur Schule kommen.	☐	☐	☐
E Ich trage den ganzen Tag Sportkleidung	☐	☐	☐
F Ich habe die Klasse wiederholt.	☐	☐	☐
G Ich mag bunte Farben.	☐	☐	☐

[Total: 8]

2A Relationships with family and friends

Einsteigen

2A.1 Familie und Haustiere

★ **Über deine Familie und Haustiere sprechen**
★ **Possessivadjektive im Singular**

1 Lies die Sätze. Welcher Satz (1–8) passt zu welchem Bild (A–H)?

Beispiel: 1 F

Mein Stammbaum

1 Meine Mutter heißt Lena und sie hat einen Goldfisch.	**2** Meine Tante heißt Julia und sie hat eine Katze. Die Katze ist freundlich.	**3** Mein Bruder heißt Martin und er hat ein Meerschweinchen und eine Schildkröte.	**4** Mein Onkel heißt Paul und er hat eine Maus. Sie ist sehr klein!
5 Mein Großvater heißt Albert und er hat ein Kaninchen.	**6** Meine Schwester heißt Lucy und sie hat eine Schlange.	**7** Mein Vater heißt Jan und er hat einen Vogel.	**8** Meine Großmutter heißt Bettina und sie hat keine Haustiere.

A  B  C  D

E  F  G  H

2 Bruno, Petra, Kamil und Hanna sprechen über Familie und Haustiere. Beantworte die Fragen auf Deutsch.

Beispiel: 1 fünfzig / 50

    1 Wie alt ist Brunos Vater?
    2 Welches Haustier hat Bruno?
    3 Wie viele Geschwister hat Petra?
    4 Wie ist Petras Haustier?
    5 Wie ist Kamils Familie?
    6 Wie viele Haustiere hat Kamil?
    7 Wie viele Geschwister hat Hanna?
    8 Wie alt ist Hannas Haustier?

3 Possessivadjektive im Singular. Lies B5 in der Grammatik. Welches Wort passt zu jedem Satz?

Beispiel: 1 Mein

1 .... Hund ist sehr freundlich und er will immer mit mir spielen.
2 Malin, wie alt sind .... Großeltern?
3 Mein Bruder hat zwei Kinder. .... Sohn ist zwei Jahre alt.
4 Selina, ist das .... Vater? Ja, er heißt Thorsten.
5 Mein bester Freund ist Mattias und .... jüngeren Schwestern sind höflich.
6 Ich habe keine Geschwister und .... Familie ist sehr klein.
7 Henry, wohnt .... Schwester bei dir?
8 Mein Freund Bastian hat viele Haustiere und .... Katze ist sehr süß.

deine	*mein*	dein	deine
seine	meine	seine	sein

 4 a Die Laute *f* und *v*. Hör dir den Satz an und trenne die Wörter. Wiederhole den Satz dreimal. Achte auf die Aussprache. Hör noch einmal zu und überprüfe. Übersetze den Satz in deine Sprache. Lerne den Satz auswendig.

MeinVornameistVerenaundmeinFamiliennameistFriedmannundmeinVateristFranzunder-istfreundlichundVatisFrauheißtFranziskaabersieistfaul.

4 b Partnerarbeit. Sag den Satz in Übung 4a. Wer kann das am besten machen?

 5 Zeichne einen Stammbaum und schreib über deine Traumfamilie und Haustiere.
- Wer sind die Familienmitglieder / Haustiere?
  Ich habe eine Schwester.
- Wie heißt sie?
  Meine Schwester heißt Sofia.
- Wie alt ist sie?
  Sie ist dreizehn Jahre alt.

 6 Partnerarbeit. Macht Dialoge zum Thema „Meine Traumfamilie".
1 Mit wem wohnst du?
2 Wie heißen deine Eltern? Wie alt sind sie?
3 Hast du Geschwister? Wie heißen sie? Wie alt sind sie?
4 Hast du Haustiere? Wie heißen sie? Wie alt sind sie?

Ich wohne mit	meinem	(Stief)Vater / (Stief / Halb / Zwillings)Bruder / Großvater / Opa / Onkel / Cousin / Neffe	zusammen.
	meiner	(Stief)Mutter / (Stief / Halb / Zwillings)Schwester / Großmutter / Opa / Tante / Cousine / Nichte	
	meinen	(Stief)Eltern / (Stief / Halb)Geschwistern / Großeltern / Cousinen	
Ich habe	(k)eine	(Stief / Halb) Schwester / Katze / Maus / Schildkröte / Schlange.	
	(k)ein	Haustier / Meerschweinchen / Kaninchen / Pferd.	
	(k)einen	(Stief / Halb) Bruder / Goldfisch / Vogel / Wellensittich.	
	zwei / drei / keine	(Stief / Halb) Schwestern / Brüder / Geschwister.	
Ich bin Einzelkind.			
Er / sie /es heißt ... und er / sie / es ist ... Jahre alt. Sie heißen ... und sie sind ... Jahre alt.			

Abfliegen

2A.2 Beschreibungen

★ **Sich selber und andere Leute beschreiben**
★ **Adjektive nach dem unbestimmten Artikel**

1 Lies die Sprechblasen. Welches Wort (a–m) passt zu jeder Lücke (1–8)?

Beispiel: 1 f

Meine besten Freunde

Wie ist dein bester Freund / deine beste Freundin?

Elisabeth

Meine beste Freundin Heike ist super nett und sehr geschwätzig, und sie hat lange braune Haare und große braune (1) ....

Freddy

Tomas ist mein bester Freund und er ist sehr einfach zu erkennen – er hat rote (2) .... und einen großen roten Schnurrbart!

Gabriele

Meine beste Freundin Petra hat (3) ...., blonde Haare und grüne Augen. Ich finde sie sehr schön und freundlich und wir machen viel zusammen.

Samuel

Ich bin ganz klein aber mein Freund Johann ist ziemlich (4) .... Wir sehen aber ähnlich aus – wir haben beide kurze, schwarze Haare und blaue Augen.

Julia

Luca ist viel größer als ich und er ist auch ganz (5) .... Wir spielen gern Fußball und Federball zusammen und wir sind beide sehr sportlich.

Andreas

Meine beste Freundin heißt Elke und sie ist mittelgroß und schlank. Sie hat kurze, lockige, rote Haare und (6) .... Augen.

Ingrid

Lucie trägt immer eine schöne, modische (7) .... Sie hat glatte, dunkle Haare und grüne Augen und sie ist nicht sehr groß.

Finn

Mein bester Freund Tom sieht immer sehr modisch aus. Er hat einen langen, schwarzen (8) .... und er hat keine Haare! Seine Augen sind blau.

a graue	**e** ziemlich	**i** klein	**m** nett
b dünn	**f** *Augen*	**j** schwarze	
c Brille	**g** Glatze	**k** lockige	
d Haare	**h** groß	**l** Bart	

2 Meine Familie. Drei Leute beschreiben ihre Verwandten. Welches Bild (A–H) passt zu welcher Person (Isabella, Wolfgang, Claudette)? Vorsicht! Ein Bild passt zu niemandem.

Beispiel: **A Isabella**

A    B    C    D

E    F    G    H

 3 Adjektive nach dem unbestimmten Artikel. Lies B3 in der Grammatik. Schreib die Form des Wortes (a)–(j), damit das Wort im Satz richtig ist. Vorsicht! Es ist nicht immer nötig, die Form in Klammern zu ändern.

Beispiel: (a) **multikulturelle**

Ich habe eine (a) .... (*multikuturell*) Familie mit einer (b) .... (*interessant*) Herkunft, deshalb sehen wir alle unterschiedlich aus. Meine Mutter heißt Tina und sie (c) .... (*haben*) blonde Haare und blaue Augen – meiner Meinung nach (d) .... (*sein*) sie sehr hübsch. Ich habe einen (e) .... (*jünger*) Bruder, der wie mein Opa (f) .... (*aussehen*), weil sie beide lockige schwarze Haare haben. Jedoch hat mein Großvater einen (g) .... (*lang*) Bart, mein Bruder aber nicht, obwohl er einen (h) .... (*klein*) Schnurrbart hat. Ich mag es, so eine (i) .... (*groß*) Familie zu haben, aber wir sehen uns nicht so oft, was ich nicht so gut (j) .... (*finden*).

 4 Partnerarbeit. Macht Dialoge zum Thema „Ich, meine Familie und meine Freunde".
1 Wie siehst du aus?
2 Beschreib ein Familienmitglied. Wie sieht er / sie aus?
3 Wie sehen deine Geschwister aus?
4 Wie sieht dein bester Freund / deine beste Freundin aus?

Ich habe Er / sie hat Sie haben		lange / kurze / lockige / glatte braune / blonde / rote / schwarze / graue / weiße / dunkle	Haare
	blaue / grüne / graue / dunkle	Augen	
	einen Bart / einen Schnurrbart / eine Glatze		
Ich bin Er / sie ist Sie sind	sehr / ganz / ziemlich / nicht	groß / klein / mittelgroß / dick / schlank / dünn	

 5 Wie ist dein bester Freund / deine beste Freundin? Schreib 60–75 Wörter auf Deutsch. Du musst alle Wörter hier benutzen.

Haare	Augen	nicht	sehr

Abfliegen

2A.3 Charaktereigenschaften beschreiben

> ★ **Charaktereigenschaften beschreiben**
> ★ **Relativpronomen**

1 a Wer sagt das: A (ampelfraurotgrün),
R (regenbogen.94) oder M (mein_
lächeln)? Vorsicht! Jede Person kann
mehrmals oder gar nicht erscheinen.

Beispiel: 1 M

Wie sind deine Geschwister?

ampelfraurotgrün	Ich habe eine kleine Schwester, die sehr sympathisch ist. Ich kann mit ihr über alles sprechen und sie gibt immer guten Rat. Auf der anderen Seite finde ich meinen Bruder sehr faul und unsympathisch. Zum Glück geht er im Moment auf die Universität.
regenbogen.94	Mein Bruder und meine Schwester, die Zwillinge sind, gehen mir manchmal auf die Nerven, weil sie so laut und geschwätzig sind! Sie helfen überhaupt nicht zu Hause, was meine Eltern ärgert. Trotzdem bringen sie mich immer zum Lachen.
mein_lächeln	Mein Bruder und ich sind sehr gute Freunde und wir machen viel zusammen, zum Beispiel Fußball spielen oder schwimmen gehen. Meine Schwester bekommt gute Noten und deshalb kann sie mir mit meinen Hausaufgaben helfen, was immer praktisch ist! Wir haben eine enge Beziehung.

1 Mein Bruder ist sportlich.
2 Meine Geschwister sind faul.
3 Ich und meine Geschwister sind gute Freunde.
4 Meine Geschwister sprechen zu viel.

5 Meine Schwester ist klug.
6 Ich komme nicht gut mit meinem Bruder aus.
7 Meine Schwester ist sehr verständnisvoll.
8 Meine Geschwister sind lustig.

1 b Finde im Forum fünf Adjektive, die Charaktereigenschaften beschreiben. Kopiere und übersetze sie in deine Sprache.

Beispiel: sympathisch

2 a Bruno und Sofia sprechen über Freunde. Schreib R (richtig), F (falsch) oder NA (nicht angegeben).

Beispiel: 1 R

1 Bruno verbringt viel Zeit mit Robin.
2 Robin ist gesellig.
3 Robin ist Einzelkind.
4 Bruno hat zwei Brüder.
5 Megan wohnt in Deutschland.
6 Megan und Sofia haben sich im Kindergarten kennengelernt.
7 Megan hilft Sofia.
8 Megan hat strenge Eltern.

2 b Hör noch einmal zu. Korrigiere die falschen Sätze.

Beispiel: 2 Robin ist ~~gesellig~~. schüchtern

3 a Relativpronomen. Lies D4 in der Grammatik. Welches Wort passt zu jedem Satz?

Beispiel: 1 der

1 Ich habe einen Stiefbruder, ... sehr lustig und witzig ist.
2 Die Frau meines Onkels hat zwei Kinder, ... unartig und frech sind.
3 Meine Mutter hat einen neuen Mann, ... ich sehr selbstsüchtig finde.
4 Sie hat zwei Halbschwestern, mit .... sie gern Zeit verbringt.

5 Mein Stiefvater hat ein süßes, weißes Kaninchen, ... jetzt bei uns im Garten wohnt.
6 Er hat einen besten Freund, mit .... er über alles reden kann.
7 Meine jüngeren Geschwister sind sehr laut, ... meine Eltern sehr anstrengend finden.
8 Das ist der Junge, ... Eltern sehr reich sind, und er ist verwöhnt.

dem	das	denen	was
der	die	dessen	den

3 b Finde vier Relativpronomen im Forum in Übung 1. Kopiere und übersetze sie in deine Sprache.

Beispiel: die

4 Schreib ein Blog zum Thema „Mein bester Freund". Beschreib einen Freund / eine Freundin. Schreib über:
  ● seine / ihre positiven Eigenschaften
  ● seine / ihre negativen Eigenschaften
  ● warum du diese Person toll findest.

| Mein bester Freund
Meine beste Freundin

Ich finde ihn / sie | ist | nicht
sehr
ziemlich
ganz | immer
oft
manchmal
ab und zu
nie | angenehm
ehrlich
freundlich
geschwätzig
höflich
klug
lustig
süß
sympathisch
verständnisvoll | unangenehm
ärgerlich
faul
unfreundlich
unhöflich
laut
selbstsüchtig
unsympathisch
verständnislos
verwöhnt |

5 Partnerarbeit. Macht Dialoge.
  1 Was kannst du auf diesem Bild sehen?
  2 Wie sehen die Freunde aus?
  3 Was haben die Freunde früher gemacht?
  4 Deiner Meinung nach, welche Charaktereigenschaften haben diese Freunde?
  5 Welche Charaktereigenschaften hat ein guter Freund?

Unterwegs

2A.4 Beziehungen zu Familie und Freunden

★ **Sagen, mit wem du (nicht) gut auskommst**
★ **Possessivadjektive im Plural**

Die Familie Pfäffling

Agnes Snapper, 1907

In der zweiten Woche während des Aufenthaltes von Frau Pfäffling bei ihrer Mutter feiert man den achtzigsten Geburtstag der alten Dame.

Zu diesem Familienfest kommen Gäste und Familienmitglieder wie zum Beispiel Frau Pfäfflings einziger Bruder. Er kommt mit seiner Frau Frieda und ihrer fünfzehnjährigen Tochter, einem lieblichen, netten Mädchen. Ihre zwei Söhne bleiben zu Hause bei dem Kindermädchen.

„Wir müssen versuchen, Zeit allein miteinander zu finden," sagt der Bruder zu seiner Schwester während des festlichen Mittagsmahls. Später, während ihre Mutter schläft, sind Bruder und Schwester allein.

Es liegt in diesem Februar noch überall Schnee, die Wege sind glatt, die Kälte streng. Frau Pfäffling kann den Garten sehen, wo ihre junge Nichte spielt. „Wie reizend ist eure Tochter," sagt Frau Pfäffling. „Eure Kinder sind so wohlerzogen. Meine Kinder sind im Vergleich ein bisschen unartig! Es ist schwierig, sieben Kinder zu haben. Ich habe nie genug Zeit, alles zu tun! Aber meistens sind sie leicht zu erziehen. Sie sind wie ihr Vater – er hatte auch eine frohe Natur und war sehr freundlich."

Der Bruder lacht. „Mach dir keine Sorgen! Meine Frau hat es einfacher als du – wir haben nur drei Kinder und das Kindermädchen hilft uns viel. Unsere Kinder haben auch ihre Fehler und sie streiten viel miteinander."

Adapted from *Die Familie Pfäffling* by Agnes Sapper

1 Beantworte die Fragen auf Deutsch. Vollständige Antworten sind nicht nötig.

Beispiel: 1 Frau Pfäfflings Mutter

  1 Wer hat Geburtstag? (1)
  2 Wie viele Geschwister hat Frau Pfäffling? (1)
  3 Wann sprechen Frau Pfäffling und ihr Bruder? (1)
  4 Wie ist das Wetter? Gib **zwei** Details. (2)
  5 Laut Frau Pfäffling, wie sind ihre Kinder im Vergleich zu ihrer Nichte? (1)
  6 Wie viele Kinder hat Frau Pfäffling? (1)
  7 Warum sind die Kinder wie ihr Vater? Gib **ein** Detail. (1)
  8 Warum ist Friedas Leben einfach? (1)

2 a Sebastian, Nina, Maxim und Lianna sprechen über Freunde. Kopiere und füll die Tabelle auf Deutsch aus.

	ein guter Freund ...	ein schlechter Freund ...
Sebastian	**Beispiel:** 1 hat immer Zeit für dich	2 ....
Nina	3	4 ....
Maxim	5	6 ....
Lianna	7	8 ....

2 b Hör dir das Gespräch noch einmal an. Finde die Adjektive, die positive und negative Charaktereigenschaften beschreiben. Schreib sie auf und übersetze sie in deine Sprache.

Beispiel: Positive Adjektive: glücklich

3 a Possessivadjektive im Plural. Lies B5 in der Grammatik. Welches Wort passt zu jedem Satz?

Beispiel: 1 unsere

1 Mein Bruder und ich wohnen bei meinem Vater, denn .... Eltern sind geschieden.
2 Jens und Johannes, wo wohnen .... Schwiegereltern?
3 Herr und Frau Schmidt und .... Töchter wohnen in der Stadtmitte.
4 .... Großeltern sind sehr großzügig und geben uns immer viel Taschengeld.
5 Meine Geschwister und ich übernachten gern bei .... Großeltern.
6 Kinder, wo ist .... Kaninchen? Es ist nicht im Garten!
7 Meine Eltern verbringen gern Zeit mit .... Enkelkindern.
8 Sie finden .... Mutter sehr nett, aber sie verstehen sich nicht gut mit ihrem Vater.

euer	ihre	ihren	unsere
eure	ihre	*unsere*	unseren

3 b Finde acht Possessivadjektive im Plural im Text in Übung 1. Kopiere und übersetze sie in deine Sprache.

Beispiel: ihrer, ...

4 Wähle eine der folgenden Aufgaben.

ENTWEDER

a Schreib einen Brief über einen Freund / eine Freundin, mit dem / der du gut auskommst. Du musst Folgendes erwähnen:
- sein / ihr Aussehen
- seinen / ihren Charakter
- warum du gut mit ihm / ihr auskommst
- was du gern mit ihm / ihr machst.

ODER

b Schreib einen Brief über ein Familienmitglied, mit dem du schlecht auskommst. Du musst Folgendes erwähnen:
- sein / ihr Aussehen
- seinen / ihren Charakter
- warum du nicht gut mit ihm / ihr auskommst
- wie du eine bessere Beziehung zu ihm / ihr haben kannst

5 Partnerarbeit. Macht Dialoge zum Thema „Beziehungen".
1 Zu wem in deiner Familie hast du eine enge Beziehung? Warum?
2 Mit wem in deiner Familie kommst du nicht aus? Warum?
3 Warum verstehst du dich gut mit deinem besten Freund / deiner besten Freundin?
4 Bist du ein guter Freund? Warum (nicht)?

2B Daily routine and helping at home

2B.1 Der Tagesablauf zu Hause

Einsteigen

★ **Deinen Tagesablauf beschreiben**
★ **Reflexivverben**

 1 Lies die Sätze. Welcher Satz (1–8) passt zu welchem Bild (A–H)?

Beispiel: 1 D

Was machst du an einem typischen Tag zu Hause?

1 Ich bürste mir jeden Tag die Haare.

2 Ich wache um sechs Uhr dreißig auf.

3 Ich dusche mich um sechs Uhr fünfundvierzig.

4 Ich ziehe mich um sieben Uhr an.

5 Ich wasche mir die Haare zweimal in der Woche.

6 Ich stehe um sechs Uhr vierzig auf.

7 Ich putze mir die Zähne um sieben Uhr dreißig.

8 Ich frühstücke um sieben Uhr fünfzehn.

 2 a Acht Leute beschreiben ihren Tagesablauf. Welcher Ausschnitt (1–8) passt zu welchem Bild in Übung 1 (A–H)?

Beispiel: 1 G

2 b Hör noch einmal zu. Gib noch ein Detail für jede Person.

Beispiel: 1 um sieben Uhr fünfzig / 07.50

3 Reflexivverben. Lies D3 in der Grammatik. Welches Wort passt zu jedem Satz?

Beispiel: 1 mir
1 Ich wasche .... die Haare! Wo ist das Shampoo?
2 Mein kleiner Bruder putzt .... die Zähne nicht sehr oft.
3 Du bürstest .... die Haare.
4 Hannah, es ist spät! Zieh .... sofort an!
5 Ich habe keine Zeit, ... zu duschen.
6 Guten Morgen, Frau Riegler. Wann wollen Sie .... duschen?
7 Nach dem Frühstück putze ich .... die Zähne.
8 Mein Vater rasiert .... jeden Tag.

dir	sich	dich	mich
sich	*mir*	sich	mir

 4 a Die Laute *ss* und *ß*. Hör dir den Satz an und trenne die Wörter. Wiederhole den Satz dreimal. Achte auf die Aussprache. Hör noch einmal zu und überprüfe. Übersetze den Satz in deine Sprache. Lerne den Satz auswendig.

EsmachtSpaßwennichmorgenseineTassesüßenTeetrinkedenneristbesseralsWasseraberich-hasseeswennichdieStraßenbahnverpasse.

4 b Partnerarbeit. Sag den Satz in Übung 4a. Wer kann das am besten machen?

 5 Partnerarbeit. Macht Dialoge zum Thema „Mein Tagesablauf".
1 Wann wachst du auf?
2 Wann stehst du auf?
3 Was machst du jeden Tag?
4 Um wie viel Uhr machst du das?

Ich stehe (immer / oft / normalerweise) Ich wache (immer / oft / normalerweise)	um sechs / sieben / acht Uhr um Viertel nach / vor … um halb …	um sechs Uhr fünfzig um sieben Uhr vierzig um acht Uhr dreißig	auf.
Jeden Tag Morgens Abends Einmal / Zweimal / Dreimal in der Woche Dann Danach	bürste ich mir die Haare dusche ich mich ziehe ich mich an wasche ich mir die Haare stehe ich auf putze ich mir die Zähne frühstücke ich gehe ich nach oben gehe ich nach unten	um sechs / sieben / acht Uhr um Viertel nach / vor … um halb … um sechs Uhr fünfzig um sieben Uhr vierzig um acht Uhr dreißig.	

 6 Schreib einen Aufsatz zum Thema „Mein Tagesablauf". Beantworte die Fragen aus Übung 5.

Beispiel:

Mein Wecker klingelt um sechs Uhr dreißig und ich stehe um sechs Uhr vierzig auf. Jeden Tag dusche ich mich und ich bürste mir die Haare. Dann gehe ich nach unten und ich frühstücke. Normalerweise esse ich Toast mit Honig und ich trinke eine Tasse Tee.

Abfliegen

2B.2 Die Hausarbeit

* ★ **Sagen, wie man zu Hause helfen kann**
* ★ **Der informelle Imperativ**

1 a Lies den Text. Ordne die Bilder chronologisch ein.

Beispiel: **G, …**

Zu Hause helfen

Hallo Annika und Timo!

Ich muss heute spät arbeiten. Seid so gut und helft mir bitte mit der Hausarbeit! Ich habe wirklich keine Zeit, alles selber zu machen.

Annika: Spül bitte ab, weil der Geschirrspüler leider kaputt ist und es gibt viele Gläser und Kochtöpfe überall in der Küche nach der Geburtstagsparty gestern Abend. Räum auch dein Zimmer auf, denn es sieht wegen dem Abfall ein bisschen unordentlich aus (und das ist vielleicht auch ein bisschen ungesund)!

Timo: Bezieh die Betten frisch und dann mach dein Bett – es gibt Bettdecken und Bettlaken im Schrank. Mach das Badezimmer sauber, besonders die Badewanne, und finde Seife und Handtücher.

Wenn es keine gibt, dann geh in die Stadt, um sie zu kaufen.

Beide: Deckt den Tisch mit den schönen Tellern und der guten Tischdecke und bügelt euere beste Kleidung, weil ich die Nachbarn bei uns heute zum Abendessen eingeladen habe. Ich freue mich sehr darauf!

Danke, und bis dann! *Romy*

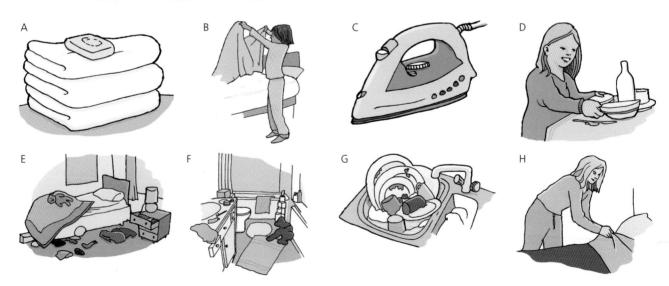

1 b Lies den Text noch einmal. Welche vier Sätze sind richtig? Schreib die Nummern auf.

Beispiel: **2, …**

1 Die Küche sieht sehr ordentlich aus.
2 Man muss im Spülbecken abwaschen.
3 Es gab gestern eine Feier.
4 Romy macht heute sehr früh Feierabend.
5 Timo muss nur zwei Betten frisch beziehen.

6 Timo hat das Badezimmer schmutzig gemacht.
7 Annika und Timo müssen etwas Schönes anziehen.
8 Die drei haben später Besuch.

2 Drei Leute beschreiben, wie sie zu Hause helfen. Wie finden sie das? Kopiere die Tabelle und kreuze die sechs richtigen Kästchen an.

	Positiv	Negativ	Positiv + Negativ
1 aufräumen	Beispiel: ✗		
2 bügeln			
3 den Tisch decken			
4 staubsaugen			
5 das Bett machen			
6 den Mülleimer leeren			

3 Der informelle Imperativ. Lies F2 in der Grammatik. Welches Wort passt zu jedem Satz?

Beispiel: 1 Sei

1 .... hilfreich Susanne – unsere Gäste kommen gleich an und ich brauche Hilfe in der Küche.
2 Dein Zimmer ist echt unordentlich! Zuerst .... dein Bett, dann können wir aufräumen.
3 Da ihr so umweltfreundlich seid, bitte .... den Fernseher aus.
4 Kinder, ... nicht so laut, ich muss arbeiten und ich kann mich nicht konzentrieren.
5 Johann, heute gehen wir aus! .... etwas Schönes an!
6 Bevor du ausgehst, ... den Mülleimer.
7 Eure Großeltern kommen heute Abend zum Essen, ... bitte das Wohnzimmer.
8 Carlotta, es ist schon acht Uhr, warum bist du noch im Bett? .... bitte auf!

steh	*sei*	zieh	mach
putzt	leere	macht	seid

4 Partnerarbeit. Macht Dialoge.

1 Was kannst du auf diesem Bild sehen?
2 Was machen die Eltern und die Kinder?
3 Deiner Meinung nach, was haben die Kinder vor der Hausarbeit gemacht?

4 Wie findest du diese Familie?
5 Deiner Meinung nach, sollten Jugendliche Hausarbeit machen? Warum (nicht)?

5 Was sind die Vor- und Nachteile, wenn junge Leute Hausarbeit machen, oder zu Hause helfen? Schreib einen Aufsatz für die Schulzeitung darüber. Übungen 1 und 2 helfen dir.

Junge Leute Jugendliche	sollten müssen	zu Hause helfen, Hausarbeit machen,	denn	es gibt viele Vorteile / man lernt Verantwortung / man hilft der Familie / die Eltern müssen arbeiten.
	sollten nicht	zu Hause helfen,	denn	es gibt viele Nachteile / sie haben zu viele Hausaufgaben / sie sind zu jung / sie haben keine Zeit.
	sollten keine	Hausarbeit machen,		

Unterwegs

2B.3 Ich helfe meiner Familie

* ★ **Beschreiben, wie du deiner Familie zu Hause hilfst**
* ★ **Verben mit dem Dativ; Interrogativadjektive**

Warum helfen Jugendliche zu Hause?

Wir haben hundert Schüler und Schülerinnen gefragt, ob, wie und warum sie zu Hause helfen.

Wie viele Schüler und Schülerinnen helfen zu Hause und warum?

Fast alle sagen, dass sie zu Hause helfen müssen, vor allem, um ihren <u>berufstätigen</u> Eltern zu helfen. Die anderen behaupten, dass sie einfach gern <u>Taschengeld</u> verdienen und es ist ein einfacher und schneller Weg, mehr Geld zu bekommen, anstatt einen Teilzeitjob zu finden. Selten wird gesagt, dass sie mehr über das <u>Erwachsenenleben</u> lernen wollen. Nur wenige denken, dass sie zu jung für diese <u>Verantwortung</u> sind.

Welche <u>Hausarbeiten</u> machen sie?

Es hängt von der Familie ab, aber das Zimmer aufzuräumen und das Bett zu machen sind bei vielen Teil der Alltagsroutine. Die Mädchen bügeln mehr als die Jungs, die dieser Umfrage zufolge lieber und öfter den Mülleimer leeren. Ein Zehntel helfen den Großeltern jeden Tag, indem sie einkaufen gehen oder sie kochen das Abendessen.

Wie viele Hausarbeiten machen sie?

Die <u>Mehrheit</u> der Befragten verbringen täglich bis zu einer Stunde bei der Hausarbeit, und das machen sie normalerweise nach der Schule und wenn sie die Hausaufgaben gemacht haben. Aber wenn die Eltern immer noch im Büro sind, müssen manche Schüler auf kleine Brüder und Schwestern <u>aufpassen</u>, bis zum <u>Feierabend</u> der Eltern. Die Mehrheit ist der Meinung, dass sie nur während der Woche Hausarbeit machen soll! Am Wochenende verbringen sie lieber Zeit mit Freunden.

1 a Beantworte die Fragen auf Deutsch. Vollständige Antworten sind nicht nötig.

Beispiel: 1 weil die Eltern arbeiten

    1 Warum hilft die Mehrheit der Befragten zu Hause? (1)

    2 Warum machen manche Jugendliche lieber Hausarbeit, anstatt einen Teilzeitjob zu finden? Gib **zwei** Details. (2)

    3 Was ist eine der häufigsten Hausarbeiten? Gib **ein** Detail. (1)

    4 Was machen die Mädchen seltener als die Jungs? (1)

    5 Womit brauchen manche Großeltern Hilfe? Gib **ein** Detail. (1)

    6 Was muss die Mehrheit machen, bevor sie Hausarbeit macht? (1)

    7 Warum müssen manche auf Geschwister aufpassen? (1)

    8 Wann machen sie nicht gern Hausarbeit? (1)

1 b Lies den Artikel noch einmal. Kopiere die acht unterstrichenen Wörter und übersetze sie in deine Sprache.

Beispiel: berufstätigen

2 Melanie, Karl und Nadine sagen, warum sie Hausarbeit machen. Wer passt zu jedem Satz (1–8)?

Beispiel: 1 Melanie

1 Es gefällt mir nicht, bei der Hausarbeit zu helfen.
2 Ich habe keine Geschwister.
3 Meine Mutter ist Alleinerziehende.
4 Ich verbringe viel Zeit bei der Hausarbeit.
5 Ich bin für die Haustiere verantwortlich.
6 Meiner Meinung nach soll jeder zu Hause helfen.
7 Ich bin zufrieden, dass ich zu Hause helfe.
8 Ich helfe zu Hause, anstatt zu arbeiten.

3 a Verben mit dem Dativ; Interrogativadjektive. Lies A6 und B6 in der Grammatik. Schreib die Form des Wortes (a)–(j), damit das Wort im Satz richtig ist. Vorsicht! Es ist nicht immer nötig, die Form in Klammern zu ändern.

Beispiel: (a) Welche

(a) .... (*Welcher*) Hausarbeit mache ich? Ich wohne in einem Gasthaus, das meinen Eltern (b) .... (*gehören*), und ich (c) .... (*helfen*) ihnen sehr viel. Wir stehen früh auf, ich (d) .... (*sich putzen*) die Zähne und ich entscheide mich, (e) .... (*welcher*) Hemd mir am besten (f) .... (*passen*). Ich dusche mich schnell danach und ich (g) .... (*sich waschen*) die Haare. Es (h) .... (*kommen*) darauf an, (i) .... (*wie viel*) Gäste wir haben, aber normalerweise verlasse ich das Haus um acht Uhr. Heute habe ich den Kellnern mit dem Frühstück geholfen, also war es ein bisschen später. Ich habe keine Ahnung, (j) .... (*wie viel*) Teller und Tassen ich diese Woche abgewaschen habe!

3 b Lies den Text in Übung 3a noch einmal und finde alle Verben mit dem Dativ. Kopiere und übersetze sie in deine Sprache.

Beispiel: helfen

4 Partnerarbeit. Macht Dialoge zum Thema „Hausarbeit".
1 Was machst du gern, um zu Hause zu helfen?
2 Was machst du nicht gern, um zu Hause zu helfen?
3 Musst du zu Hause helfen? Warum / warum nicht?
4 Was sind die Vor- und Nachteile, wenn junge Leute zu Hause helfen?

5 Schreib einen Artikel (130–150 Wörter) für die Schulzeitung über junge Leute und Hausarbeit. Du musst Folgendes erwähnen:
- wie du normalerweise zu Hause hilfst
- wie du neulich zu Hause geholfen hast
- warum und wem du zu Hause hilfst
- ob junge Leute (deiner Meinung nach) zu Hause helfen sollten (und warum / warum nicht).

2C Hobbies and interests

Einsteigen

2C.1 Hobbys – Lass uns ausgehen!

★ Über deine Hobbys außer Haus sprechen
★ *(nicht) gern*; Temporaladverbien

1 a Welcher Satz (1–8) passt zu welchem Bild (A–H)?

Beispiel: 1 H

1 Ich treffe mich sehr gern mit meinen Freunden. Wir treffen uns oft in der Stadtmitte.
2 Ich schwimme nicht gern, das ist viel zu anstrengend.
3 Ich fahre gern Inlineskates, das mache ich fast jeden Tag.
4 Ich gehe gern ins Kino, normalerweise sehe ich jedes Wochenende einen Film.
5 Ich spiele sehr gern Fußball. Meine Freunde und ich gehen oft in den Park und spielen dort.
6 Ich angle nicht so gern, aber mein Vater liebt das. Ich gehe nur selten mit ihm mit.
7 Ich gehe nicht gern einkaufen, das ist so langweilig! Meistens kaufe ich meine Sachen im Internet, das geht schneller und ist oft billiger.
8 Ich bin sehr sportlich und ich gehe oft ins Jugendzentrum und spiele dort gern Basketball. Das ist mein Lieblingssport.

1 b Welche Sätze (1–8) sind P (positiv) und N (negativ)?

Beispiel: 1 P

2 a Was machen sie (nicht) gern? Welcher Ausschnitt (1–8) passt zu welchem Bild (A–H) in Übung 1?

Beispiel: 1 G

2 b Hör dir die Aufnahme noch einmal an. Wie oft machen die Jugendlichen die Aktivitäten?

Beispiel: 1 jeden Mittwoch

3 a *Gern.* Lies C2 in der Grammatik. Machst du das gern oder nicht gern? Schreib Sätze.

Beispiel: 1 Ich spiele (nicht) gern Tennis / Tischtennis.

1 Ich spiele Tennis / Tischtennis.
2 Ich gehe einkaufen.
3 Ich reite.
4 Ich fahre Rad.
5 Ich treffe meine Freunde.
6 Ich gehe ins Kino.
7 Ich spiele Fußball.
8 Ich gehe angeln.

3 b Temporaladverbien. Lies C4 und C5 in der Grammatik. Wie oft machst du das? Verwende die Sätze 1–8 in Übung 3a und die folgenden Temporaladverbien.

Beispiel: 1 Ich spiele jeden Samstag Tennis.

jeden Tag	selten	nie
oft	fast nie	am Wochenende
manchmal	jeden Samstag	zweimal pro Woche

4 a Der Laut *ch*. Hör dir den Satz an und trenne die Wörter. Wiederhole den Satz dreimal. Achte auf die Aussprache. Hör noch einmal zu und überprüfe. Übersetze den Satz in deine Sprache. Lerne den Satz auswendig.

AmMittwochmacheichnichtsmanchmalleseicheinBuchaberamWochenendemacheichChe-
miedenndasistmeinLieblingsfach.

4 b Partnerarbeit. Sag den Satz in Übung 4a. Wer kann das am besten machen?

5 Partnerarbeit. Macht Dialoge zum Thema „Meine Hobbys".
1 Was machst du gern in deiner Freizeit?
2 Was machst du nicht gern?
3 Was machst du oft / nie?
4 Was hast du letzte Woche gemacht?

Ich spiele	(nicht) gern	Fußball / Basketball / Tennis / Tischtennis / Volleyball.	
Ich gehe	jeden Tag manchmal oft	in die Stadt / in den Park / ins Kino / ins Jugendzentrum / einkaufen / angeln / schwimmen.	
Ich treffe mich	am Wochenende	mit Freunden.	
Ich fahre	nie einmal pro Woche selten normalerweise	Inlineskates / Rad.	
Ich habe	letzte Woche	Fußball	gespielt.
		meine Freunde	getroffen.

6 Schreib Sätze mit der Information aus der Tabelle.

Beispiel: 1 Ich spiele gern Tennis. Ich spiele jeden Tag Tennis.

	Aktivität	Meinung	Wie oft?
1	Tennis spielen	☺	jeden Tag
2	einkaufen gehen	☺	oft
3	schwimmen	☹	nicht oft
4	Basketball spielen	☹	selten
5	angeln gehen	☹	nie
6	ins Kino gehen	☺	jede Woche
7	Inlineskates fahren	☺	einmal pro Monat
8	Rad fahren	☹	fast nie

2C.2 Wann treffen wir uns?

Abfliegen

* ★ **Sich verabreden**
* ★ **Das Futur**

Hi! Ich werde am Samstag meinen <u>Geburtstag</u> <u>feiern</u>. Wir werden uns um 12 Uhr an der Pizzeria Laubfrosch <u>treffen</u> und nach dem Essen werden wir ins Kino gehen. Wir werden den neuen Film von Till Schweiger sehen. Wirst du auch kommen? **Heiko**

Hallo! Ich werde am Samstag eine Party bei mir haben. Wenn es sonnig wird, werden wir im Garten <u>grillen</u>, aber wenn es regnen wird, werden wir <u>Pizza</u> <u>bestellen</u> und <u>Videos</u> <u>schauen</u>. Die Party wird um sechs Uhr abends beginnen und wir werden <u>bis um Mitternacht</u> feiern. **Paul**

Hi! Hast du am Sonntag Zeit? Können wir <u>uns verabreden</u>? Ich werde mit Anke in <u>die Eishalle</u> gehen. Wir werden uns um drei Uhr <u>dort</u> treffen und für zwei Stunden bleiben. Danach werden wir noch ins Café gehen und heiße Schokolade trinken. Das wird sicher toll. **Katja**

1 a Wer sagt das: Heiko, Paul oder Katja? Vorsicht! Jede Person kann mehrmals oder gar nicht erscheinen.

Beispiel: 1 Paul

1 Ich werde zu Hause feiern.
2 Wir werden Schlittschuh laufen.
3 Wir werden in der Stadt einen Film sehen.
4 Treffpunkt ist ein Restaurant.

5 Um null Uhr wird die Party zu Ende sein.
6 Wir werden uns nach dem Wetter richten.
7 Wir werden uns am Nachmittag treffen.
8 Wir werden etwas Heißes trinken.

1 b Kopiere die 10 unterstrichenen Ausdrücke und übersetze sie in deine Sprache. Lerne sie auswendig.

Beispiel: Geburtstag

2 a Niko und Olga verabreden sich. Korrigiere die Sätze. Sie sind alle falsch.

Beispiel: 1 Niko und Olga werden sich am ~~Sonntag~~ treffen. Samstag

1 Niko und Olga werden sich am Sonntag treffen.
2 Sie werden ins Kino gehen.
3 Sie werden sich im Park treffen.
4 Olgas Tante wird sie besuchen.
5 Olga wird ein Kleid kaufen.
6 Niko wird Schuhe kaufen.
7 Niko muss am Abend babysitten.
8 Olgas Eltern werden um sieben Uhr ausgehen.

2 b Hör dir das Gespräch noch einmal an und beantworte die Fragen auf Deutsch.

Beispiel: 1 Oma kommt zu Besuch

1 Warum kann Olga sich nicht um zehn Uhr treffen?
2 Wann werden sie sich treffen?
3 Wieviel Geld kann Olga ausgeben?
4 Wo wird Niko das Computerspiel kaufen?
5 Was möchte Niko danach zu Hause machen?

3 a Das Futur. Lies F6 in der Grammatik. Füll die Lücken aus. Schreib die Form des Verbes *werden*, damit das Verb im Satz richtig ist.

Beispiel: 1 werde

1 Ich .... am Sonntag ins Kino gehen.
2 Ich .... einkaufen gehen.
3 Meine Schwester .... in die Disko gehen.
4 Mein Bruder .... Fußall spielen.
5 Wir .... eine Party haben.
6 Meine Eltern .... ins Restaurant gehen.
7 .... du auch kommen?
8 Ich .... dich um sieben Uhr treffen.

3 b Lies Heikos Text in Übung 1 noch einmal und finde fünf Beispiele des Futurs. Kopiere und übersetze sie in deine Sprache.

Beispiel: Ich werde meinen Geburtstag feiern.

4 Partnerarbeit. Macht Dialoge zum Thema „Nächstes Wochenende".
1 Wohin gehst du gern in deiner Freizeit?
2 Was machst du gern mit deinen Freunden?
3 Was wirst du am Wochenende machen?
4 Wann und wo wirst du deine Freunde treffen?

Ich gehe gern (mit meinen Freunden)	ins Kino / ins Schwimmbad / in die Stadt / ins Einkaufszentrum / ins Jugendzentrum / ins Café / ins Sportzentrum / angeln.	
Ich spiele gern (mit meinen Freunden)	Fußball / Tennis / Tischtennis / Volleyball / Karten / Basketball.	
Ich fahre gern (mit meinen Freunden)	Inlineskates / Rad.	
Ich werde	Freunde	treffen.
	Fußball / Basketball	spielen.
	Inlineskates / Rad	fahren.
	ins Kino / angeln	gehen.
Wir werden uns	um zwei / drei / vier / fünf Uhr am Abend, am Nachmittag bei mir zu Hause / vor dem Kino / im Park / am Bahnhof / im Café / vor der Pizzeria	treffen.

5 a Was machst du mit deinen Freunden? Schreib 60–75 Wörter auf Deutsch. Du musst alle Wörter hier benutzen.

normalerweise	nicht gern	nächstes Wochenende	treffen

5 b Vergleiche deinen Aufsatz mit einem Partner / einer Partnerin.
- Hat dein Partner / deine Partnerin die korrekten Verbenden im Präsens benutzt?
- Hat dein Partner / deine Partnerin die korrekten Verbenden im Futur benutzt?
- Hat dein Partner / deine Partnerin einen guten Satzbau?
- Hat dein Partner / deine Partnerin eine gute Rechtschreibung? Du kannst Wörter im Wörterbuch überprüfen.

Unterwegs

2C.3 Was für eine Woche!

★ **Eine Woche voller Aktivitäten beschreiben**
★ **Das Perfekt mit *haben*; unregelmäßige Partizipien**

1 a Lies Alexanders Tagebucheintrag. Welches Wort (a–j) passt zu welcher Lücke (1–8)? Vorsicht! Du brauchst nicht alle Wörter.

Beispiel: 1 e

---

28. August

Letzte Woche war viel los. Wir haben Sommerferien und deshalb habe ich (1) .... gemacht. Unser Jugendklub hat viele Aktivitäten organisiert und das war super!

Am Montag war ich zum ersten Mal klettern. Das war sehr spannend und ziemlich anstrengend. Am Ende haben mir meine (2) .... und Arme ein bisschen weh getan.

Am Dienstag war ich mit meinen Freunden im (3) .... und wir haben eine Komödie gesehen. Der Film war wirklich (4) .... und wir haben viel gelacht. Natürlich haben wir auch Popcorn gegessen.

Am Mittwoch war ich im Freibad, weil es so heiß und sonnig war. Wir waren den ganzen Nachmittag dort und haben im Wasser Ball gespielt und uns gesonnt. Zum Glück hatte ich meine (5) .... dabei!

Am Donnerstag war ich ziemlich faul, aber am (6) .... bin ich in die Disco gegangen und habe bis um Mitternacht getanzt. Der DJ war super und hat alle meine Lieblingslieder gespielt. Die Musik war sehr laut und alle haben lauthals gesungen und jetzt habe ich ein bisschen Halsschmerzen, aber wir hatten super viel (7) ....!

Am Freitag habe ich meine Oma besucht und wir haben zusammen Kaffee getrunken und Kuchen gegessen und später sind wir noch spazieren gegangen. Meine Oma macht den (8) .... Kuchen!

---

a lustig	**c** besten	**e** *viel*	**g** Park	**i** Spaß
b Beine	**d** gegessen	**f** Kino	**h** Sonnencreme	**j** Abend

1 b Lies den Tagebucheintrag noch einmal. Verbinde den Satzanfang (1–6) mit dem richtigen Ende (a–h). Vorsicht! Du brauchst nicht alle Enden!

Beispiel: 1 b

1 Nach dem Klettern
2 Der Kinofilm war
3 Mittwoch war
4 Am Donnerstagnachmittag
5 Die Musik in der Disko
6 Meine Großmutter hat

a für mich Kuchen gebacken.
b war ich ziemlich kaputt.
c hat mir gut gefallen.
d habe ich nicht viel gemacht.
e ein heißer Tag.
f nicht langweilig.
g eine Katastrophe.
h mir ein Geschenk gegeben.

2 a Ali und Hanna sprechen über letzte Woche. Kopiere und füll die Tabelle auf Deutsch aus.

	Was hat er / sie gemacht?	Was war das Problem?
Hanna	**Beispiel:** 1 in den Zoo gegangen	2 ....
	3	4 ....
	5	6 ....
Ali	7	8 ....

2 b Hör dir das Gespräch noch einmal an. Beantworte die Fragen auf Deutsch.

Beispiel: 1 30 Euro

1 Wie viel hat der Eintritt in den Zoo gekostet?
2 Was hat Hanna nicht schnell genug gesehen?
3 Was hat Ali in der Stadt gekauft?

4 Wofür hatte er kein Geld?
5 Was war die Reaktion von Alis Mutter? (2)
6 Warum passt die Jacke nicht?

3 a Das Perfekt mit *haben*. Lies F3 in der Grammatik. Schreib die Form des Wortes (a)–(j), damit das Wort im Satz richtig ist. Vorsicht! Es ist nicht immer nötig, die Form in Klammern zu ändern.

Beispiel: (a) habe

Am Montag war ich in der Stadt und (a) .... (*haben*) ein schickes Kleid gekauft. Ich habe es im Sonderangebot (b) .... (*finden*) und nur zehn Euro dafür bezahlt. Was für ein Schnäppchen! Ich (c) .... (*werden*) es nächsten Samstag zu Annas Geburtstagsparty tragen. Später war ich mit meinen Freunden in einem Café. Ich habe eine Cola (d) .... (*trinken*) und eine Waffel (e) .... (*essen*), das war sehr lecker. Wir (f) .... (*haben*) viel gelacht und auch Fotos (g) .... (*machen*). Morgen (h) .... (*werden*) ich die Fotos im sozialen Netzwerk teilen und nächstes Wochenende werden wir wieder in das Café (i) .... (*gehen*), denn es (j) .... (*werden*) sicher wieder Spaß machen.

3 b Lies Alexanders Tagebucheintrag in Übung 1 noch einmal und finde 12 Partizipien, die mit *haben* das Perfekt bilden. Sind sie regelmäßig oder unregelmäßig? Kopiere sie und übersetze sie in deine Sprache.

4 Partnerarbeit. Macht Dialoge.

1 Was kannst du auf diesem Bild sehen?
2 Wie ist das Wetter auf dem Bild?
3 Was werden die Leute vielleicht später machen?
4 Was ist besser: Freizeit zu Hause oder im Freien zu verbringen?
5 Ist es wichtig, Zeit mit Freunden zu verbringen?

5 Schreib einen Tagebucheintrag über eine schlimme Woche. Beantworte die Fragen.

● Was machst du normalerweise in deiner Freizeit?
● Was hast du letzte Woche gemacht?
● Welche Probleme gab es?
● Was ist als Konsequenz passiert?
● Was wirst du nächste Woche machen?

2D Special occasions

Einsteigen

2D.1 Besondere Anlässe in meinem Kalender

★ **Über verschiedene Feste lernen**
★ **Ordinalzahlen**

1 a Welcher Satz (1–8) passt zu welchem Bild (A–H)?

Beispiel: 1 H

1 Ich habe am elften November Geburtstag, jetzt bin ich fünfzehn Jahre alt.
2 Am vierzehnten Mai ist hier Muttertag. Ich schenke meiner Mutter immer Blumen.
3 In Deutschland feiert man am vierundzwanzigsten Dezember Weihnachten.
4 Ich freue mich auf den sechzehnten April, dann feiere ich meine Bar Mizwa.
5 Am ersten August feiern wir eine Hochzeit! Mein Bruder heiratet.
6 Ich liebe Silvester, der einunddreißigste Dezember ist mein Lieblingstag.
7 Am ersten April ist Ostern.
8 Am zweiten Juni ist unsere Abifeier. Endlich keine Schule mehr!

1 b Mach eine Liste von besonderen Anlässen in deiner Familie. Benutze ein Wörterbuch, wenn nötig.

Beispiel: Meine Mutter hat am achtzehnten Mai Geburtstag.

2 a Acht Leute beschreiben Feste. Schreib für jede Person (1–8) das Datum und das Fest.

Beispiel: 1 24.12. Weihnachten

2 b Hör dir die Ausschnitte noch einmal an und notiere extra Informationen.

Beispiel: 1 er bekommt eine Playstation

3 Ordinalzahlen. Lies I2 in der Grammatik. Schreib die Daten in Wörtern.

Beispiel: 1 am dreißigsten August

1 Ich habe am 30.08. Geburtstag.
2 Der Nationalfeiertag in Österreich ist am 16.10.
3 Unsere Schulabschlussfeier ist am 10.06.
4 Meine Schwester heiratet am 07.07.

5 Der Valentinstag ist am 14.02.
6 Am 01.01. feiern wir Neujahr.
7 Nächstes Jahr ist Ostern am 21.04.
8 Mein Cousin feiert am 15.03. Bar Mizwa.

4 a Der Laut *qu*. Hör dir den Satz an und trenne die Wörter. Wiederhole den Satz dreimal. Achte auf die Aussprache. Hör noch einmal zu und überprüfe. Übersetze den Satz in deine Sprache. Lerne den Satz auswendig.

EinehoheQuantitätanQuallenquältsichquerdurchdasqualitativhochwertigeQuellwasser.

4 b Partnerarbeit. Sag den Satz in Übung 4a. Wer kann das am besten machen?

5 a Schreib Sätze mit der Information aus der Tabelle.

Beispiel: Am vierzehnten Februar ist Valentinstag. Ich gehe mit Johannes ins Kino.

Datum	Fest	Extra Information
14.02.	Valentinstag	Kino mit Johannes
13.05.	Muttertag	Pralinen für Mama
05.06.	Geburtstag	Party zu Hause
03.10	Nationalfeiertag	schulfrei
24.12.	Weihnachten	Fahrrad
31.12.	Silvester	Feuerwerk im Park

5 b Schreib über **zwei** Feste in deinem Kalender. Du könntest Folgendes erwähnen:

- das Datum des Festes
- wie du das Fest normalerweise feierst
- wie du das Fest letztes Jahr gefeiert hast
- warum (oder warum nicht) du dieses Fest liebst.

6 Partnerarbeit. Macht Dialoge zum Thema „Meine Lieblingsfeste".
1 Wann ist dein Geburtstag?
2 Wie wirst du deinen nächsten Geburtstag feiern?
3 Welche anderen Feste feiert deine Familie? Wann?
4 Was ist dein Lieblingsfest? Warum?

Ich habe am	ersten / zweiten / dritten / vierten / zwanzigsten / dreißigsten	Januar / Februar / März / April / Mai / Juni / Juli / August / September / Oktober / November / Dezember	Geburtstag.
An meinem Geburstag	werde ich	eine Party haben ins Kino gehen Gokart fahren Kuchen essen Geschenke bekommen.	
Wir feiern am	ersten Januar zehnten April	Muttertag / Vatertag / Ostern / Weihnachten / Eid / Nationalfeiertag / Silvester / Chanukka / St Martin / Valentinstag.	
Mein Lieblingsfest ist	Muttertag / Vatertag / Ostern / Weihnachten / Eid / Nationalfeiertag / Silvester / Chanukka / St Martin / Valentinstag	Ich gebe gern Geschenke. Ich bekomme gern Geschenke. Ich liebe das Essen an diesem Tag. Ich liebe Feuerwerke. Wir essen viele Süßigkeiten an diesem Tag. Wir haben eine große Party.	

2D.2 Eine Party

Abfliegen

> ★ **Partyvorbereitungen verstehen**
> ★ **Das Perfekt mit *sein*; das Perfekt mit *haben* (2)**

1 a Claudia hat ein Grillfest geplant. Lies ihre Liste. Ordne die Sätze chronologisch ein.

Beispiel: B, …

Meine Partyvorbereitungen

A	Meine große Schwester ist vorgestern aus Basel angereist und wird mir bei den Partyvorbereitungen helfen.	F	Meine Schwester hat schon die Ballons aufgeblasen und die Getränke in den Kühlschrank gestellt.
B	Vor zwei Wochen habe ich meine Freunde per SMS eingeladen.	G	Ich habe vor einer Woche fünf Kilo Fleisch beim Metzger bestellt.
C	Ich habe eine Liste von allen Freunden geschrieben, die kommen können, es sind insgesamt mindestens 30.	H	Ich bin heute Morgen zu Hause geblieben und habe Tomatensalat und Kartoffelsalat gemacht.
D	Ich habe vor einer Stunde den Wetterbericht im Internet gelesen und es bleibt trocken und sonnig. So ein Glück!	I	Ich bin leider noch nicht dazu gekommen, die Stühle und Tische im Garten aufzustellen.
		J	Wir müssen später noch Brot kaufen!
E	Ich bin vorgestern einkaufen gegangen und habe Getränke und Dekoration gekauft.	K	Meine beste Freundin ist letzte Woche leider nach New York geflogen und kann deshalb nicht kommen.

1 b Lies Claudias Liste noch einmal und finde die Antonyme zu diesen Wörtern. Kopiere und übersetze sie in deine Sprache.

Beispiel: 1 meine Schwester

1 mein Bruder
2 abgereist

3 höchstens
4 in der Zeitung

5 bewölkt
6 Pech

7 Essen
8 ausgegangen

1 c Lies Claudias Liste noch einmal. Beantworte die Fragen auf Deutsch.

Beispiel: 1 jünger

1 Ist Claudia jünger oder älter als ihre Schwester?
2 Wo wohnt die Schwester?
3 Wofür hat Claudia ihr Handy benutzt?

4 Was haben sie für die Party kühlgestellt?
5 Mit welchen Zutaten hat Claudia am Morgen Essen vorbereitet?
6 Wer ist verreist?

2 a Kai beschreibt seine Partyvorbereitungen. Mach Notizen und ergänze die Sätze auf Deutsch.

Beispiel: 1: im Zimmer: aufgeräumt

1 im Zimmer:
2 im Garten:
3 im Supermarkt:
4 auf dem Markt:

5 auf seinem Laptop:
6 vom Partyladen:
7 im Keller:
8 am Bahnhof:

2 b Hör dir die Aufnahme noch einmal an. Finde zwölf verschiedene Partizipien. Schreib sie auf und übersetze sie in deine Sprache.

Beispiel: gemacht,

3 a Das Perfekt mit *sein* und *haben*. Lies F3 in der Grammatik. Füll die Lücken aus. Schreib die Form des Verbes *haben* oder *sein*, damit das Verb im Satz richtig ist.

Beispiel: 1 habe

1 Ich .... zehn Freunde zu meiner Party eingeladen.
2 Ich .... einkaufen gegangen.
3 .... du meine Einladung bekommen?
4 Meine Mutter .... Spaghetti gekocht.
5 Wir .... Brot gekauft.
6 Meine Schwester .... zur Party gekommen.
7 Meine Großeltern .... mir eine Playstation geschenkt.
8 Hallo, Anna und Isabella, wann .... ihr nach Hause gegangen?

3 b Lies die Liste in Übung 1 noch einmal und finde die Partizipen. Welche Partizipien brauchen eine Form von *haben*? Welche Partizipien brauchen eine Form von *sein*? Mach zwei Listen.

Beispiel: haben: eingeladen

4 Partnerarbeit. Macht Dialoge.

1 Was kannst du auf diesem Bild sehen?
2 Was ist auf dem Tisch?
3 Was werden die Kinder vielleicht später machen?
4 Was hältst du von Familienfesten?
5 Wie wichtig ist es, deinen Geburtstag richtig zu feiern?

5 Schreib einen Tagebucheintrag über deine Party. Du könntest Folgendes erwähnen:

- wie du deine Party vorbereitet hast
- wen du eingeladen hast
- was ihr gegessen und getrunken habt
- was du auf der Party gemacht hast.

Ich habe	Freunde Essen Getränke Dekorationen eine Playliste	eingeladen. vorbereitet. gekauft. aufgehängt. erstellt.
Ich bin	einkaufen früh	gegangen. aufgestanden.
Wir haben	Wurst / Kuchen / Salate / Brote / Schnitzel / Steak / Snacks / Pizza	gegessen.
	Saft / Wasser / Cola / Limonade	getrunken.
Ich habe (mit meinen Freunden)		(Musik) gehört (Fotos) gemacht gesungen / getanzt / geplaudert / geredet / gelacht.
Das war	sehr / ein bisschen / ziemlich / echt / nicht	super / lecker / fantastisch / langweilig / interessant.
Das hat	Spaß	gemacht

Unterwegs

2D.3 Wir feiern

* ★ **Über besondere Anlässe im deutschsprachigen Raum lernen**
* ★ **Das Präteritum von *geben*, *haben* und *sein***

---

20. Januar

Gestern hat mein Bruder geheiratet und wir hatten einen wunderschönen Tag. Ich finde Hochzeiten wichtig für eine Familie. Hoffentlich werde ich auch bald heiraten, weil ich auch meine eigene Familie haben will.

Am Morgen haben wir uns alle schick gemacht, die Männer haben Anzüge, Hemden und Krawatten getragen und die meisten Frauen haben Kleider oder Kostüme getragen. Am Rathaus angekommen, haben wir zuerst einige Fotos gemacht. Meine Schwägerin war sehr hübsch in ihrem Brautkleid. Meine Eltern waren so bewegt, dass sie Tränen in den Augen hatten, als das Brautpaar die Ringe austauschte.

Nach der kurzen Zeremonie im Standesamt gab es kleine Häppchen und Spiele im Freien. Später gab es Kaffee und Kuchen und ein leckeres Abendessen. Die Hochzeitstorte war in Form eines Herzens und wirklich beeindruckend. Es gab auch verschiedene Reden und Unterhaltungspunkte und wir haben viel gelacht. Meiner Meinung nach war das Beste, dass es am Abend auch noch ein Feuerwerk gab. Und dann gab es den ersten Tanz des Brautpaares. Mein Bruder war sehr nervös, aber man hat es kaum gemerkt.

Morgen werden mein Bruder und seine Frau in die Flitterwochen fliegen. Sie werden für zwei Wochen auf den Malediven bleiben.

---

1 a Beantworte die Fragen auf Deutsch. Vollständige Sätze sind nicht nötig.

Beispiel: 1 wichtig

   1 Wie findet Anke Hochzeiten? (1)
   2 Was haben die Gäste vor der Hochzeit gemacht? Gib **zwei** Details. (2)
   3 Wann waren die Eltern besonders emotional? (1)
   4 Was gab es zu Essen und zu Trinken? Gib **drei** Details. (3)
   5 Was haben die Gäste am Nachmittag und Abend gemacht? Gib **drei** Details. (3)
   6 Was hat Anke am Besten gefunden? (1)
   7 Wann war der Bruder nervös? (1)
   8 Was wird das Brautpaar als nächstes machen? Gib **zwei** Details. (2)

1 b Lies das Blog noch einmal und finde Wörter zu folgenden Titeln. Kopiere und übersetze sie in deine Sprache.

Beispiel: Personen: Bruder, ...
   Personen: (5 Wörter)
   Kleidung: (6 Wörter)
   Hochzeit: (6 Wörter)

2 a Thomas, Aysha und Markus haben letzte Woche besondere Anlässe gefeiert. Schreib R (richtig) oder F (falsch).

Beispiel: 1 F

1 Thomas war mit seinen Freunden im Kino.
2 Die Jungs und Mädchen waren Gokart fahren.
3 Thomas hatte viel Spaß beim Gokart fahren.
4 Aysha hat Eid im Haus des Islam gefeiert.
5 Die Gäste waren nicht nur aus Frankfurt.
6 Markus hat seiner Mutter Blumen geschenkt.
7 Seine Mutter hatte Geburtstag.
8 Die Mutter hat an dem Tag nicht im Haushalt gearbeitet.

2 **b** Hör dir die Aufnahme noch einmal an. Beantworte die Fragen auf Deutsch.

Beispiel: 1 einen Kinogutschein

1 Was hat Thomas seinem Freund geschenkt?
2 Was fand Thomas super beim Gokart fahren?
3 Wo hat die Party geendet?
4 Was ist ein anderer Name für Eid?
5 Was beschreibt Aysha als schön?
6 Welche Blumen hat Markus seiner Mutter geschenkt?
7 Was war an dem Tag besonders schön für die Mutter?
8 Was haben sie nach dem Mittagessen gemacht?

3 Das Imperfekt von *geben*, *haben* und *sein*. Lies F4 in der Grammatik. Schreib die Form des Wortes (a)–(j), damit das Wort im Satz richtig ist. Vorsicht! Es ist nicht immer nötig, die Form in Klammern zu ändern.

Beispiel: (a) hatten

Meine Schulabschlussfeier

Endlich habe ich meine Mittlere Reife! Gestern haben wir unseren Schulabschluss gefeiert. 200 Schüler und ihre Familien (a) .... (*haben*) sich in der Aula versammelt. Unsere (b) .... (*Lehrer*) kamen auch und natürlich war die Direktorin auch da und hat eine (c) .... (*lang*) Rede gehalten. Die meisten meiner Freunde (d) .... (*sein*) sehr emotional und (e) .... (*haben*) Tränen in den Augen. Danach (f) .... (*geben*) es ein Buffet mit leckerem Essen und später (g) .... (*geben*) es auch noch eine Disco. Es war ein (h) .... (*unvergesslich*) Tag. Ich (i) .... (*haben*) viel Spaß und die Party (j) .... (*sein*) erst um Mitternacht zu Ende.

4 Partnerarbeit. Macht Dialoge zum Thema „Feste".
1 Welche Feste feiert deine Familie?
2 Was ist deiner Meinung nach wichtig für ein gutes Fest?
3 Was hast du letztes Jahr gefeiert? Wie war das?
4 Was wirst du nächstes Jahr feiern?

5 **a** Schreib ein Blog (130–150 Wörter). Du musst Folgendes erwähnen:
   • ob du gern auf Familienfeiern gehst
   • was du in letzter Zeit gefeiert hast
   • wie die letzte Familienfeier war
   • wie du deinen nächsten Geburtstag feiern wirst.

5 **b** Lies den Tagebucheintrag in Übung 1 noch einmal. Kopiere den dritten Absatz und unterstreiche alle Verben im Imperfekt. Übersetze die Verben in deine Sprache.

Beispiel: Nach der kurzen Zeremonie im Standesamt <u>gab</u> es kleine Häppchen und Spiele im Freien.

2E Holidays

2E.1 Ferienunterkünfte und Ferienziele

Einsteigen

★ **Über Länder und Ferienunterkünfte lernen**
★ *Ich möchte* **+ Infinitiv**

1 a Welcher Satz (1–8) passt zu welchem Bild (A–H)?

Beispiel: 1 F

Ferienideen

1 In unserem vier Sterne Hotel hier in Prag, in Tschechien, ist alles inklusive!

2 New York ist das perfekte Ziel für eine Städtereise!

3 Sie wollen Ski fahren? Wir bieten Ihnen die gemütlichsten Ferienhäuser in der Schweiz zu guten Preisen!

4 Warum nicht in einer Jugendherberge übernachten? So sparst du Geld! Deutschland hat tausende von Jugendherbergen für dich.

5 Unser Campingplatz hier an der Ostsee, im Norden von Polen, ist das ganze Jahr geöffnet.

6 Sommer, Sonne, Strand und Meer? Hier in Italien haben wir den perfekten Strandurlaub für dich!

7 Paris bietet Kultur und Romantik. Perfekt für Pärchen!

8 Spanien bietet schönes Wetter, gutes Essen und Entspannung pur zu sehr guten Preisen!

A

B

C

D

E

F

G

H

1 b Lies die Sätze noch einmal und finde sechs Länder. Kopiere und übersetze sie in deine Sprache.

Beispiel: Tschechien

2 Acht Leute sprechen über ihre Ferienpläne. Welche Aussage (1–8) passt: P (positiv), N (negativ) oder P+N (positiv und negativ)?

Beispiel: 1 P

3 *Ich möchte* + Infinitiv. Lies F7 in der Grammatik. Welches Wort passt zu jedem Satz (1–8)?

Beispiel: 1 möchte

1 Ich .... nach Dubai fliegen.
2 Ich möchte .... campen gehen.
3 Ich möchte Strandurlaub ....
4 Ich möchte in einem Hotel ....
5 Ich möchte .... mit dem Flugzeug fliegen.
6 Ich .... keinen Kultururlaub machen.
7 .... möchte in einem Ferienhaus übernachten.
8 Ich möchte nach Paris ....

möchte	fahren	nicht	möchte
ich	machen	nicht	übernachten

4 a Der Laut *ai*. Hör dir den Satz an und trenne die Wörter. Wiederhole den Satz dreimal. Achte auf die Aussprache. Hör noch einmal zu und überprüfe. Übersetze den Satz in deine Sprache. Lerne den Satz auswendig.

DiebayrischeMaikewillnachJamaikafliegenundHaiesehenwährendKaivonFrankfurtam-MainimMainachHawaiifliegenwird.

4 b Partnerarbeit. Sag den Satz in Übung 4a. Wer kann das am besten machen?

5 Partnerarbeit. Macht Dialoge zum Thema „Mein Traumurlaub".
1 Wohin möchtest du fahren?
2 Mit wem möchtest du in die Ferien fahren?
3 Wo möchtest du übernachten?
4 Was möchtest du dort machen?

Ich möchte	nach Deutschland, Spanien, Frankreich, England, Holland, Italien, Österreich, Amerika, Tunesien, China, Russland, Mexiko, Polen, Portugal, etc	fahren.
	in die Schweiz, in die Türkei	
Ich möchte mit	meiner Familie / meiner Mutter / meinem Vater / meinen Freunden / meinem Freund / meiner Freundin	fahren.
Ich möchte	in einer Jugendherberge / in einem Hotel / in einer Pension / in einem Ferienhaus / auf einem Campingplatz	übernachten.
Ich möchte	die Freiheitsstatue, das Berliner Tor, die Pyramiden, Notre Dame sehen. Pizza, Schnitzel, Kebab, Sushi, usw. essen. Souvenirs, Kleidung, Schmuck, usw. kaufen. an den Strand, ins Museum, auf ein Konzert, in die Berge gehen.	

6 a Löse die Anagramme. Welche Infinitive sind das?

Beispiel: 1 fliegen

1 egilfne
2 necham
3 ütrnaehbcen
4 ilbebne
5 ebusnche
6 eehgn

6 b Schreib Sätze mit *ich möchte (nicht)* zu den Wörtern 1–8. Die Infinitive aus Übung 6a helfen dir.

Beispiel: 1 Ich möchte (nicht) nach Amerika fliegen.

1 Amerika
2 Jugendherberge
3 Städtereise
4 Ferienhaus
5 Strandurlaub
6 Luxushotel
7 China
8 campen

Abfliegen

2E.2 Meine Ferien

★ **Ferienberichte verstehen und schreiben**
★ **Das Perfekt: trennbare und untrennbare Verben**

Melanies Sommerferien

Ich bin mit meiner Familie nach Griechenland geflogen. Wir sind in Frankfurt abgeflogen und der Flug dauerte nur drei Stunden, das war ziemlich schnell. In Griechenland war es sehr heiß und sonnig. Ich habe mich jeden Tag am Strand gesonnt. Das Meer war auch sehr schön, deshalb bin ich oft geschwommen. Das Beste war das Essen. Wir haben auch etwas von der Kultur gesehen und sind mit einer Reisetour zur Akropolis gefahren und ich habe viele Fotos gemacht. Das war sehr beeindruckend und interessant. Als wir am letzten Tag abgereist sind, war ich etwas traurig, weil alles so toll war. Aber ich habe mir fest vorgenommen, bald nach Griechenland zurückzugehen.

1 Lies das Blog. Wähl die richtige Antwort (A–D).

Beispiel: 1 B

1 Melanie hat in Griechenland:
  A gearbeitet.
  B Urlaub gemacht.
  C Freunde besucht.
  D Griechisch gelernt.

2 Der Flug war:
  A nicht sehr lang.
  B bequem.
  C unbequem.
  D zu lang.

3 Melanie hat:
  A das Essen nicht geschmeckt.
  B Souvenirs gekauft.
  C die Sonne genossen.
  D nichts von der Kultur gesehen.

4 Sie hat viele Fotos:
  A von sich selbst gemacht.
  B vom Meer gemacht.
  C von einem Tempel gemacht.
  D von ihrer Familie gemacht.

5 Am Tag der Abreise:
  A war Melanie traurig.
  B hat es geregnet.
  C hat Melanie ihren Pass verloren.
  D war Melanie froh.

6 Melanie hat vor,
  A viel zu reisen.
  B dorthin zurückzugehen.
  C weniger zu reisen.
  D Geld zu sparen.

1 b Welche Wörter findest du besonders nützlich und wichtig im Blog? Kopiere und übersetze sie in deine Sprache.

Beispiel: abfliegen, der Flug, ...

2 a Atila und Diane sprechen über die Sommerferien. Welche vier Sätze sind richtig? Schreib die Nummern auf.

Beispiel: **2**, ...

　　1　Atila hat in einem Hotel übernachtet.
　　2　Atila hat seine Verwandte besucht.
　　3　Atila hat im Park Fußball gespielt.
　　4　Atila ist in die Disco gegangen.
　　5　Diane ist ans Meer gefahren.
　　6　Diane fand die Leute dort doof.
　　7　Diane hat ihren neuen Freunden ihre Telefonnummer gegeben.
　　8　Diane ist jeden Tag früh aufgestanden.

2 b Hör dir das Gespräch noch einmal an. Korrigiere die falschen Sätze.

Beispiel: 1 Atila hat ~~in einem Hotel~~ übernachtet. bei seiner Tante

3 a Das Perfekt: trennbare und untrennbare Verben. Lies F3 in der Grammatik. Schreib die Form des Wortes (a)–(j), damit das Wort im Satz richtig ist. Vorsicht! Es ist nicht immer nötig, die Form in Klammern zu ändern.

Beispiel: (a) gefahren

Meine Winterferien

Im Dezember bin ich mit meiner Familie in die Schweiz (a) .... (*fahren*). Wir haben in einem Ferienhaus in den Bergen (b) .... (*übernachten*) und sind jeden Tag Ski gefahren. Das Wetter (c) .... (*sein*) super, es war kalt und sonnig. Ich habe (d) .... (*ein*) Skikurs gemacht und jetzt kann ich besser als meine Mutter Ski fahren! Am letzten Tag haben wir ein Rennen gemacht und ich bin (e) .... (*schnell*) als sie gefahren! Skifahren macht auch Hunger. Wir haben abends oft Raclette (f) .... (*essen*) und heiße Schokolade (g) .... (*trinken*). Außerdem habe ich viele nette (h) .... (*Leute*) kennengelernt und wir haben unsere Nummern (i) .... (*austauschen*). Als wir (j) .... (*abreisen*) sind, war ich ein bisschen traurig.

3 b Lies das Blog in Übung 1 noch einmal und finde neun Partizipien. Kopiere und übersetze sie in deine Sprache. Welche Partizipien sind trennbar (T) und welche sind nicht trennbar (NT)?

Beispiel: geflogen NT

4 Partnerarbeit. Macht Dialoge.
　　1　Was kannst du auf diesem Bild sehen?
　　2　Welche Farben hat der Skianzug des Mannes?
　　3　Was werden die Personen vielleicht später machen?
　　4　Machst du in den Ferien gern Sport?
　　5　Was ist deiner Meinung nach besser: Sommerferien oder Winterferien?

5 Schreib ein Blog über deine besten Ferien. Beantworte die folgenden Fragen und überprüfe deinen Text genau.
　●　Wo bist du hingefahren?
　●　Wo hast du übernachtet?
　●　Was hast du gemacht?
　●　Was war das Beste?

Unterwegs

2E.3 Zukunftspläne

★ **Die nächsten Ferien planen**
★ **Satzbau (1)**

Esthers Reisepläne

Hi Caroline,

A dieses Jahr habe ich extra viel gearbeitet und Geld gespart, damit ich dich im Sommer besuchen kann. Ich denke, dass ich im August für zwei Wochen kommen werde. Wahrscheinlich werde ich am zehnten August mit Lufthansa von Hamburg nach New York fliegen.

B Wirst du mich am Flughafen treffen? Obwohl ich ganz gut Englisch spreche, werde ich etwas nervös sein in so einer großen und fremden Stadt.

C Ich möchte während meiner Reise gern die Freiheitsstatue und das Empire State Gebäude sehen. Vielleicht können wir an einem Tag gemütlich im Central Park spazieren gehen. Ich werde sicher so viel Fotos machen, wie noch nie in meinem Leben. Außerdem habe ich vor, in Bloomingdales einkaufen zu gehen. Ich möchte eine Handtasche kaufen.

D Werden wir einmal in China Town essen gehen? Ich liebe chinesisches Essen und sicher schmeckt es dort noch besser, als ich es hier in Hamburg kenne.

E Leider werde ich nur eine Woche bei dir bleiben, so dass ich noch andere Städte in Amerika sehen kann. Ich werde wahrscheinlich nach New Orleans fliegen, weil ich schon immer dorthin wollte.

F Dort möchte ich zu einem Jazz Konzert gehen und das Französische Viertel besuchen. Ich bin ein totaler Jazzfan und freue mich riesig auf diese Reise.

Bis bald!
Esther

1 a Lies Esthers E-Mail. Welcher Titel (1–6) passt zu welchem Absatz (A–F)?

Beispiel: A 2
   1 die Ankunft
   2 Reisevorbereitungen
   3 das nächste Reiseziel
   4 Pläne für den Aufenthalt in New Orleans
   5 Sehenswürdigkeiten
   6 Kulinarische Genüsse

1 b Lies die E-Mail noch einmal. Schreib R (richtig), F (falsch) oder NA (nicht angegeben).

Beispiel: 1 F
   1 Esther hat Geld für die Reise geschenkt bekommen.
   2 Sie möchte vom Flughafen abgeholt werden.
   3 Sie möchte berühmte Gebäude sehen.
   4 Sie hat extra einen neuen Fotoapparat gekauft.
   5 Sie isst gern chinesisches Essen.
   6 Sie möchte nicht nur New York sehen.
   7 New Orleans ist bekannt für Rap Musik.
   8 Sie hat Angst vor der Reise.

2 **a** Achim und Mario planen die nächsten Ferien. Welches Wort (a–o) passt zu welchem Satz (1–8)?

Beispiel: 1 b

1 Achim und Mario werden nach Kroatien ....
2 Mario wird bis zum Sommer Geld ....
3 Sie werden versuchen, ... zu reisen.
4 Auf .... können sie Spiele spielen.
5 Beim .... kann man coole Leute kennenlernen.
6 Marios .... kann ihnen ein Zelt leihen.
7 Sie werden viel Essen mitnehmen, damit sie dort .... für Nahrung ausgeben müssen.
8 Der Campingplatz sollte .... sein.

a	Grillen	**d**	wenig	**g**	groß	**j**	sparen	**m**	fliegen
b	*fahren*	**e**	schnell	**h**	günstig	**k**	am Meer	**n**	der Zugfahrt
c	Bruder	**f**	Vater	**i**	Campen	**l**	nichts	**o**	dem Campingplatz

2 **b** Hör dir das Gespräch noch einmal an. Finde die Synonyme für diese Wörter.

Beispiel: 1 endlich

1 schließlich
2 billig
3 nicht kurz
4 Hauptstadt von Österreich
5 Orte, wo viele Leute leben
6 Zelten
7 Leute, die ich nicht kenne
8 an der Küste

3 **a** Satzbau. Lies H1 und H2 in der Grammatik. Ordne die Sätze. Beginne mit dem unterstrichenen Wort.

Beispiel: 1 Viele Leute bevorzugen das Hotel, weil es bequem ist.

1 Leute – <u>Viele</u> – bevorzugen – weil – bequem – ist – das – Hotel – es
2 <u>Jeden</u> – fahren – an – den – wir – Sommer – Atlantik.
3 Spaß – Meinung – macht – Campen – viel – <u>Meiner</u> – nach
4 ich – mit – Schwester – nach – Irland – <u>Letztes</u> – bin – meiner – Jahr – gefahren.
5 in – war – Ghana – <u>Als</u> – geregnet – es – Tag – jeden- hat- ich
6 <u>Ich</u> – obwohl – kalt – geschwommen – bin – Meer – Wasser – im – das – war
7 den - ich – gern- <u>In</u> – zu – Hause- bleibe – Sommerferien
8 <u>Ich</u> – letztes – nach – Hamburg – gefahren – mit – bin – Jahr – dem – Zug

3 **b** Lies Esthers E-Mail in Übung 1 noch einmal und find zwei Sätze, die „Zeit, Art, Ort" beinhalten. Kopiere die Sätze und übersetze sie in deine Sprache.

Beispiel: Wahrscheinlich werde ich …

4 Partnerarbeit. Macht Dialoge zum Thema „Ferienpläne". Diese Pläne können Fantasie sein.
1 Welche Unterkunft bevorzugst du?
2 Wohin wirst du in den nächsten Ferien reisen?
3 Was wirst du dort machen?
4 Was hast du über dieses Land gehört oder gelesen?

5 Schreib eine E-Mail (130–150 Wörter) über deinen bevorstehenden Besuch an deinen Brieffreund / deine Brieffreundin. Du musst Folgendes erwähnen:
- wann und wie du anreisen wirst
- was du dort machen möchtest
- was du machst, um dich auf die Reise vorzubereiten
- was du über dieses Reiseziel gelesen oder gehört hast.

Tourist information and directions

Einsteigen

2F.1 Wo übernachten wir?

★ **Verschiedene Unterkunftsmöglichkeiten beschreiben**
★ **Jahreszahlen**

1 Welcher Satz (1–8) passt zu welchem Bild (A–H)?

Beispiel: 1 G

1 Normalerweise fahre ich nach Italien und bleibe auf einem Campingplatz. Das macht Spaß.
2 Im Jahr zweitausendsechs bin ich nach Dubai geflogen und habe in einem fünf Sterne Hotel übernachtet. Das war super.
3 Im August zweitausendzehn habe ich meine Verwandten in Amerika besucht. Sie haben ein großes Haus in Houston.
4 Oft fahren wir nach Frankreich. Die Jugendherbergen dort sind super.
5 Normalerweise fahre ich in die Schweiz und übernachte in einem Ferienhaus.
6 Ich habe die Olympischen Spiele im Jahr zweitausendzwölf mit meinen Eltern in London gesehen. Wir haben in einem Einzelzimmer und einem Doppelzimmer übernachtet.
7 Wir sind im Sommer zweitausendzwei zu Hause geblieben und das war langweilig.
8 Ich habe eine Städtereise nach München gemacht. Die Pension war nicht so teuer.

A	B	C	D

E	F	G	H

2 Ali, Thomas und Jana beschreiben den Urlaub. Wer passt zu jedem Satz (1–8)?

Beispiel: 1 Jana

1 Ich bin nach Polen gefahren.
2 Ich habe bei Verwandten übernachtet.
3 Ich bin mit meiner Familie in den Urlaub gefahren.
4 Ich habe in einer Jugendherberge übernachtet.
5 Ich habe mit meinen Freundinnen ein Zimmer geteilt.
6 Ich habe in einer Pension übernachtet.
7 Ich bin nach Argentinien geflogen.
8 Die Unterkunft war ziemlich bequem.

3 a Kardinalzahlen. Lies I1 in der Grammatik. Ordne die Zahlen chronologisch ein.

Beispiel: neunzehnhundertneunundachtzig

3 b Schreib die Zahlen als Wörter und dann lies sie vor.

Beispiel: 1 zweitausendsechzehn

| 1 | 2016 | 2 | 2005 | 3 | 1999 | 4 | 2020 |

 4 a Der Laut *er*. Hör dir den Satz an und trenne die Wörter. Wiederhole den Satz dreimal. Achte auf die Aussprache. Hör noch einmal zu und überprüfe. Übersetze den Satz in deine Sprache. Lerne den Satz auswendig.

HerzlichenGlückwunschHerrKerz,Siesindalserstfertig,aberHerrHerrlichistleiderletzter.

 4 b Partnerarbeit. Sag den Satz in Übung 4a. Wer kann das am besten machen?

5 Partnerarbeit. Macht Dialoge zum Thema „Urlaub".

| 1 | Wo machst du normalerweise Urlaub? | 3 | Wo warst du? Wo hast du übernachtet? |
| 2 | Wann warst du zuletzt im Urlaub? | 4 | Wie war das? |

Normalerweise fahre ich	nach Spanien / Frankreich / Italien / England / Österreich / China / Russland	
	in die Schweiz / in die Türkei	
Normalerweise bleibe ich	zu Hause.	
Zuletzt war ich im Jahr	zweitausendeins zweitausendzwei ... zweitausendsiebzehn	im Urlaub
Ich war in	Spanien / Frankreich / Italien / England / Österreich / China / Russland / der Schweiz / der Türkei	
Ich habe	in einer Pension / in einem Hotel / in einer Jugendherberge / auf einem Campingplatz / bei Verwandten / in einem Ferienhaus / in einem Einzelzimmer / in einem Doppelzimmer	übernachtet / gewohnt.
Das war	super / toll / sehr gut / interessant / nicht so gut / langweilig / doof	

 6 Schreib Sätze mit der Information aus der Tabelle. Die Unterkunft ist ein Anagramm! Folge dem Beispiel und ändere die unterstrichene Information.

Beispiel: Im Jahr <u>zweitausendzwei</u> bin ich nach <u>Frankreich</u> gefahren und habe in einem <u>Hotel</u> übernachtet. Es war <u>sehr bequem und luxuriös</u>.

Datum	Ferien	Meinung
2002	Frankreich – LHTOE	sehr bequem und luxuriös
2008	Italien - IONSPEN	ziemlich billig und praktisch
2010	Schweden - EERJHUGBNDERRE	interessant
2011	Amerika – WEVANDTREN	es hat Spaß gemacht
2015	Tunesien - ZEMIMENERLZI	wirklich toll
2016	Kanada – RIENUAHSFE	ein bisschen teuer

Abfliegen

2F.2 Ferienangebote

> ★ **Ferienprospekte verstehen**
> ★ **Demonstrativpronomen:** *dieser, jener*

Hotel Mozart

Dieses historische Hotel liegt direkt in der Stadtmitte von Wien (U-Bahn Linie U1 und U3) und bietet sowohl Einzelzimmer als auch Doppelzimmer mit Dusche. Man kann mit dem Handy kostenlos im Zimmer surfen. Das Hotel hat ein tolles Restaurant. In diesem Restaurant kann man hausgemachte Mahlzeiten bestellen. Sie können Halbpension oder Vollpension buchen.

Hotel Krone

Unser Hotel ist seit 1989 ideal für jene Leute, die Sport lieben. Wir haben ein Hallenbad, ein Fitnessstudio und einen Wellnessbereich im Untergeschoss. Außerdem ist die Lage direkt an der Nordsee ideal für Wassersport. Wir haben sechzig Zimmer. Sie können zwischen Einzelzimmern, Doppelzimmern, mit Balkon und Meeresblick wählen. Alle Zimmer haben kostenloses Internet.

Pension Schmitt

Diese kleine und traditionelle Pension ist sehr familienfreundlich. Es gibt einen schönen Garten mit Kinderspielplatz und der Frühstücksraum hat Hochstühle für Kleinkinder. Unser Vollpensionsangebot ist bei unseren Gästen besonders beliebt. Die Pension ist fünf Minuten vom Hauptbahnhof Stuttgart entfernt und für jeden leicht zu erreichen.

1 Welche Unterkunft ist das: M (Mozart), K (Krone) oder S (Schmitt)? Vorsicht! Jede Unterkunft kann mehrmals oder gar nicht erscheinen.

Beispiel: 1 S

    1 Kinder sind hier willkommen.
    2 Man kann das Internet kostenlos benutzen.
    3 Man kann hier schwimmen.
    4 Alle Mahlzeiten werden im Haus gekocht.
    5 Die Unterkunft ist sehr modern.
    6 Man kann diese Unterkunft gut mit öffentlichen Verkehrsmitteln erreichen.
    7 Man kann ein Zimmer mit Frühstück, Mittagessen und Abendessen buchen.
    8 Familien können hier mit Tieren spielen.

2 a Sven und Katja planen ihren Urlaub. Beantworte die Fragen auf Deutsch.

Beispiel: 1 direkt am Meer

    1 Wo ist die erste Unterkunft? (1)
    2 Wie sehen die Zimmer im zweiten Hotel aus? (Gib **zwei** Details.) (2)
    3 Was ist nach Sven ein Nachteil von dem zweiten Hotel? (1)
    4 Was ist inklusiv in dem zweiten Hotel? (Gib **zwei** Details.) (2)
    5 Warum entscheiden sie sich gegen dieses Hotel? (1)
    6 Was ist im Preis der Pension inbegriffen? (Gib **zwei** Details.) (2)
    7 Wo liegt die Pension? (1)
    8 Was wollen Sven und Katja jetzt machen? (1)

2 b Hör dir das Gespräch noch einmal an. Finde Synonyme für diese Wörter.

Beispiel: 1 direkt am

1 ganz in der Nähe vom
2 ein wenig
3 ohne Aufpreis
4 günstigere
5 Das ist wahr.
6 kein Problem

3 Demonstrativpronomen. Lies B4 in der Grammatik. Schreib die Form des Wortes (a)–(j), damit das Wort im Satz richtig ist. Vorsicht! Es ist nicht immer nötig, die Form in Klammern zu ändern.

Beispiel: (a) dieses

Meiner Meinung nach ist (a) .... (*dieser*) Hotel das Beste! (b) .... (*Jener*) Hotel ist zwar billiger, aber (c) .... (*dieser*) Hotel hat viel mehr im Preis inbegriffen. Ich bin mir sicher, dass wir unsere Ferien hier (d) .... (*genießen*) werden. Ich meine, schau dir mal (e) .... (*dieser*) Lage an! Direkt am Meer, umgeben von Palmen und nicht zu weit weg vom Flughafen. (f) .... (*Dieser*) Angebot (g) .... (*sein*) definitiv das Beste, das ich gesehen habe! Es (h) .... (*sein*) ein kleines bisschen teuer, aber für (i) .... (*dieser*) Luxus gebe ich das Geld gerne aus. Ich (j) .... (*freuen*) mich jetzt schon auf die Ferien, weil das sicher total super sein wird.

4 Partnerarbeit. Macht Dialoge.

1 Was kannst du auf diesem Bild sehen?
2 Was hat die Frau in der Hand?
3 Was werden die Personen vielleicht später machen?
4 Welche Unterkunft findest du besser: ein Hotel oder einen Campingplatz?
5 Ist Urlaub wichtig? Warum (nicht)?

5 Du arbeitest in einem Hotel. Schreib eine Hotelanzeige, um Leute für das Hotel zu interessieren. Schreib, was es in dem Hotel gibt und was man dort machen kann. Du könntest Folgendes erwähnen:

- Internet
- Mahlzeiten
- Lage
- Schwimmbad
- Rezeption.

Unser Hotel	liegt	nicht weit vom Bahnhof / in der Stadtmitte / sehr zentral / am Strand / in einer ruhigen Gegend
	bietet Ihnen	hausgemachtes Essen / kostenloses Internet / ein Frühstücksbuffet / geräumige Zimmer / ein Kinderprogramm / drei Mahlzeiten pro Tag / Doppelzimmer / Einzelzimmer / Familienapartments.
	hat	eine Sauna / ein Schwimmbad / ein Fitnessstudio / ein Spa / verschiedene Restaurants und Bars / eine Disco.
Unsere Zimmer	sind	groß / hell / sauber.
	bieten	eine Minibar / Blick auf das Meer / einen Balkon / Fernseher / Wasserkocher / Föhn.
Unsere Rezeption	hat 24 Stunden geöffnet, steht Ihnen rund um die Uhr zur Verfügung.	

2F.3 Wohin geht's?

Abfliegen

★ **Weganweisungen verstehen und geben**
★ **Der formelle Imperativ**

1 a Welcher Satz (1–8) passt zu welchem Ort (A–H)?

Beispiel: 1 D

Karte 1

> Gehen Sie an
> der Ampel <u>nach rechts</u> und
> die .... ist <u>auf Ihrer
> rechten Seite</u>.

1

> Gehen Sie <u>geradeaus</u> und
> über die Ampel. Am Ende der Straße
> finden Sie den .... Es ist ein modernes
> Glasgebäude.

2

> Um zur .... zu kommen, nehmen Sie
> am besten die erste Straße rechts, gehen
> Sie am Park vorbei und dann nehmen Sie die
> zweite Straße links.

3

> Fahren Sie an
> der Ampel links und das .... ist auf Ihrer
> rechten Seite. <u>Sie können es
> nicht verfehlen</u>.

4

Karte 2

> Gehen Sie zuerst geradeaus und nehmen
> Sie die erste Straße auf der linken Seite.
> <u>Überqueren Sie den Marktplatz</u> und das .... ist
> danach auf Ihrer linken Seite

5

> Nehmen Sie die erste
> Straße rechts und das .... ist
> auf Ihrer rechten Seite noch vor
> der Brücke.

6

> Nehmen Sie die erste Straße rechts, diese
> Straße heißt Mooswaldallee und gehen Sie etwa zehn
> Minuten geradeaus. Gehen Sie dann <u>über die Brücke</u> und
> das .... ist auf Ihrer linken Seite.

7

> Gehen Sie geradeaus und
> nehmen Sie die zweite Straße
> links. Das .... ist gleich auf Ihrer
> rechten Seite.

8

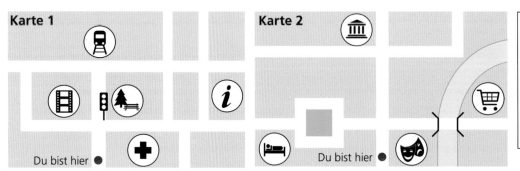

A	Bahnhof
B	Touristeninformation
C	Hotel
D	Apotheke
E	Theater
F	Einkaufszentrum
G	Museum
H	Kino

1 b Kopiere die sechs unterstrichenen Ausdrücke und übersetze sie in deine Sprache. Lerne sie auswendig.

Beispiel: **nach rechts**

2 Mach Notizen über die Wegbeschreibungen. Ergänze die Sätze auf Deutsch.

Beispiel: 1 geradeaus

1 Weg zur Bank: .... und .... (2)
2 die Bank: .... (1)
3 Weglänge zur Bank: .... (1)
4 Auf dem Weg zum Theater überquert man: .... (1)

5 nach der Ampel: .... (1)
6 Distanz zum Bahnhof: .... (1)
7 links abbiegen: .... (1)
8 Name der Straße: .... (1)

 3 a Der formelle Imperativ. Lies F2 in der Grammatik. Sieh dir die Bilder (1–8) an und schreib Sätze mit dem formalen Imperativ.

Beispiel: 1 Gehen Sie nach links!

3 b Lies die Sätze in Übung 1 noch einmal und finde die Imperative. Kopiere und übersetze sie in deine Sprache.

Beispiel: 1 Gehen Sie

 4 a Partnerarbeit. Rollenspiel: Weganweisungen.

Beispiel:

A Wie komme ich <u>zum Bahnhof</u>?

B Gehen Sie <u>zuerst links</u>, <u>dann</u> gehen Sie <u>über die Ampel</u>. Gehen Sie <u>dann nach links</u>. <u>Der Bahnhof ist gegenüber vom Kino auf der linken Seite.</u>

4 b Tauscht die Rollen und macht den Dialog noch einmal. Ersetze die unterstrichenen Satzteile durch andere Ausdrücke.

Wie komme ich	zum Bahnhof / zur Schule / zum Kino / zur Apotheke?	
Gehen Sie	zuerst	geradeaus / nach rechts / nach links.
	dann danach später zuletzt	über die Ampel / über die Brücke / über den Marktpatz / über den Zebrastreifen / über zwei / drei / vier / fünf Kreuzungen.
		durch den Park / an den Geschäften vorbei.
Der Bahnhof ist Die Schule ist Das Kino ist Die Apotheke ist	gleich dann später	auf Ihrer rechten / linken Seite. gegenüber von ... am Ende der Straße.

 5 Schreib eine Weganweisung für einen Erwachsenen. Benutze den formellen Imperativ.

Beispiel:

Gehen Sie zuerst geradeaus und überqueren Sie die Ampel. Gehen Sie später am Kreisverkehr nach links. Gehen Sie an den Geschäften vorbei und nehmen Sie die dritte Straße rechts, das ist die Wilhelmstraße. Das Kino ist dann auf Ihrer rechten Seite. Es ist ein großes rotes Gebäude. Sie können es nicht verfehlen.

Unterwegs

2F.4 Wegbeschreibungen

★ **Lange und komplexe Wegbeschreibungen verstehen und geben**
★ **Wechselpräpositionen**

Herr Bauer will ans Meer. Normalerweise bleibt er alleine zu Hause, aber dann beginnt sein Abenteuer ...

Herr Bauer war ein Einzelgänger und er war meistens allein auf seinem Sofa in seinem Haus, aber eines Morgens ist er aufgewacht und hatte das starke Bedürfnis, das Meer zu sehen und das Salzwasser zu riechen. Er ist noch nie am Meer gewesen. Nun war die Frage, wie sollte er am besten dort hinkommen?

Er hatte kein Auto, also musste er wohl mit der Bahn fahren. Von seiner Heimatstadt Schwerin war die nächste Stadt am Meer Wismar, das war sein Ziel! Zum Glück ist er den Weg zum Bahnhof schon einmal gegangen. Mit seiner Strandtasche in der Hand ist er aus dem Haus nach rechts und immer geradeaus bis zum Hotel Elefant gegangen, dort ist er nach rechts auf die Hauptstraße abgebogen. Auf der Hauptstraße ist er an vielen Geschäften vorbei gegangen. Er ist über vier Kreuzungen und eine Brücke gegangen und dann war er am Bahnhof.

Kaum hatte er seine Fahrkarte, kam auch schon der Zug. In Wismar angekommen, musste er nach dem Weg fragen. „Entschuldigen Sie, gnädige Frau, wo ist das Meer?" Die Dame hat ihn etwas skeptisch angeschaut, hat dann aber freundlich geantwortet: „Nehmen Sie die erste Straße rechts und dann die dritte links. Gehen Sie bis ans Ende der Beethovenallee. Gehen Sie dann durch den Park und Sie sehen das Meer."

1 a Lies den Romanausschnitt und mach Notizen. Ergänze die Sätze auf Deutsch.

Beispiel: 1 allein auf dem Sofa in seinem Haus
    1 Herr Bauers Gewohnheiten: .... (1)
    2 Lust: .... und .... (2)
    3 Herr Bauers Wohnort: .... (1)
    4 Reiseziel: .... (1)
    5 Transportmittel: .... (1)
    6 Gebäude auf dem Weg zum Bahnhof: .... und .... (2)
    7 Blick der Frau: .... (1)
    8 Vor dem Meer: .... (1)

1 b Lies den Romanausschnitt noch einmal. Ordne die Sätze chronologisch ein.

Beispiel: 2, ...
    1 Herr Bauer ist an verschiedenen Läden vorbeigegangen.
    2 Herr Bauer hat gedacht, er möchte an die See.
    3 Herr Bauer ist über eine Brücke gegangen.
    4 Herr Bauer ist in den Zug eingestiegen.
    5 Herr Bauer ist am Meer angekommen.
    6 Er ist die Beethovenallee entlanggegangen.

2 Drei Leute geben Wegbeschreibungen. Schreib R (richtig) oder F (falsch).

Beispiel: 1 F

1 Man soll am Museum und am Supermarkt vorbeigehen.
2 An der Ampel muss man die Wegrichtung ändern.
3 Das Hotel liegt auf der rechten Seite.
4 Man muss nach dem Marktplatz die erste Straße links nehmen.
5 Die Schule und das Rathaus sind in der gleichen Straße.
6 Die Schule ist neben dem Rathaus.
7 Man muss zweimal links abbiegen.
8 Man muss durch den Park gehen.

3 a Wechselpräpositionen. Lies F3 in der Grammatik. Ist in den folgenden Sätzen das Substantiv nach der Präposition im Akkusativ oder im Dativ?

Beispiel: 1 Akkusativ

1 Gehen Sie **über** die Brücke.
2 Gehen Sie **durch** den Park.
3 Biegen Sie **an** der Ampel links ab.
4 Das Hotel ist **auf** der rechten Seite.
5 Gehen Sie **am** Fluss entlang.
6 Das Museum ist **am** Ende der Straße.
7 Der Bahnhof ist **in** der Hauptstraße.
8 Gehen Sie bis **ans** Ende der Straße.

3 b Lies F3 in der Grammatik noch einmal und füll die Lücken aus. Schreib die Form des bestimmten Artikels, damit der Artikel im Satz richtig ist.

Beispiel: 1 der

1 Gehen Sie an .... Ampel vorbei.
2 Gehen Sie über .... Marktplatz.
3 Das Hotel liegt auf .... linken Seite.
4 Das Museum liegt in .... Stadtmitte.
5 Gehen Sie durch .... Fußgängerzone.
6 Das Geschäft ist hinter .... Bahnhof.
7 Biegen Sie an .... Kreuzung links ab.
8 Fahren Sie über .... Brücke.

4 Partnerarbeit. Macht Dialoge zum Thema „Wegbeschreibungen".
1 Wie gehst / fährst du zur Schule? Beschreib den Weg.
2 Was siehst du normalerweise auf deinem Schulweg?
3 Wo bist du letztes Wochenende hingegangen? Beschreib den Weg.
4 Wie wirst du das nächste Mal dorthin fahren?

5 Wähl eine der folgenden Aufgaben und schreib zwischen 130–150 Wörter auf Deutsch.

ENTWEDER

a Schreib eine E-Mail an deinen Brieffreund / deine Brieffreundin über einen Ausflug an einen Ort, den ihr beide kennt. Du musst Folgendes erwähnen:
  - wohin du gegangen bist
  - wie du dorthin gegangen bist (Wegbeschreibung)
  - was du unterwegs gesehen hast
  - wie du nächstes Mal einen schnelleren Weg finden wirst.

ODER

b Schreib eine Weganweisung vom Bahnhof zu deinem Haus für deinen Brieffreund / deine Brieffreundin, der / die dich aus Deutschland besuchen wird. Du musst Folgendes erwähnen:

- wie lang der Weg ist
- welche Richtung man gehen muss
- an was man vorbei geht
- welche Transportmittel man benutzen kann.

Vokabular

2A.1 Familie und Haustiere

der Bruder	der Hund	die Schildkröte
der Cousin / die Cousine	das Kaninchen	die Schwester
das Einzelkind	die Katze	der Sohn
die Eltern (pl)	das Kind	*der Stammbaum*
die Familie	die Maus	*stief*
die Geschwister (pl)	das Meerschweinchen	die Tante
der Goldfisch	die Mutter	die Tochter
die Großeltern (pl)	der Neffe	der Vater
die Großmutter	die Nichte	die Verwandten (pl)
der Großvater	die Oma	der Zwilling
halb	der Onkel	
das Haustier	der Opa	

2A.2 Beschreibungen

adoptiert	dünn	*mittelgroß*
ähnlich	*glatt*	rot
das Auge	die Glatze	schlank
aussehen	grau	*der Schnurrbart*
der Bart	groß	schwarz
blau	grün	*tragen*
blond	die Haare (pl)	*unterschiedlich*
braun	*die Herkunft*	*ursprünglich*
die Brille	klein	weiß
dick	lang	
dunkel	lockig	

2A.3 Charaktereigenschaften beschreiben

angenehm	(un)höflich	sportlich
anstrengend	klug	streng
ärgerlich	lachen	süß
ehrlich	laut	sympathisch
faul	lustig	traurig
der/die Freund(in)	nützlich	unartig
freundlich	*der Rat*	*die Unterstützung*
geschwätzig	schüchtern	*verständnisvoll*
gesellig	selbstsüchtig	verwöhnt

2A.4 Beziehungen zu Familie und Freunden

auskommen	die Freundschaft	reden
die Beziehung	geschieden	selbstsicher
dumm	glücklich	streiten
eifersüchtig	großzügig	toll
einzig	jünger	*unterstützen*
eng	lieben	*sich verstehen*
der Freundeskreis	*neidisch*	

2B.1 Der Tagesablauf zu Hause

sich anziehen	bevor	sich duschen
aufstehen	bürsten	früh
aufwachen	*danach*	frühstücken
das Bad	dann	immer
baden	die Dusche	jeden Tag

klingeln
morgens
müde
nach oben gehen
nach unten gehen
normalerweise

oft
sich die Zähne putzen
sich rasieren
das Shampoo
spät
der Tagesablauf

der Tee
sich die Haare waschen
der Wecker
in der Woche
zu Hause

2B.2 Die Hausarbeit

der Abfall
abwaschen
aufräumen
ausmachen
die Badewanne
die Bettdecke
das Bettlaken
bügeln
das Bett machen/frisch beziehen

decken
der Geschirrspüler
das Handtuch
die Hausarbeit
der Haushalt
hilfreich
putzen
saubermachen
schmutzig

schneiden
der Schrank
die Seife
das Spülbecken
der Tisch
die Tischdecke
die Verantwortung
sich auf etwas vorbereiten
das Zimmer

2B.3 Ich helfe meiner Familie

abspülen
auf jdn. aufpassen
berufstätig
einfach
einkaufen gehen
erwachsen
das Erwachsenenleben

der Feierabend
die Hausaufgaben (pl)
helfen (geholfen)
kochen
die Mehrheit
der Nachteil
sauber

Staub saugen / staubsaugen
täglich
das Taschengeld
der Teilzeitjob
verdienen
mit Vergnügen
der Vorteil

2C.1 Hobbys – Lass uns ausgehen!

am liebsten
Basketball
einkaufen
einmal pro Monat
fast nie
Fußball
gern

Inlineskates fahren
jede Woche
der Jugendklub
der Lieblingssport
manchmal
meistens
mit

nie
Rad fahren
schwimmen
selten
Spaß machen
spielen

2C.2 Wann treffen wir uns?

am Abend
am Morgen
am Nachmittag
babysitten
der Bahnhof
beginnen
bestellen
besuchen
das Computerspiel

die Disco
hast du Lust?
können
leider
Mitternacht
möchtest du?
passen
die SMS
sich treffen

um … Uhr
um wie viel Uhr?
sich verabreden
die Verabredung
werden
willst du?
wo
das Wochenende
Zeit haben

2C.3 Was für eine Woche!

der Arm
das Bein
der Gips
der Hals
die Jacke
kaputt
die Katastrophe
die Kletterhalle

knallen
das Krankenhaus
das Motorrad
organisieren
das Pech
das Portemonnaie
singen
die Sportschuhe (pl)

teilen
der Unfall
verärgert
verloren (verlieren)
weh tun

2D.1 Besondere Anlässe in meinem Kalender

die Abifeier	*das Familienfest*	*die Schulabschlussfeier*
der Ballon	der Geburtstag	schulfrei
Bar Mizwa	goldene Hochzeit	Silvester
bekommen	die Kirche	*stattfinden*
besonderer Anlass	der Feiertag	der Valentinstag
Blumen (pl)	Ostern	Weihnachten
das Datum	*Pralinen (pl)*	*weißer Sonntag*
erste Kommunion	schenken	

2D.2 Eine Party

aufhängen	*erstellen*	*der Metzger*
aufräumen	das Fleisch	*die Pizza*
aufstellen	*sich auf etwas freuen*	*die Playliste*
ausgeben	geschrieben (schreiben)	der Rasen
das Brot	*grillen*	vorbereiten
die Dekoration	kaufen	Vorbereitungen (pl)
Discolichter (pl)	*Knabbereien (pl)*	die Wurst
einladen	*mähen*	

2D.3 Wir feiern

der Blumenstrauß	das Geschenk	die Krawatte
die Braut	die Getränke	der Kuchen
der Bräutigam	heiraten	der Muttertag
das Brautpaar	herzlichen Glückwunsch	*Ringe austauschen*
die Einladung	der Kaffee	Spaß haben
das Feuerwerk	die Karte	tanzen
die Flitterwochen (pl)	die Kerze	der Vatertag
der Gast	das Kleid	die Zeremonie

2E.1 Ferienunterkünfte und Ferienziele

die Berge (pl)	das Flugzeug	der Strand
bleiben	Frankreich	*der Strandurlaub*
campen	*der Kulturaurlaub*	teuer
der Campingplatz	langweilig	übernachten
sich entspannen	*das Luxushotel*	der Urlaub
fahren	sich sonnen	der Zug
der Familienurlaub	Spanien	
fliegen (geflogen)	*die Städtereise*	

2E.2 Meine Ferien

abfliegen	*beeindruckend*	die Sommerferien (pl)
die Abreise	*der Flug*	sonnig
abreisen	kalt	die Türkei
die Alpen (pl)	*kennenlernen*	der Wasserski
die Ankunft	*die Ostsee*	windig
die Anreise	*die Reisetour*	*die Winterferien (pl)*
anreisen	die Schweiz	
der Atlantik	die See	
austauschen	Ski fahren	

2E.3 Zukunftspläne

ankommen	die Gebühr	die Sehenswürdigkeiten (pl)
der Aufenthalt	die Halbpension	so dass
bevorzugen	obwohl	sparen
billig	die Postkarte	verbringen
die Broschüre	*der/die Reiseleiter(in)*	weil
damit	*die Reisepläne (pl)*	der Zeitraum
der Fotoapparat	der Schlafsack	

2F.1 Wo übernachten wir?

Argentinien	*das Hotel*	mit Schwimmbad
die Aussicht	die Jugendherberge	*das Spielzimmer*
der Balkon	kosten	am Strand
bei	*luxuriös*	*der Tischfußball*
der Blick auf das Meer	*neunzehnhundert*	*unbequem*
das Doppelzimmer	die Pension	die Unterkunft
das Einzelzimmer	*praktisch*	das Zelt
günstig	Schweden	*zweitausend*

2F.2 Ferienangebote

das Angebot	*hausgemacht*	*der Meeresblick*
buchen	*der Hochstuhl*	der Preis
entfernt	*inbegriffen*	*die Rezeption*
erreichbar	inklusive	*der Spielplatz*
familienfreundlich	*kostenlos*	*das Untergeschoss*
das Fitnessstudio	*die Lage*	die Vollpension
der Garten	*der Luxus*	*der Wellnessbereich*
das Hallenbad	die Mahlzeiten (pl)	*zentral*

2F.3 Wohin geht's?

am Ende der Straße	ihr	rechts
am Ufer entlang	*das Kino*	*die Sackgasse*
die Ampel	die Kreuzung	sehen
die Apotheke	links	Sie
auf der rechten Seite	der Marktplatz	die Straße
die Brücke	das Museum	*das Theater*
das Einkaufszentrum	nach	die Touristeninformation
gegenüber	nehmen	überqueren
geradeaus	der Park	

2F.4 Wegbeschreibungen

abbiegen	die Fahrkarte	laufen
die Allee	fragen	neben
an	die Fußgängerzone	*die Seitenstraße*
antworten	das Geschäft	*skeptisch*
auf	das Gleis	*das Straßenschild*
das Bedürfnis	*gnädige Frau*	über
die Dame	*die Hauptstraße*	verlassen
der/die Einzelgänger(in)	*die Heimatstadt*	vor
Entschuldigen Sie	hinter	*der Zebrastreifen*

Abfliegen

Studenten, Fahrräder und Bächle – Freiburg, die Ökostadt in Süddeutschland

Zeitschrift – Komm! Ich zeig dir meine Stadt: Freiburg

Hi! Ich heiße Anna und ich zeige dir heute meine Stadt. Sie ist bekannt für das Münster, die Bächle und die Radfahrer. Meiner Meinung nach ist unsere Altstadt wunderschön. Wir haben eine große Fußgängerzone mit vielen Geschäften, Cafés und einem fantastischen Marktplatz um das Münster herum. Auf dem Markt kann man frische Produkte aus der Region kaufen, zum Beispiel Obst, Gemüse, Eier, Blumen und Würstchen. Wenn man hier ist, sollte man unbedingt den Käsekuchen probieren!

Wie gesagt, ist Freiburg bekannt für die Bächle und wir lieben sie! Das sind kleine Wasserkanäle, die durch die Innenstadt fließen. Im Sommer kann man seine Füße in ihnen abkühlen und die Kinder lassen kleine Boote in ihnen schwimmen. Da wir weit im Süden Deutschlands sind, ist das Wetter auch meistens gut hier und es kann ganz schön heiß werden im Sommer.

Wir Freiburger verbringen gerne Zeit im Freien und genießen unsere Umgebung. Ich bin sehr sportlich und ich gehe fast jeden Morgen joggen. An der Dreisam, unserem Fluss, gibt es schöne Wege zum Joggen oder Rad fahren und man sieht immer viele Leute hier. Im Sommer gibt es hier auch eine Strandbar, da kann man an einem Sandstrand etwas trinken und mit Freunden zu Musik chillen. Außerdem gibt es ein Strandbad, einen Seepark und viele Berge zum Wandern oder für Touren mit dem Mountainbike.

Freiburg ist eine Universitätsstadt und es gibt viele Studenten in der Stadt und das Nachtleben ist dementsprechend gut. Es gibt viele Discos und Bars für absolut jeden Musikgeschmack, Pop, Rock, Heavy Metal, Salsa, R&B, du kannst hier alles finden. Im Jazzcafé gibt es immer gute Konzerte und im Sommer ist das Zelt-Musik-Festival ein absolutes Highlight hier in der Gegend.

Die Studenten und die grüne Politik der Stadt sind Grund für die vielen Radfahrer. In der Innenstadt gibt es überall Radwege und am Bahnhof gibt es sogar ein Parkhaus nur für Fahrräder! Wenn ich zur Schule, zu Freunden, ins Kino oder sonstwo hingehe, fahre ich fast immer mit dem Fahrrad – das ist einfach normal hier.

1   Lies den Text. Welche vier Sätze sind richtig?

  1 Auf dem Marktplatz kann man exotisches Essen kaufen.

  2 In der Altstadt fließt Wasser neben den Straßen.

  3 Es regnet oft in Freiburg.

  4 Es gibt viele junge Einwohner in Freiburg.

  5 Nachts sollte man in den Seepark gehen.

  6 Das Hauptverkehrsmittel in der Stadt ist die Straßenbahn.

  7 In der Altstadt sind keine Autos erlaubt.

  8 Die Grüne Partei ist hier stark vertreten.

  9 Fahrradfahren in der Stadt ist sehr gefährlich.

Freiburg in Zahlen

In diesen Fakten über Freiburg fehlen die Zahlen. Welche Zahl aus dem Kästchen passt zu jeder Lücke? Rate mal.

1 An der Albert-Ludwigs-Universität in Freiburg studieren mehr als **?** tausend Studenten.

2 Das breiteste „Bächle" ist **?** cm breit.

3 Über **?** tausend Personen fahren täglich Fahrrad in der Stadt.

4 Die Radwege in der Stadt sind insgesamt etwa **?** km lang.

5 Der Bau der neuen Uni Bibliothek hat **?** Mio Euro gekostet.

6 Die Höchsttemperaturen im Sommer liegen im Durchschnitt bei **?** Grad Celsius.

7 Auf dem Marktplatz um das Münster gibt es ungefähr **?** Stände.

8 Das Münster ist **?** Meter hoch.

Ein Bächle

| 400 | 25 | 24 | 35 |
| 75 | 116 | 53 | 161 |

In Freiburg ist viel los

Egal wann du Freiburg besuchst, hier ist immer etwas los. Hier sind ein paar Veranstaltungen für dich! Ordne die Veranstaltungen chronologisch ein, wie sie im Kalenderjahr erscheinen. Beginn mit der Feier zum Jahresanfang.

1 Am dreiundzwanzigsten Juli gehe ich zur Museumsnacht, da kann man wirklich interessante Sachen sehen und die Stadt lebt mit viel Unterhaltung bis ein Uhr nachts. Und weil ich noch nicht 18 bin, kann ich sogar kostenlos in die Museen und zu den verschiedenen Veranstaltungen gehen.

2 Am zehnten Juli gehe ich mit meinen Freunden zum Kastenlauf. Das ist ein Wettbewerb, bei dem man einen Kasten Bier durch die Stadt trägt.

3 Ganz besonders freue ich mich auf das Zelt-Musik-Festival – am zwanzigsten Juli werde ich dort auf ein Konzert gehen.

4 Im Winter gehe ich auf den Weihnachtsmarkt, um ein Geschenk für meine Mutter zu kaufen.

5 Silvester feiere ich auf dem Schlossberg, weil man von dort die Feuerwerke gut sehen kann.

6 Weil ich einkaufen liebe, freue ich mich auf den Megasamstag im Frühling, da kann ich bis Mitternacht shoppen!

7 Später im Jahr will ich auf jeden Fall auf die Herbstmesse gehen. Da gibt es immer tolle Achterbahnen und andere Attraktionen.

8 Zur Faschingszeit gehe ich auf den Rosenmontagsumzug. Das ist ein Riesenspaß! Viele Narren aus der Umgebung ziehen durch die Stadt und die Atmosphäre ist super.

Deutsch in Argentinien

Argentinien – Auswandererziel der Deutschen

Deutschargentinier, oder germano-argentinos sind Einwanderer, die durch ihre Muttersprache, Deutsch, verbunden sind. Sie kommen nicht unbedingt alle aus dem heutigen Deutschland. Viele kamen aus Österreich, Frankreich, der Schweiz, Ungarn, Polen, Rumänien, Russland und dem ehemaligen Jugoslawien. „Deutsche" in diesem Sinne bilden heute die viertgrößte Immigrationsgruppe in Argentinien.

Vor 1870 kamen nicht so viele Einwanderer aus Europa, aber zu dieser Zeit wurden schon die ersten deutschen Kolonien gegründet. Zwischen 1885 und dem ersten Weltkrieg kamen etwa 100 000 Deutsche nach Argentinien. Es wird geschätzt, dass in den Jahren 1923 und 1924 jeweils ungefähr 10 000 Deutsche nach Argentinien auswanderten. Zwischen 1933 und 1940 suchten viele deutsche Juden ein neues Zuhause und etwa 45 000 fanden es in Buenos Aires. Viele der deutschen Einwanderer sind sogenannte Wolga Deutsche. Nach dem zweiten Weltkrieg (1946-1950) flohen viele Nationalsozialisten aus Deutschland und Argentinien nahm etwa 12 000 deutsche Immigranten zu dieser Zeit auf.

Es leben heute etwa eine halbe Million Deutschsprachige in Argentinien. Die meisten kann man in den Provinzen Entre Rios, Córdoba, Buenos Aires und Misiones finden. Ein interessantes Dorf ist zum Beispiel Villa General Belgrano, was sich in den Bergen der Provinz Córdoba befindet. Viele Touristen lieben dieses Dorf, weil man typisch bayrische Häuser sehen kann und Apfelstrudel oder Spätzle essen kann. Das Dorf feiert auch das drittgrößte Oktoberfest der Welt!.

Es gibt heute noch viele Argentinier mit deutschen Namen. Die deutschen Einwanderer bauten ihre eigenen Schulen, Krankenhäuser, Geschäfte, Theater und Banken. Es gab bis zu 167 deutsche Schulen. Bis heute gibt es das 1889 gegründete „Argentinische Tageblatt", eine Zeitung, die auf Deutsch geschrieben ist. Einige traditionelle deutsche Backwaren sind sehr beliebt unter den Argentiniern, wie zum Beispiel der „Berliner", ein mit Marmelade gefülltes Gebäckstück. Aber auch Sauerkraut und Bratwurst sind inzwischen in Argentinien weit verbreitet.

1 Lies die Informationen über Deutschargentinier. Beantworte die Fragen auf Deutsch.

Beispiel: 1 aus Österreich, Frankreich, der Schweiz, Ungarn, Polen, Rumänien, Russland und dem ehemaligen Jugoslawien

1 Aus welchen Ländern stammen Deutschargentinier?

2 An welcher Stelle stehen Deutschargentinier im ethnischen Gesamtbild Argentiniens?

3 Was geschah zur Zeit des Zweiten Weltkriegs?

4 Wie viele Anhänger Hitlers wanderten nach Argentinien aus?

5 Welche deutschen Spezialitäten kann man in Argentinien essen?

6 Warum sollte man das Dorf Villa General Belgrano im Oktober besuchen?

7 Wie haben die deutschen Einwanderer zur argentinischen Infrastruktur beigetragen?

8 Was haben die Deutschargentinier 1889 ins Leben gerufen?

Die deutsche Schule Córdoba

Wusstest du, dass es eine deutsche Schule in Argentinien gibt? Lies Marias Blog für mehr Informationen. Vorsicht – die Titel fehlen! Welcher Titel passt zu welchem Absatz?

1 Kulturelle Aktivitäten an der Schule

2 Mein Name, Zuhause und Leben

3 Der Auslandsaufenthalt

A Hi! Ich heiße Maria Schmoll und ich erzähle dir heute über meine Schule. Ich wohne in Argüello, in der Provinz Córdoba. Meine Urgroßeltern kamen aus Deutschland, deshalb habe ich einen deutschen Nachnamen. Zu Hause reden wir Spanisch und Deutsch. Ich finde es ganz gut, dass ich zwei Sprachen sprechen kann.

B Meine Mutter fährt mich jeden Morgen zur Schule, weil sie etwas weit weg ist. Ich muss eine graue Hose und einen roten Pullover mit dem Schullogo tragen.

C Wir haben einen argentinischen Stundenplan, aber wir haben einen verstärkten Deutschunterricht und viele Möglichkeiten, unser Deutsch zu verbessern. Unser Schulabschluss ist das argentinische Abitur, zusätzlich machen wir aber eine Prüfung, um das deutsche Sprachdiplom zu bekommen.

D Letztes Jahr, in der zehnten Klasse, war ich drei Monatelang bei einer Gastfamilie in Deutschland. Das wird von unserer Schule organisiert und ist eine fantastische Gelegenheit, die deutsche Kultur und Sprache zu erleben. Ich war in Hamburg und meine Gastfamilie war unglaublich nett.

E Dieses Jahr habe ich beim Aufsatzwettbewerb des Deutschen Klubs in Buenos Aires teilgenommen. Ich habe dafür einen dreiseitigen Aufsatz über die kulturellen Unterschiede zwischen Argentinien und Deutschland geschrieben.

F Wir feiern auch deutsche Feste in der Schule, zum Beispiel machen die jüngeren Schüler jedes Jahr einen Laternenumzug und wir feiern Weihnachten wie in Deutschland mit dem Adventskranz, mit Plätzchen und dem Tannenbaum.

4 Die Schuluniform

5 Die Struktur der Schule

6 Deutsche Schreibfähigkeiten im Konkurrenzkampf

Bariloche

lisa2000	Hi! Ich interessiere mich für die deutschargentinische Kultur. Was könnt ihr mir empfehlen, wenn ich im Sommer nach Buenos Aires fliege?
Tanzbär	Ich war letztes Jahr vom Oktoberfest in Villa General Belgrano total beeindruckt. Es gab viele typisch deutsche Gerichte und einen riesigen Biergarten. Das Fest dauerte eine Woche lang. Wirklich empfehlenswert!
hannes007	Ich fliege jedes Jahr nach Bariloche zum Ski fahren. Dieser Ort ist im Nahuel Huapi Nationalpark am Fuß der Anden und wird auch „kleine Schweiz" genannt. Es gibt hier viele Gebäude mit Holzfassaden, die wie typische schweizer Berghütten aussehen. Das Rathaus wurde 1987 zu einem nationalen Monument erklärt. Das solltest du auf jeden Fall sehen!
PipiLangstrumpf	Bei mir um die Ecke ist das deutsche Restaurant „Untertürkheim". Der Kartoffelsalat und das Gulasch sind himmlisch und die Preise halten sich in Grenzen.
Lisa2000	Danke liebe Leute, das war wirklich hilfreich!

Abfliegen

Prüfungsecke 2.1

Einen kurzen Aufsatz schreiben

Wichtige Hinweise

Du musst zwei Aufsätze schreiben. Die Übungen in diesem Teil werden dir helfen, dich auf den ersten Aufsatz vorzubereiten. Du musst zwischen 60 und 75 Wörter schreiben. Du siehst vier Wörter oder Begriffe und du musst alle vier im Aufsatz benutzen.

1 a   Schau dich diese Übung an.

Hobbys

Freunde	spielen	letztes Wochenende	gern

Schreib 60–75 Wörter auf Deutsch über deine Hobbys. Du musst alle Wörter oben benutzen.

1 b   Lies die Liste (1–14) von Strategien im Kasten. Wann sind sie nützlich? Wähl A, B, C oder D für jede Strategie.

Beispiel: 1 B

A   vor der Prüfung

B   in der Prüfung, aber vor dem Schreiben

C   während des Schreibens

D   nach dem Schreiben

1   Lies die Aufgabenstellung genau.

2   Mach Listen von nützlichen Wörtern und lerne sie.

3   Lerne die Verbendungen für jede Person (*ich, du, er, sie, es, wir, ihr, Sie, sie*).

4   Benutze alle vier Wörter / Begriffe.

5   Schreib den Titel und unterstreiche ihn.

6   Gib deine Meinung und begründe sie.

7   Mach eine kleine „Mindmap" und schreib kurze Sätze und Wörter für jeden Stichpunkt.

8   Lies deine Arbeit noch einmal. Hast du Fehler gemacht?

9   Hast du verschiedene Adjektive benutzt? Sind die Endungen richtig?

10 Schreib zwischen 60 und 75 Wörter – nicht mehr und nicht weniger. Zähl die Wörter!

11 Schreib in kompletten Sätzen. Jeder Satz muss ein Verb haben.

12 Benutze die richtigen Zeiten: Vergangenheit / Präsens / Futur.

13 Benutze Bindewörter wie und, aber, weil, um deine Sätze interessanter zu machen.

14 Benutze auch negative Ausdrücke in deiner Arbeit.

Mögliche Antworten

2 Lies diese Antworten zu Übung 1a. Welche ist besser? Die Liste von Strategien oben hilft dir dabei.

Beispiel 1:

> Ich bin sehr sportlich. Ich spiele gern Fußball in meiner Freizeit. Ich spiele in einer Mannschaft. Ich spiele dreimal die Woche. Ich habe letztes Wochenende Fußball gespielt. Meine Mannschaft hat gewonnen. Es hat geregnet, aber es war gut. Meine Freunde spielen auch gern Fußball, weil es Spaß macht. Wir gehen manchmal zusammen zum Stadion. Ich spiele Rugby auch gern. Ich spiele Rugby im Winter zweimal die Woche.

Beispiel 2:

> Ich habe viele Hobbys, zum Beispiel höre ich gern Musik. Alle Musik gefällt mir. Manchmal kommen meine Freunde zu mir nach Hause, um auf meinem Laptop Musik herunterzuladen. Letztes Wochenende sind wir zusammen zu einem Konzert gegangen. Das war super, weil unsere Lieblingsband spielte. Außerdem kann ich selber Klavier spielen. Ich übe immer am Abend, wenn ich nicht so viele Hausaufgaben habe. Das liebe ich, weil es entspannend ist.

Jetzt bist du dran!

Feiern

| Geburtstag | Familie | nächstes Wochenende | essen |

Schreib 60–75 Wörter auf Deutsch über eine Geburtstagsfeier. Du musst alle Wörter oben benutzen.

3 a Lies die Aufgabe und die mögliche Lösung. Wie findest du diese Lösung? Zähl die Wörter. Besprich deine Meinung mit einem Partner / einer Partnerin.

Beispiel 1:

> Meine Schwester ist 14 Jahre alt. Sie hat nächste Woche Geburtstag. Sie wird nächstes Wochenende eine Party haben. Sie wird Pizza und Geburtstagskuchen essen. Sie ist glücklich. Sie will eine neue Tasche haben. Ich gehe heute ins Einkaufszentrum. Ich werde eine Tasche für sie kaufen. Das Einkaufszentrum liegt in der Stadtmitte.

3 b Schreib deine eigene Version.

3 c Vergleich deine Version mit der Version deines Partners / deiner Partnerin.

3 d Partnerarbeit. Schreibt zusammen eine perfekte Version.

Abfliegen

Prüfungsecke 2.2

Grammatikübungen

Wichtige Hinweise

Die Übungen in diesem Teil werden dich mit Grammatikübungen vertraut machen: Hier musst du über Adjektivdeklination, Verben im Präsens und Verben in verschiedenen Zeiten nachdenken.

Adjektivdeklination

> → Ein Adjektiv beschreibt ein Substantiv. Ist das Wort Maskulinum, Femininum oder Neutrum? Ist es im Singular oder im Plural?
> → Ist es im Nominativ, Akkusativ, Genitiv oder Dativ?
> → Kommt es nach **dem bestimmten** Artikel (z. B. *der junge Mann*), nach **dem unbestimmten** Artikel (z. B. *ein junger Mann*) oder nach keinem Artikel? (*junge Männer*)
> → Kommt das Adjektiv **nach** dem Substantiv und dem Verb? Dann braucht es gar keine Endung. (*Der Mann ist jung.*)

1 a Partnerarbeit. Lest den Absatz und findet die Adjektive:

- die in der Form in Klammern bleiben.

- die im **Nominativ / Akkusative / Dativ** sein müssen. Sind sie Maskulinum, Femininum, Neutrum oder im Plural?

1 b Schreib die Form des Wortes (a)–(j), damit das Wort im Satz richtig ist. Vorsicht! Es ist nicht immer nötig, die Form in Klammern zu ändern.

Beispiel: (a) gesundes

Gesund leben

Was ist für ein (a) .... (*gesund*) Leben wichtig? Mein (b) .... (*klein*) Bruder meint, dass er zu (c) .... (*dick*) ist. Er möchte abnehmen. Er isst jetzt nur (d) .... (*frisch*) Gemüse und trinkt keine (e) .... (*süß*) Getränke. An einem (f) .... (*typisch*) Tag geht er abends ins Sportzentrum oder ins Fitnessstudio, um fit zu bleiben. Er hat (g) .... (*letzt*) Woche zu viel Sport getrieben. Er hat sich den (h)....... (*rechts*) Fuß verletzt. Er hat sich den (i) .... (*groß*) Zeh gebrochen. Jetzt ist er sehr (j) .... (*unglücklich*), sitzt zu Hause und isst Schokolade.

[Total: 10]

Verben im Präsens

> → Welche Endungen braucht man im Singular? (*ich, du, er / sie / es / man*)
> → Welche Endungen braucht man im Plural? (*wir, ihr, Sie, sie*)
> → Nach einem Modalverb (*dürfen, können, mögen, müssen, sollen, wollen*) steht das zweite Verb in der Infinitivform.

2 a Partnerarbeit. Lest den Absatz unten. Welche Verben:

- bleiben in der Infinitivform?
- haben *ich* als Subjekt?
- haben *du* als Subjekt?
- sind im Singular?
- sind im Plural?

2 b Schreib die Form des Wortes (a)–(j), damit das Wort im Satz richtig ist. Vorsicht! Es ist nicht immer nötig, die Form in Klammern zu ändern.

Beispiel: (a) hat

Rumpelstilzchen

Ein Müller (a) .... (*haben*) eine schöne Tochter. Sie soll für einen König Gold aus Stroh spinnen. Sie (b) .... (*weinen*) und sagt: „Das (c) .... (*können*) ich nicht." Plötzlich (d) .... (*kommen*) ein kleines Männlein herein. „Ich (e) .... (*wissen*), wie man Stroh zu Gold spinnt," sagt es. „Wenn du mir heute etwas (f) .... (*geben*), dann spinne ich es sofort für dich." Das Mädchen gibt ihm Geschenke und aus Stroh wird Gold. Eines Tages sagt sie: „Ich (g) .... (*haben*) jetzt nichts mehr." Das Männlein antwortet: „Dann musst du mir dein erstes Kind (h) .... (*geben*). Wenn du meinen Namen (i) .... (*kennen*), kannst du das Kind behalten." Das Mädchen und der König heiraten und (j) .... (*bekommen*) Jahre später ein Kind. Das Männlein hüpft auf einem Bein und schreit: „Ach wie gut, dass niemand weiß, dass ich Rumpelstilzchen heiß!"

[Total: 10]

Temporaladverbien

→ Einige Temporaladverbien geben dir Informationen über einen Zeitpunkt in der Zukunft / in der Vergangenheit / in der Gegenwart.

3 a Ordne die Temporaladverbien der richtigen Zeitform zu.

1 Vergangenheit   2 Präsens   3 Futur

Beispiel:
1 früher, …

bald	heute	letztes Jahr	sofort	vor zwei Wochen
früher	heutzutage	morgen	später	
gerade	im Moment	nächsten Monat	übermorgen	
gestern	jetzt	nun	vorgestern	

3 b Übersetze die Temporaladverbien in deine Sprache.

3 c Lies den Text in Übung 2 noch einmal und finde drei Temporaladverbien im Präsens.

Zeitformen identifizieren

→ Man bildet das Futur mit *werden* + Infinitiv, also muss man die Infinitivform in Klammern nicht ändern.
→ Man kann auch im Präsens über einen Zeitpunkt in der Zukunft sprechen.
→ Man benutzt sowohl das Perfekt als auch das Imperfekt, um einen Zeitpunkt in der Vergangenheit zu beschreiben. Pass auf, wo die Lücke im Satz vorkommt.

3 d Schreib die Form des Wortes (a)–(j), damit das Wort im Satz richtig ist. Vorsicht! Es ist nicht immer nötig, die Form in Klammern zu ändern.

Beispiel: (a) sind

Fernsehen

Ich sehe jeden Tag meistens drei Stunden fern. Meine Lieblingssendungen (a) .... (*sein*) Serien. Meine Schwester (b) .... (*lieben*) Reality-TV. Gestern haben wir einen sehr romantischen Film (c) .... (*sehen*). Er (d) .... (*haben*) zwei Stunden gedauert und er (e) .... (*sein*) sehr lustig. Ich (f) .... (*sitzen*) im Moment allein zu Hause. Heute darf ich also sehen, was ich (g) .... (*wollen*). Meine Eltern werden bald nach Hause (h) .... (*kommen*). Meine Mutter (i) .... (*werden*) später die Nachrichten sehen. Es gibt einen Fernseher in meinem Zimmer. Früher (j) .... (*haben*) wir nur den Fernseher im Wohnzimmer.

[Total: 10]

In der Prüfung musst du an alle Strategien von oben denken: Adjektivdeklination, Temporaladverbien und Zeitformen.

Prüfungsecke 2.3

Ein Foto mündlich beschreiben

Wichtige Hinweise

Vor der mündlichen Prüfung musst du ein geeignetes Foto finden. Du nimmst dieses Foto mit in die Prüfung. Dann musst du fünf Fragen über das Foto beantworten. Man muss:

1 das Foto generell beschreiben

2 bestimmte Details zum Foto angeben

3 über die Vergangenheit oder die Zukunft sprechen

4 deine Meinung zum Thema geben

5 das weitere Thema besprechen.

→ Im Foto muss es um ein Thema in diesem Buch gehen (sieh die Themenliste).
→ Das Foto muss mehr als eine Person zeigen.
→ Nimm ein Foto, wo die Menschen etwas tun.
→ Wähl einen Ort, der leicht zu beschreiben ist.

1 a Auf welches Thema bezieht sich dieses Foto?

Das Foto generell beschreiben

→ Sag, welche **Personen** du sehen kannst. Sind sie Kinder, Jugendliche oder Erwachsene? Mädchen oder Jungen? Wie alt sind sie ungefähr?
→ Beschreib, **wo** sie sind.
→ Sag **was** sie dort **tun** (im Präsens).

1 b Was siehst du auf diesem Bild?

Beispiel:

Ich sehe drei Personen. Es gibt eine Frau und zwei Kinder. Die Kinder sind ungefähr sechs und zehn Jahre alt. Die Frau ist wahrscheinlich ihre Mutter. Sie sitzen jetzt auf einem Skilift. Sie sind in den Bergen, vielleicht in der Schweiz oder in Österreich.

Bestimmte Details angeben

→ Beschreib, welche **Kleidung** die Personen tragen.
→ Beschreib genau, **was sie tun.**
→ Benutze veschiedene Zeitformen: **Vergangenheit** und **Futur**.
→ Versuch, Adverbien oder Adjektive zu benutzen, um deine Beschreibung interessanter zu machen.

2 a Was für Kleidung tragen die Frau und die Kinder?

Beispiel:

Alle tragen warme Kleidung, **weil es Winter ist.** Es ist Skibekleidung. Die Frau trägt eine rote Hose und eine hellblaue Jacke. Das Kind in der Mitte trägt eine hellblaue Hose und eine rosarote Jacke. Das Kind rechts trägt eine grüne Hose und eine weiße Jacke. Alle drei tragen einen Helm, eine Skibrille, Handschuhe, Skischuhe und Skier.

2 b Was machen sie?

Beispiel:

Sie sind im Skiurlaub **und sind auf einem Skilift.** Sie stehen auf, um vom Skilift auszusteigen.

Über die Vergangenheit oder die Zukunft sprechen

3   a   Was hat die Familie schon gemacht?

Beispiel:

> Die Mutter und die Kinder sind mit dem Skilift zum Skigebiet hinaufgefahren. Sie sind jetzt oben angekommen. Es macht ihnen viel Spaß, weil sie lächeln und glücklich sind.

3   b   Was werden sie später machen?

Beispiel:

> Sie werden später Ski fahren. Sie werden auf den Pisten ins Tal abfahren. Später werden sie vielleicht noch einmal mit dem Lift hinauffahren.

Deine Meinung geben

→ Hast du schon etwas Ähnliches erlebt?
→ Haben andere dir erzählt, wie sie so etwas gemacht haben?
→ Kannst du eine fiktive Geschichte über etwas Ähnliches erzählen?

4   Hast du schon einen Wintersporturlaub gemacht?

Beispiel:

> Letzten Winter bin ich mit meinen Eltern und meinen Geschwistern nach Italien gefahren, um Ski zu fahren. Wir haben zwei Wochen in einer Ferienwohnung in Kronplatz verbracht. Es war sehr schön in den Bergen, weil das Wetter toll war. Es gab genug Schnee, aber auch viel Sonne. Wir hatten jeden Morgen drei Stunden Skischule. Das hat viel Spaß gemacht, weil der Skilehrer sehr lustig war.

Das weitere Thema besprechen

Jetzt musst du bereit sein, über verschiedene Aspekte dieses Themas im Allgemeinen zu sprechen. Zum Beispiel:
→ Positives und Negatives / Vor- und Nachteile   → deine eigene Meinung.
→ die Situation früher und jetzt

5   Ist es besser, einen Sommer- oder einen Winterurlaub zu machen?

Beispiel:

> Ich fahre gern im Sommer in Urlaub, weil das Wetter normalerweise besser ist. Im Winter ist es kalt. Das finde ich in Ordnung, wenn man zum Beispiel Ski fahren will. Aber es ist nicht so gut, wenn man Sehenswürdigkeiten besichtigen will. Dann soll das Wetter angenehm sein. Außerdem kann ein Skiurlaub teuer sein. Ein Sommerurlaub muss nicht immer viel Geld kosten. Zum Beispiel kann man zelten. Das kann man im Winter nicht machen.

Jetzt bist du dran!

6   a   Auf welches Thema bezieht sich das Foto?

6   b   Partnerarbeit. Seht euch die Fragen 1–5 oben noch einmal an. Welche Fragen könnte man zu diesem Bild stellen? Schreibt sie auf.

6   c   Stellt euch die Fragen und übt, die Fragen zu beantworten.

Jetzt kannst du dein eigenes Foto suchen. Bereite dich auf die mündliche Prüfung vor! Viel Glück!

3A Life in the town and rural life

3A.1 Was gibt es in deiner Stadt?

★ Über die Gebäude in einer Stadt lernen
★ Zeitadverbien

1 Welcher Satz (1–8) passt zu welchem Bild (A–H)?

Beispiel: 1 B

1 Hier ist das Kino. Einmal im Monat sehe ich dort einen Film und komme spät nach Hause.
2 Unsere Stadt hat ein altes Schloss. Touristen besuchen es oft im Sommer.
3 Am Wochenende gehe ich häufig mit meinen Freunden ins Einkaufszentrum.
4 Es gibt ein großes Krankenhaus. Mein Opa war manchmal Patient dort.
5 Die Bibliothek ist montags immer geschlossen, aber dienstags macht sie früh auf – um 8:00 Uhr.
6 Abends geht mein Bruder fast immer ins Fitnesszentrum. Ich gehe nie mit.
7 Sonntags gehe ich ab und zu mit meiner Schwester ins Hallenbad.
8 Das Rathaus hat vormittags zwischen 09:00 Uhr und 12:00 Uhr geöffnet.

2 Fünf Leute beschreiben, was sie in der Stadt machen. Schreib:
(a) wo sie hingehen, (b) wann, (c) wie oft.

Beispiel: 1 (a) Hallenbad, (b) nach der Schule, (c) zweimal pro Woche

1 Philipp
2 Lara
3 Tobias
4 Mia
5 Ralf

3 a Zeitadverbien. Lies C4 in der Grammatik. Welches Synonym passt zu jedem fettgedruckten Wort? Kopiere die Sätze, aber ersetze jetzt die fettgedruckten Wörter mit den passenden Synonymen.

Beispiel: 1 Ich gehe **täglich** in die Bibliothek.

    1 Ich gehe **jeden Tag** in die Bibliothek.

    2 Wir gehen **nicht oft** ins Hallenbad.

    3 Ich gehe **ab und zu** ins Kino.

    4 Wir gehen **oft** ins Theater.

> manchmal
> *täglich*
> selten
> häufig

3 b Welches Wort ist ein Antonym für das fettgedruckte Wort? Kopiere die Sätze, aber ersetze diesmal die fettgedruckten Wörter mit den passenden Antonymen.

Beispiel: 1 Wir bleiben **nie** sehr lang im Freibad.

    1 Wir bleiben **immer** sehr lang im Freibad.

    2 Meine Eltern gehen **morgens** einkaufen.

    3 Nach dem Kino komme ich **spät** nach Hause.

    4 Ich gehe **selten** ins Fitnesszentrum.

> abends
> oft
> *nie*
> früh

 4 a Der Laut *sch*. Hör dir den Satz an und trenne die Wörter. Wiederhole den Satz dreimal. Achte auf die Aussprache. Hör noch einmal zu und überprüfe. Übersetze den Satz in deine Sprache. Lerne den Satz auswendig.

EinSchuhgeschäftimSchwarzwaldschicktschöneSchuheschnellalsGeschenkeindieSchweiz.

4 b Partnerarbeit. Sag den Satz in Übung 4a. Wer kann das am besten machen?

 5 Partnerarbeit. Wo gehst du hin? Wie oft oder wann? Lies einen Satz aus Übung 3 und stell deinem Partner / deiner Partnerin die Frage „Und du?" Er / Sie wiederholt den Satz mit einem anderen Adverb.

Beispiel:

A Ich gehe jeden Tag in die Bibliothek. Und du?

B Ich gehe nie in die Bibliothek.

 6 Schreib eine E-Mail an deinen Austauschpartner Mario und beantworte seine Fragen über deine Stadt. Er möchte Folgendes wissen:

- Was gibt es in deiner Stadt?
- Wie oft gehst du in die Stadtmitte?
- Was machst du dort?
- Wie oft gehst du ins Kino oder ins Schwimmbad?

In meiner Stadt In (Hamburg)	gibt es	einen Musikladen (m) / eine Bibliothek (f) / ein Kino (n) / viele Geschäfte (pl).
Ich gehe	immer / oft / manchmal / selten / nie / abends / am Wochenende	in den Musikladen / in die Bibliothek / ins Kino / in die Geschäfte.

3A.2 Mein Wohnort

Abfliegen

★ **Wohnorte in der Stadt und auf dem Land beschreiben**
★ **Indefinitpronomen (*etwas, man, nichts, jemand, niemand*)**

Wie findest du deinen Wohnort?

Erdnussflip

Ich wohne gern in der Großstadt. Jeden Tag ist sehr viel los. Es gibt meistens jemanden, mit dem man rumhängen kann. Abends kommt man schnell mit der Straßenbahn in die Stadtmitte, wo man ins Kino, ins Theater oder ins Konzert gehen kann. Nichts ist weit weg.

BB123

Früher wohnte ich in einem Dorf, aber meine Klassenkameraden wohnten in der Stadt. In den Ferien war ich meistens allein, weil meine Mutter arbeitete. Ich hatte nichts zu tun. Seit Februar wohne ich bei meinem Vater und es ist viel besser. Er mietet eine Wohnung am Stadtrand, nicht weit von meinen Großeltern entfernt.

Schüler951
Das Leben im Stadtzentrum muss meiner Meinung nach furchtbar sein. So viel Lärm und Verschmutzung durch die Autos. Außerdem gibt es wenig Platz für so viele Menschen. Wer möchte schon in einem grauen Hochhaus leben? Auf dem Lande, wo ich wohne, wohnt niemand direkt nebenan. Das nächste Haus ist zwei Kilometer weg!

1 Wer sagt das: E (Erdnussflip), B (BB123) oder S (Schüler 951)? Vorsicht! Jede Person kann mehrmals oder gar nicht erscheinen.

Beispiel: 1 E

1 Man hat immer etwas zu tun.
2 Die Stadtmitte ist überfüllt.
3 Ich kannte niemand in der Umgebung.
4 Ich lebe nicht gern in einem Wohnblock.
5 Ich wohne in der Nähe von Verwandten.
6 Ich habe keine Nachbarn.
7 Der Verkehr ist ein Problem.
8 Ich bin neulich umgezogen.

2 a Welches Wort (1–8) passt zu welchem Bild (A–H)?

Beispiel: 1 G

| **1** Fluss | **3** Zeitungskiosk | **5** Schafe | **7** Kreuzung |
| **2** Brücke | **4** Hügel | **6** Hochhäuser | **8** Bäume |

A

B

C

D

E
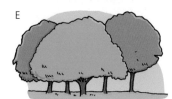

F

G

H

2 b Michael beschreibt, was er aus seinem Fenster sicht. Dann beschreibt er, was man aus dem Fenster seiner Oma sieht. Was kann er sehen? Ordne die Bilder chronologisch ein.

Beispiel: F, ...

3 a Indefinitpronomen. Lies D6 in der Grammatik. Welches Wort passt zu welchem Satz? Vorsicht! Jedes Wort kann mehrmals erscheinen.

Beispiel: 1 nichts

    1 Ich hasse diese Stadt. Es gibt .... zu tun.
    2 Das Hochhaus steht jetzt leer. .... wohnt dort.
    3 .... aus meiner Klasse wohnt auch in diesem Dorf. Sie heißt Anna.
    4 Am Wochenende werden wir .... unternehmen. Vielleicht werden wir ins Kino gehen.
    5 Ich liebe meinen Wohnort. .... kann mir erzählen, dass es hier langweilig ist!
    6 .... wohnt im Haus nebenan. Ich weiß nicht, ob es ein Mann oder eine Frau ist.
    7 Auf dem Land kann .... sehr ruhig leben, aber das wäre .... für mich. Ich ziehe die Stadtmitte vor!
    8 Ich gehe ins Einkaufszentrum, um .... Schönes zu kaufen.

etwas	man	niemand
jemand	nichts	

3 b Hör dir Michael (Übung 2b) noch einmal an. Finde die Adjektive, die Michael benutzt, um (a) den Vorort und (b) das Land zu beschreiben. Schreib sie auf und übersetze sie in deine Sprache.

Beispiel: (a) industriell, ...

4 Partnerarbeit. Macht Dialoge.

    1 Was kannst du auf diesem Bild sehen?
    2 Was machen die Leute?
    3 Wie sind sie zum Park gekommen?
    4 Wo liegt dieser Park? Woher weißt du das?
    5 Möchtest du in einer Stadt wie dieser wohnen? Warum oder warum nicht?

5 Wie findest du deinen Wohnort? Lies die Meinungen aus dem Internetforum in Übung 1 noch einmal durch und schreib einen Absatz über deine eigene Meinung.

Ich wohne Ich lebe	gern / nicht so gern	in der Stadtmitte / in einer Großstadt / in einem Dorf / auf dem Land,	weil es dort	so ruhig / laut / schmutzig / langweilig ist.
	lieber	in der Stadtmitte / ...	als in der Stadt / auf dem Land,		viel / etwas / nichts zu tun gibt.
Ich finde das Leben			toll / furchtbar / langweilig,		

Unterwegs

3A.3 Stadt oder Land – wo wohnst du lieber?

> ★ **Die Vor- und Nachteile verschiedener Wohnorte besprechen**
> ★ **Präpositionen mit dem Genitiv; *seit* mit dem Präsens**

1 a Max, Steffi und Milan sprechen über ihren Wohnort. Kopiere und füll die Tabelle auf Deutsch aus.

	Vorteile	Nachteile
Max	**Beispiel:** 1 Freizeitmöglichkeiten in der Nähe	2 ....
Steffi	3	4 ....
		5 ....
Milan	6	8 ....
	7	

1 b Hör dir die Aufnahme noch einmal an. Finde zwei Ausdrücke mit seit. Schreib sie auf und übersetze sie in deine Sprache.

Beispiel: seit September

Wo würdest du gern wohnen?

A Irgendwann muss man sich entscheiden, in einer Stadt oder in einem Dorf zu leben. Man muss sich <u>sowohl die positiven als auch die negativen Aspekte</u> überlegen. Lies weiter, um mehr über dieses Thema zu erfahren.

B Trotz der idyllischen Umgebung ist das Leben hier <u>nicht für alle geeignet</u>. <u>Außerhalb der Stadt</u> hat man oft keine schnelle Internetverbindung. Die Handyverbindung ist auch <u>ab und zu</u> problematisch. Das ärgert <u>vor allem</u> Jugendliche, die immer in Kontakt mit ihren Freunden sein wollen, oder Arbeitnehmer, die im eigenen Büro <u>von zu Hause aus</u> arbeiten möchten.

C <u>Hier ist immer etwas los.</u> Es gibt zahlreiche Sport- und Kulturangebote und ein Restaurant oder Imbiss <u>an jeder Ecke</u>. Geld für ein teures Auto kann man sich wegen der günstigen Bus- und Bahnlinien sparen. Wer einen Arzt, Zahnarzt oder ein Krankenhaus braucht, kommt in wenigen Minuten <u>mit öffentlichen Verkehrsmitteln</u> dahin.

D Viele sagen, dass die Lebensqualität hier höher ist als in der Innenstadt. Das Leben ist ruhiger und die Luft ist besser. <u>Während der Sommermonate</u> kann man im Freibad schwimmen gehen oder am Abend mit dem Hund einen Spaziergang im Wald genießen. <u>Jeder kennt jeden</u> und man hilft seinen Nachbarn.

E Es stimmt, dass die Einkaufs- und Unterhaltungsmöglichkeiten dort ausgezeichnet sind. Wenn man aber nicht viel Geld hat, kann man sich solche Sachen nicht leisten. Dann kann man sich sehr einsam fühlen, <u>egal wie viele</u> Menschen in der Nähe sind. Auch Menschen, die seit Jahren in einem Hochhaus wohnen, wissen oft nicht, wer <u>in der Wohnung nebenan</u> wohnt. Der Lärm und der Dreck auf den Straßen sind auch unangenehm.

2 a Lies den Artikel aus einer Zeitschrift. Welcher Titel (1–5) passt zu welchem Absatz (A–E)?

Beispiel: 1 D

1 Das schöne Leben auf dem Dorf
2 In der Innenstadt wohnen? Lieber nicht!
3 Stadt oder Land? Vor- und Nachteile
4 Vorteile des Großstadtlebens
5 Die negativen Aspekte des Lebens auf dem Land

2 b Lies den Artikel noch einmal. Kopiere die 13 unterstrichenen Ausdrücke und übersetze sie in deine Sprache.

Beispiel: sowohl die positiven als auch die negativen Aspekte …

3 a Präpositionen mit dem Genitiv; *seit* mit dem Präsens. Lies E4 und G3 in der Grammatik. Schreib die Form des Wortes (a)–(j), damit das Wort im Satz richtig ist. Vorsicht! Es ist nicht immer nötig, die Form in Klammern zu ändern.

Beispiel: (a) leben

Meine Eltern (a) ………. (*leben*) seit zwei Jahren getrennt. Mein Vater wohnt in der Stadtmitte und (b) ………. (*mein*) Mutter lebt außerhalb (c) ………. (*die*) Stadt in einem (d) ………. (*winzig*) Dorf. Während (e) ………. (*die*) Woche lebe ich bei Papa. Ich (f) ………. (*wohnen*) schon seit sechs Monaten bei ihm. Am Freitagabend (g) ………. (*dürfen*) ich allein mit dem Bus zu meiner Mutter fahren. Seit einer Woche (h) ………. (*regnen*) es stark. Letzte Woche hat mich Papa wegen (i) ………. (*das*) Wetters mit dem Auto dorthin (j) ………. (*fahren*). Trotz der Trennung verstehen sich meine Eltern ganz gut.

3 b Lies den Artikel in Übung 2 noch einmal und finde vier Präpositionen mit dem Genitiv. Kopiere und übersetze sie in deine Sprache.

Beispiel: trotz der idyllischen Umgebung, …

4 Partnerarbeit. Macht Dialoge zum Thema „Stadt- oder Landleben"?.
1 Was findest du besser: Stadt oder Land? Warum?
2 Was sind die Vor- und Nachteile vom Stadtleben?
3 Was sind die Vor- und Nachteile vom Dorfleben?
4 Möchtest du in Zukunft lieber auf dem Land oder in der Stadt wohnen? Warum?

5 Schreib einen Artikel (130–150 Wörter) für deine Schülerzeitung über die Vor- und Nachteile verschiedener Wohnorte. Du musst Folgendes erwähnen:
- warum viele Menschen gern in einer Großstadt leben
- die Nachteile des Lebens in der Großstadt
- die Vorteile, wenn man auf dem Land wohnt
- wie du deinen Wohnort findest.

Einsteigen

3B.1 Wie viel kostet das?

★ Über Geschäfte und Preise lernen
★ Mengen

1 Welcher Satz (1–8) passt zu welchem Geschäft (A–H)?

Beispiel: 1 E

1 Ich kaufe Brot und das kostet zwei Euro. Ich gehe in die Bäckerei.

2 Ich kaufe Bücher in der Buchhandlung.

3 Ich brauche Medizin. Ich gehe zur Apotheke.

4 Man kann alles im Kaufhaus kaufen.

5 Ich gehe jede Woche zum Supermarkt. Heute kaufe ich eine Packung Chips.

6 Ich esse kein Fleisch, also gehe ich nicht gern zur Metzgerei.

7 Ich muss zum Schreibwarengeschäft gehen, denn ich brauche einen Kuli. Das kostet zwei Euro.

8 Mein Bruder kauft Schokolade im Süßwarengeschäft. Das kostet einen Euro.

A
B
C
D

E
F
G
H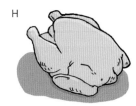

2 a Acht Leute sprechen über das Einkaufen. Welches Geschäft in Übung 1 (A–H) passt zu welcher Person (1–8)?

Beispiel: 1 B

2 b Hör dir die Aufnahme noch einmal an. Notiere die Menge oder den Preis. Verwende die Wörter im Kasten.

Beispiel: 1 1 Kilo

Euro	Kilo	Packung
Gramm	Paar	Stück

3 Mengen. Lies I6 in der Grammatik. Schreib die Sätze.

Gramm	Paar	Stück
Kilo	Packungen	

Beispiel: Ich kaufe zweihundert Gramm Tomaten.

1 Ich kaufe Tomaten. (200g)

2 Ich kaufe Äpfel. (1kg)

3 Ich brauche ein Hähnchen. (300g)

4 Ich möchte Kuchen. (6x)

5 Ich kaufe Schuhe. (2x)

6 Ich muss Kulis kaufen. (10x)

7 Meine Oma kauft Tabletten. (2x)

8 Mein Bruder kauft T-Shirts. (3x)

4 a Der Laut *z*. Hör dir den Satz an und trenne die Wörter. Wiederhole den Satz dreimal. Achte auf die Aussprache. Hör noch einmal zu und überprüfe. Übersetze den Satz in deine Sprache. Lerne den Satz auswendig.

ZeldakauftzwanzigZwetschgenundzehnStückPizza,danngehtsiezurMetzgereiinZürich.

4 b Partnerarbeit. Sag den Satz in Übung 4a. Wer kann das am besten machen?

5 Was kaufst du, wie viel und wo? Schreib fünf Sätze.
- Was kaufst du zum Essen?
- Was für Kleidung kaufst du?
- Was kaufst du für die Schule?
- Was kaufst du für die Freizeit?
- Was kauft deine Familie / kaufen deine Freunde?

Beispiel: Ich kaufe zwei Packungen Bonbons im Supermarkt.

| Ich kaufe
Meine Mutter kauft
Mein Vater kauft
Mein Freund kauft
Meine Freundin kauft
Meine Schwester kauft
Mein Bruder kauft
Meine Eltern kaufen | ... Kilo
... Gramm
... Paar
... Stück
... Packung(en)
... | Äpfel / Tomaten / Kartoffeln /
Bananen /
Hähnchen / Fleisch /
Brot / Kuchen / Bonbons /
Schuhe / Socken /
T-Shirts / eine Jeans /
Bücher / Zeitschriften /
Schmuck / Tabletten /
Papier / Kulis
CDs / Videospiele | im

in der

auf dem | Supermarkt
Kaufhaus
Kleidergeschäft
Schreibwarengeschäft
Musikladen
Sportladen
Bäckerei
Apotheke
Metzgerei
Buchhandlung
Markt |

6 a Partnerarbeit. Rollenspiel: Einkaufen in der Stadt. Macht den Dialog.

A Was kaufst du <u>auf dem Markt</u>?

B Ich kaufe <u>400 Gramm Äpfel</u>. Das kostet <u>drei</u> Euro. Und du?

A Ich kaufe <u>ein Kilo Orangen</u>. Was kaufst du in der Metzgerei?

B Ich kaufe <u>500 Gramm Hähnchen</u> und das kostet <u>vier</u> Euro. Und du?

A Ich kaufe <u>700 Gramm Hackfleisch</u>. Was kauft dein <u>Freund</u> in der Bäckerei?

B Er kauft dort <u>acht</u> Brötchen. Das kostet <u>1,5</u> Euro. Und <u>dein Freund</u>?

A <u>Er</u> kauft <u>zwei Stück</u> Kuchen.

B Was kaufen deine Eltern im Schreibwarengeschäft?

A Sie kaufen <u>drei</u> Kulis und Papier. Und deine Eltern?

B Sie kaufen <u>sieben Bleistifte</u>.

> im Supermarkt
>
> zwei Kilo Bananen   sechs
>
> 200 Gramm Zwetschen
>
> 800 Gramm Lammfleisch
> sieben
>
> ein Kilo Wurst
>
> Bruder
> fünf
>
> ein   deine Schwester
>
> Sie   drei Stück
>
> zehn
>
> zwei Lineale

6 b Tauscht die Rollen und macht den Dialog noch einmal. Ersetze die unterstrichenen Satzteile durch andere Wörter. Verwende die Wörter im Kasten oder deine eigenen Ideen.

Beispiel:

A Was kaufst du im Supermarkt?   B Ich kaufe 800 Gramm ...

Abfliegen

3B.2 Einkaufszentrum oder Tante-Emma-Laden?

★ **Einkaufsgewohnheiten beschreiben**
★ **Adjektive nach bestimmten Artikeln**

Wie geben Jugendliche ihr Geld aus?

Jedes Wochenende treffen viele junge Leute ihre Freunde in der Stadt, um einkaufen zu gehen. Aber was kaufen sie und in welchen Geschäften? Wir haben mit fünfhundert Teenagern über ihre Einkaufsgewohnheiten gesprochen.

Die meisten haben gesagt, dass sie gern einkaufen gehen – 82% der Mädchen und 79% der Jungen, also Shopping ist offensichtlich nicht nur ein Frauenhobby. Außerdem kaufen beide besonders gern Klamotten, obwohl Musik, Zeitschriften und Videospiele auch beliebt sind. Wenige Jugendliche kaufen Essen (außer natürlich Süßigkeiten und Schokolade im Süßwarengeschäft!) laut unserer Umfrage, weil ihre Familien sie mit Lebensmitteln versorgen.

In fast jeder Stadt gibt es mehrere Kaufhäuser, aber generell gehen junge Leute lieber in kleine Geschäfte. Clara, 16, aus Leipzig sagt: „Ich hasse riesengroße Warenhäuser. Meine Stadt hat viele Vintage-Kleiderläden und das finde ich klasse. Die kleine, billige Buchhandlung in der Gegend ist auch echt toll."

David, 15, aus Hannover stimmt zu: „Das beste Geschäft in meiner Stadt ist der Indie-Musikladen, weil man dort so viele coole Bands entdecken kann. Ich gehe auch oft in den Sportladen, um neue Sportschuhe zu kaufen. Die Sportkleidung ist ein bisschen teurer als in dem großen Einkaufszentrum, aber von besserer Qualität."

1 a Lies den Artikel. Schreib R (richtig), F (falsch) oder NA (nicht angegeben).

Beispiel: 1 F

   1 100 Jugendliche haben bei der Umfrage mitgemacht.
   2 Nur Mädchen gehen gern einkaufen.
   3 Laut der Umfrage ist Kleidung am beliebtesten.
   4 Viele junge Leute kaufen Lebensmittel für die Familie.
   5 Jugendliche gehen lieber im Sommer einkaufen.
   6 Die meisten Jugendlichen gehen am liebsten in große Kaufhäuser.
   7 Clara kauft gern etwas zu lesen.
   8 Laut David ist es besser, einen Sportanzug im Einkaufszentrum zu kaufen.

1 b Lies den Artikel noch einmal und korrigiere die falschen Sätze.

Beispiel: 1 ~~100~~ Jugendliche haben die Umfrage gemacht. 500

1 c Welche Wörter findest du besonders nützlich und wichtig im Artikel? Kopiere und übersetze sie in deine Sprache.

Beispiel: das Geschäft, die Einkaufsgewohnheiten

2 Welches Bild (A–H) passt zu welcher Person (Max, Emma, Tom)? Vorsicht! Ein Bild passt zu niemandem.

Beispiel: A Max

3 a Adjektive nach dem bestimmtem Artikel. Lies B2 in der Grammatik. Schreib die Form des Wortes (a)–(j), damit das Wort im Satz richtig ist. Vorsicht! Es ist nicht immer nötig, die Form in Klammern zu ändern.

Beispiel: (a) kleine

Ich bin nicht so wild auf die Geschäfte in meiner Stadt. Das (a) .... (*klein*) Kleidergeschäft hat nur altmodische Klamotten, deswegen (b) .... (*gehen*) ich nie dorthin einkaufen. Die (c) .... (*alt*) Buchhandlung ist auch nicht cool, genau wie der (d) .... (*doof*) Musikladen. Dort (e) .... (*können*) man nur alte Sachen kaufen! Meine Stadt ist sehr historisch, daher (f) .... (*kommen*) hier viele Touristen hierher, aber ich persönlich gehe nie in den (g) .... (*teuer*) Souvenirladen. Mein Vater kauft immer Brot und Kuchen in der (h) .... (*örtlich*) Bäckerei und sie sind immer frisch und lecker, muss ich sagen. Aber letzte Woche bin ich in die nächste Großstadt (i) .... (*fahren*) und die Geschäfte dort waren viel besser, besonders das (j) .... (*riesengroß*) Einkaufszentrum.

3 b Lies den Artikel in Übung 1 noch einmal und finde vier Adjektive nach dem bestimmten Artikel. Ist das Nominativ, Akkusativ, Dativ oder Genitiv?

Beispiel: die kleine – Nominativ

4 Partnerarbeit. Macht Dialoge.

1 Was kannst du auf diesem Bild sehen?
2 Was für Obst und Gemüse siehst du auf dem Bild?
3 Was wird das Mädchen damit machen?
4 Ist es besser, auf dem Markt oder im Supermarkt einkaufen zu gehen?
5 Wie wichtig ist es, Frisches zu kochen und zu essen?

5 Wo gehst du am liebsten einkaufen und warum? Schreib ein Blog auf Deutsch. Du könntest Folgendes erwähnen:
- wo du gern einkaufen gehst und warum
- wie die Geschäfte in deiner Stadt sind
- ob große oder kleine Geschäfte deiner Meinung nach besser sind
- wo deine Familienmitglieder / Freunde einkaufen gehen.

Beispiel: Ich gehe gern einkaufen, besonders mit meinen Freunden. Ich kaufe Kleidung …

Unterwegs

3B.3 Steinreich oder pleite? – Taschengeld

★ **Taschengeld, Ausgabengewohnheiten und Nebenjobs beschreiben**
★ **Pronomen im Akkusativ**

Könntest du ein Jahr lang keine Kleidung kaufen?

Ist es möglich, modisch zu bleiben, ohne Kleidung zu kaufen? Lydia probiert es mal!

Ich bin einkaufssüchtig – jeden Samstag fahre ich mit meinen Freunden in die Stadt, um mein Taschengeld auszugeben. Manchmal kaufe ich Schminke oder Zeitschriften, aber die Mode ist meine große Leidenschaft – ich finde sie spitze! Es ist mir echt wichtig, coole Klamotten zu tragen und vor zwei Jahren bin ich zur Berliner Modewoche gefahren, die fantastisch war.

Jedoch habe ich diesen Sommer vor, mit meinen Freunden durch Europa zu reisen, was natürlich ziemlich teuer wird. Ich bekomme 10€ pro Woche von meinen Eltern und ich arbeite auch nachmittags als Kassiererin, aber das reicht doch hinten und vorne nicht! Deswegen habe ich mich letztes Jahr entschieden, keine Kleidung mehr zu kaufen, um genug Geld zu sparen.

Wie erwartet, war es unglaublich schwer. Am ersten Wochenende habe ich einen wunderschönen Rock gesehen und ich wollte ihn unbedingt kaufen, durfte aber nicht. Ich hatte auch Angst davor, dass meine Mitschüler mich auslachen würden, denn ich habe immer die gleiche alte Kleidung getragen.

Allerdings war es eigentlich nicht so schlecht. Ich habe nicht so viele Klamotten, das stimmt, aber ich trage sie mit verschiedenen Accessoires und so schaffe ich einen neuen Look. Außerdem habe ich ein paar YouTube-Sendungen über Kleideränderung gesehen, die sehr nützlich waren. Ein altes langweiliges T-Shirt kann man zum Beispiel schnell und einfach umfärben! Auch wenn ich kein Geld ausgeben darf, kann ich trotzdem noch mit meinen Freunden einen Schaufensterbummel machen.

Jetzt sind es nur noch zwei Monate bis zum Ende meines Kaufverbots und ich bin davon überzeugt, dass ich es schaffen werde – und trotzdem schick aussehen werde. Und wenn nicht, könnte ich immer noch von meiner Schwester Kleidung borgen …

1 a Beantworte die Fragen auf Deutsch. Vollständige Antworten sind nicht nötig.

Beispiel: 1 geht mit Freunden einkaufen

    1 Was macht Lydia jede Woche in der Stadt? (1)
    2 Was kauft sie oft und was am liebsten? Gib **drei** Details. (3)
    3 Warum kauft sie ein Jahr lang keine neue Kleidung? Gib **drei** Details. (3)
    4 Warum war es am Anfang schwer? (1)
    5 Was macht sie mit ihrer Kleidung, um modisch zu bleiben? Gib **zwei** Details. (2)
    6 Was macht sie jetzt mit ihren Freunden? (1)
    7 Was passiert in zwei Monaten? (1)
    8 Was denkt sie über ihr Kein-Einkaufen-Projekt? (1)

1 b Lies den Artikel noch einmal. Lydia benutzt viele Ausdrücke. Übersetze sie in deine Sprache. Gibt es entsprechende Ausdrücke in deiner Sprache?

Beispiel: 1 einkaufssüchtig = ...

1 einkaufssüchtig
2 meine große Leidenschaft
3 das reicht doch hinten und vorne nicht
4 ich wollte unbedingt
5 einen Schaufensterbummel
6 ich bin davon überzeugt

2 Nele und Jonas sprechen über Taschengeld und Nebenjobs. Kopiere und füll die Tabelle auf Deutsch aus.

	Taschengeld	Nebenjob	Meinung
Nele	**Beispiel:** 1 8 Euro pro Woche von ihren Eltern	2	3 .... 4 ....
Jonas	5	6	7 .... 8 ....

Gärtner(in), Babysitter(in), Zeitungsausträger(in) ... Es gibt viele Arbeitsmöglichkeiten für Teenager

3 a Pronomen im Akkusativ. Lies D1 in der Grammatik. Schreib die Sätze mit den richtigen Pronomen.

Beispiel: 1 Ich liebe dieses schöne Kleid, aber ich darf <u>es</u> nicht kaufen.

1 Ich liebe dieses schöne Kleid, aber ich darf .... (*das Kleid*) nicht kaufen.
2 Mein Nachbar hat eine Katze. Meine Schwester füttert .... (*die Katze*) manchmal.
3 Ich spare auf ein Handy, aber ich kann .... (*das Handy*) mir noch nicht leisten.
4 Mein Chef hat .... (*ich*) heute Morgen angerufen.
5 Ich trage .... (*Zeitungen*) jeden Morgen aus.
6 Ich habe .... (*du*) gestern bei der Arbeit gesehen.
7 Wenn ich schöne Schuhe sehe, will ich .... (*die Schuhe*) immer kaufen.
8 Ich hatte einen Nebenjob, aber ich habe .... (*den Job*) langweilig gefunden.

3 b Lies den Artikel in Übung 1 noch einmal und finde fünf Pronomen im Akkusativ. Welchen Ausdruck ersetzen sie?

Beispiel: ich finde <u>sie</u> = die Mode

4 Partnerarbeit. Macht Dialoge zum Thema „Nebenjobs".
1 Hast du oder möchtest du einen Nebenjob?
2 Was sind die Vor- und Nachteile deines / eines Jobs?
3 Sollten alle Jugendliche arbeiten und warum (nicht)?
4 Was für einen Nebenjob wirst du oder möchtest du nächstes Jahr machen?

5 Schreib ein Blog (130–150 Wörter) über dein Taschengeld und deinen (idealen) Nebenjob. Du musst Folgendes erwähnen:
• ob du einen Nebenjob hast oder möchtest
• wie viel Taschengeld Jugendliche bekommen sollten und in welchem Alter
• ob Nebenjobs deiner Meinung nach wichtig sind für junge Leute
• was du kaufen möchtest.

3C.1 Bank und Geldwechsel

Einsteigen

★ Über Geld(wechsel) sprechen
★ Kardinalzahlen

1 a Welcher Satz (1–8) passt zu welchem Bild (A–H)?

Beispiel: 1 G

1 Ich brauche Euro, aber ich habe nur Dollar. Wo bekomme ich für meine dreihundert Dollar Euro?
2 Ich brauche Geld, vielleicht vierzig Euro. Wo ist der nächste Geldautomat?
3 Ich bezahle immer mit Kreditkarte in den Geschäften.
4 Ich bin am Schalter in der Sparkasse. Der Bankangestellte gibt mir jetzt mein Geld.
5 Ich hebe zweitausendfünfhundert Euro mit meiner neuen Debitkarte ab.
6 Ich spare mein Taschengeld seit acht Jahren in dieser Spardose. Ich möchte bald ein Fahrrad kaufen.
7 Wo ist mein Portemonnaie? Oh, nein, ich habe es verloren!
8 Morgen fahre ich in die Schweiz. Dort gibt es Schweizer Franken. Wo ist die nächste Wechselstube?

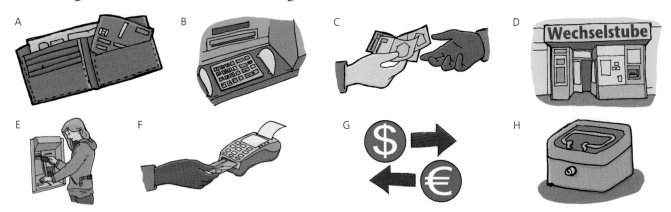

1 b Welche Wörter findest du besonders nützlich und wichtig in den Sätzen? Kopiere und übersetze sie in deine Sprache.

Beispiel: brauchen, der Geldautomat, ...

2 a Sechs Leute sprechen über Geld. Was sagen sie? Welcher Ausschnitt (1–6) passt zu welchem Bild (A–H) in Übung 1?

Beispiel: 1 H

2 b Hör dir die Ausschnitte noch einmal an. Schreib die Zahl und die Währung auf.

Beispiel: 1 455 Euro

3 a Kardinalzahlen. Lies I1 in der Grammatik. Schreib die Kardinalzahlen als Wörter.

Beispiel: 1 einundsechzig

1 fünfundvierzig + sechzehn =
2 neunundsiebzig + elf =
3 hundertfünfundfünfzig + sechsunddreißig =
4 achthunderzehn – elf =
5 dreihundertdreiunddreißig – fünfzehn =

6 In welchem Jahr bist du geboren?
7 Welches Jahr ist dein Lieblingsjahr?
8 Welches Jahr haben wir im Moment?

3 b Partnerarbeit. Schreib fünf Rechenaufgaben für deinen Partner / deine Partnerin. Schreib die Kardinalzahlen als Wörter.

Beispiel: siebzehn + einundachtzig = [achtundneunzig]

4 a Der Laut *eu*. Hör dir den Satz an und trenne die Wörter. Wiederhole den Satz dreimal. Achte auf die Aussprache. Hör noch einmal zu und überprüfe. Übersetze den Satz in deine Sprache. Lerne den Satz auswendig.

EugenwarzuNeujahrmitseinerneuenFreundininNeustadtundkenntseitheuteneuegastfreundlicheschlaueLeute.

4 b Partnerarbeit. Sag den Satz in Übung 4a. Wer kann das am besten machen?

5 a Partnerarbeit. Rollenspiel: Ihr seid in einer Wechselstube. Macht den Dialog.

A = Bankangestellte(r)   B = Kunde / Kundin

A   Guten Tag! Ja, bitte?

B   Guten Tag, ich möchte Geld umtauschen. Ich habe Dollar, aber ich brauche Euro.

A   Gerne!

B   Ich bekomme <u>325 Euro</u>, oder?

A   Tut mir leid. Sie bekommen für diese Summe nur <u>300 Euro</u>.

B   Das ist in Ordnung.

A   Gerne. Möchten Sie 100-Euro-, 50-Euro- oder 10-Euro-Scheine?

B   <u>20-Euro</u>-Scheine und <u>50-Euro</u>-Scheine, bitte.

A   Gerne, hier, bitte.

B   Danke, auf Wiedersehen.

5 b Tauscht die Rollen und macht den Dialog noch einmal. Ersetze die unterstrichenen Satzteile durch diese Beträge.

255 Euro	245 Euro	50-Euro	5-Euro

6 Schreib zwei Dialoge. Verwende auch Sätze aus Übung 5.

1 Du suchst eine Bank oder eine Wechselstube. Frag eine Person auf der Straße.

2 Dann bist du in der Bank / Wechselstube und wechselst Geld.

Entschuldigung! / Entschuldigen Sie!	
Wo ist hier	eine Wechselstube? eine Bank? eine Sparkasse?
Dort am Ende der Straße	rechts. links.
Gehen Sie	geradeaus und dann nach 200 Metern links/rechts. 100 Meter nach rechts. 50 Meter nach links.
Ich brauche	…. Pfund / Dollar / Euro / Franken.
Ich möchte	50 / 100 / 200 Euro umtauschen.
Gerne,	in Ordnung. das ist kein Problem.
Es tut mir leid,	wir haben im Moment keine Franken.

3C.2 Kommunikationsmittel im Alltag

Abfliegen

★ **Über das Kommunizieren per Post, Internet oder Telefon sprechen**
★ **Relativpronomen**

Welches Café in der Stadtmitte von München hat das beste Internet?!

kessi2 Das beste Internet gibt es im Café Forum. Dort gibt es kein Passwort, man kann direkt ins Internet gehen. Manchmal ist das WLAN dort eher langsam, wenn das Café viele Gäste hat, aber wenigstens muss man nicht extra bezahlen.

ellie25 Im Kunstmuseum gibt es ein nettes Café, das sehr schnelles und billiges Wifi hat. Man muss die Kellner nach dem Passwort fragen, aber das ist nicht kompliziert. Wenn viel los ist, kann man dort nicht entspannt surfen.

AlexNoo Im Necado gibt es extra für Leute, die arbeiten wollen: Gratis WLAN und Plätze am Fenster. Das Einloggen geht mit ein paar Klicks. Das Passwort ist ziemlich kompliziert. Aber man kann surfen, so lange man will! Leider gibt es oft viele Leute im Café und es kann ab und zu sehr laut sein.

---

1 a Wer sagt das: K (kessi2), E (ellie25) oder A (AlexNoo)? Vorsicht! Jede Person kann mehrmals oder gar nicht erscheinen.

Beispiel: 1 K + A

1 Das WLAN kostet nichts.
2 Im Café gibt einem das Personal das Passwort.
3 Surfen ist sehr teuer im Café.
4 Manchmal ist im Café viel los.
5 Es ist manchmal stressig, dort im Internet zu sein.
6 Das Café reserviert für Berufstätige Tische.
7 Man kann dort nur eine Stunde lang surfen.
8 Das Passwort ist ein wenig kompliziert.

1 b Welche Wörter findest du besonders nützlich und wichtig in den Sätzen? Kopiere und übersetze sie in deine Sprache.

Beispiel: das Passwort, das WLAN, ...

2 Karolina spricht über Kommunikationsprobleme. Korrigiere die Sätze. Sie sind alle falsch.

Beispiel: 1 Karolina war ~~weniger~~ als eine Woche ohne Internet. mehr

1 Karolina war weniger als eine Woche ohne Internet.
2 Der Empfang in der Stadt ihrer Austauschpartnerin war gar nicht gut.
3 Ihre Mutter hat Sprachnachrichten geschickt.
4 Die Mutter hat mit der Gastfamilie gechattet.
5 Karolina hat eine E-Mail an ihre Mutter geschrieben.
6 Das Computerzimmer in der Schule hat viele Laptops.
7 Das Internet im Klassenzimmer war unglaublich langsam.
8 Karolina hat nicht mit ihrer Mutter geskypt.

3 a Relativpronomen. Lies D4 in der Grammatik. Welches Wort passt zu jedem Satz?

Beispiel: 1 die

1 Das sind die Cafés, ... in München schnelles Wifi haben.
2 Wo ist der Kellner, ... das Passwort hat?
3 Das Internet, ... hier gratis ist, ist manchmal sehr langsam.
4 Wir fragen Andreas, ... Vater bei der Post arbeitet.
5 Der Laptop, ... ich seit drei Jahren habe, funktioniert leider nicht mehr sehr gut.
6 Der Mann, ... ich den Code gebe, schickt viele E-Mails.
7 An der Post wartet eine Frau, ... ihre Weihnachtskarten abschicken will.
8 Mein Freund, ... ich oft treffe, schreibt oft Briefe an seine Großeltern.

das	der	*die*	den
dem	die	den	dessen

3 b Hör dir die Aufnahme in Übung 2 noch einmal an. Finde die drei Sätze mit einem Relativpronomen. Schreib sie auf und übersetze sie in deine Sprache.

Beispiel: Das Internet, <u>das</u> sie dort hatten, war zu langsam.

4 Partnerarbeit. Macht Dialoge.

1 Was kannst du auf diesem Bild sehen?
2 Was macht der junge Mann rechts?
3 Warum ist eine Bibliothek ein guter Ort, einen Laptop auszuleihen?
4 Wie hast du in letzter Zeit am meisten kommuniziert: per Post, Internet oder Telefon? Warum?
5 Welche Nachteile hat es deiner Meinung nach, das Internet in der Bibliothek zu benutzen?

Ein Vorteil ist, Ich finde es toll, Ich finde es praktisch,		dass man schnell surfen kann. dass man schnell Informationen bekommt. dass man nicht alleine ist. dass man mit Leuten sprechen kann.
Ein Nachteil ist, Ich finde es nicht so gut, Mich stört es, Mich nervt es,		dass das Internet manchmal langsam ist. dass manchmal viel los ist. dass es manchmal sehr laut ist. dass es Probleme mit der Sicherheit im Internet gibt. dass das Internet in der Bibliothek manchmal nicht funktioniert.
Ich habe das Internet	in einem Café benutzt, in einer Bibliothek benutzt,	weil ich schnell Informationen gebraucht habe. weil mein Internet zu Hause kaputt war. weil ich nicht zu Hause war. weil ich in einer anderen Stadt war. weil ich unterwegs war.
Ich war auf der Post,		

5 Wie kommunizierst du am liebsten? Schreib 60–75 Wörter auf Deutsch. Du musst alle Wörter hier benutzen.

Kommunikation	Meinung	letztes Wochenende	soziales Netzwerk

Unterwegs

3C.3 Verloren und gefunden

★ Über Verlorenes und Gefundenes sprechen
★ Pronomen im Akkusativ mit Perfekt

Heikes Blog

Heike ist sehr vergesslich – sie erzählt uns, was sie letztens verloren, vergessen und wieder gefunden hat ...

Ich habe vor Kurzem meine Katze verloren! Normalerweise kommt sie jeden Morgen in mein Zimmer, aber vorgestern ist sie nicht gekommen und war nirgends zu finden.

Ich bin aber nicht ins Fundbüro gegangen, sondern habe viele Zettel in jeder Straße aufgehängt. Nach zwei Tagen hat sich ein Mann gemeldet, der sie in seiner Garage gefunden hat. Ich bin so froh, dass ich Mitzi wieder habe!

Mein Schlüssel war nicht in meiner Tasche, als ich die Tür aufschließen wollte! Ich habe ihn wahrscheinlich in der Bahn verloren. Meine Mutter hat an dem Tag bis 18 Uhr gearbeitet, also habe ich eine Stunde vor der Haustür gewartet. Es war an dem Tag unglaublich kalt.... Meinen Schlüssel habe ich nie wieder bekommen, obwohl ich beim Fundbüro war und auf der Webseite des Fundbüros Hamburg nach dem Schlüssel gesucht habe.

Vor fünf Wochen habe ich mein Portemonnaie verloren und ich glaube, dass ich es in der Bank verloren habe. Ich war dann in einem Geschäft und wollte Kaugummi kaufen, aber das war natürlich nicht möglich! Ich bin gleich zum Fundbüro gelaufen und habe den Verlust gemeldet. Nach drei Tagen hat mich das Fundbüro angerufen und mich darüber informiert, dass jemand mein Portemonnaie dort hingebracht hat. Ich war erleichtert! Das Geld war auch noch da!

1 a Lies das Blog. Welche vier Sätze sind richtig? Schreib die Nummern auf.

Beispiel: a, ...

1 Heike hat letztens ihr Tier verloren und wiedergefunden.
2 Sie hat die Schlüssel ohne Hilfe wiederbekommen.
3 Ihre Geldbörse war nicht mehr da, als sie im Laden zahlen wollte.
4 Sie hat ihre Geldbörse vielleicht in einer Bank vergessen.
5 Durch die Webseite hat sie die Geldbörse wiederbekommen.
6 Sie hat wochenlang auf eine Nachricht vom Fundbüro gewartet.
7 Das Fundbüro hat sie nie angerufen.
8 Ein ehrlicher Finder hat ihre Geldbörse gefunden und sie im Fundbüro abgegeben.

1 b Korrigiere die falschen Sätze.

Beispiel: b Sie hat die Schlüssel ~~ohne Hilfe~~ wiederbekommen. mit Hilfe

2 a Eine Radiosendung über das Verlieren. Welches Wort (a–o) passt zu jedem Satz (1–8)?

Beispiel: 1 b

1 Viele Leute haben ihr Handy in .... verloren.
2 Wenn der Computer im Zug verloren geht, rufen die Leute bei der .... an.
3 Die Leute gehen .... zur Bank, wenn die Handtasche weg ist.
4 Auf der Bank lassen sie ihr Konto ....
5 .... Leute gehen zum Fundbüro.
6 Viele Leute haben auch .... nach der Fundsache gesucht.
7 Die .... der Leute hat das Verlorene wiederbekommen.
8 Die Finder bekommen manchmal einen ....

a Unternehmen	**f** sofort	**k** online
b *öffentlichen Verkehrsmitteln*	**g** viele	**l** Finderlohn
c später	**h** Mehrheit	**m** oft
d Minderheit	**i** Eisenbahngesellschaft	**n** Kellerschlüssel
e sperren	**j** wenige	**o** sparen

2 b Hör dir die Aufnahme noch einmal an. Beantworte die Fragen auf Deutsch.

Beispiel: 1 was Leute verloren haben

1 Was war das Thema der Umfrage?
2 Wie war die Reaktion der Leute, die das Handy verloren haben?
3 Wer ist zur Polizei gegangen?
4 Wie viele Monate hat es gedauert, bis die Leute ihren Gegenstand zurückbekommen haben?

3 Pronomen im Akkusativ mit Perfekt. Lies D1 und F3 in der Grammatik. Ordne die Sätze. Beginne mit dem unterstrichenen Wort.

Beispiel: 1 Gestern habe ich ihn lange gesucht.

1 <u>Gestern</u> – gesucht – habe – ihn – ich – lange
2 <u>Hast</u> – zurückgegeben – es – dem – du – Besitzer – nicht?
3 <u>Vorgestern</u> – gebracht – es – Fundbüro – ins – hat – sie
4 <u>Vor</u> – Monaten – Tamara – hat – verloren – ihn – sechs
5 <u>Nach</u> – wieder – gefunden – ihn – hat – er – einer – Stunde
6 <u>Sie</u> – im – gleich – Fundbüro – gemeldet – es – hat
7 <u>Der Finder</u> – Fundbüro – ihn – nach – drei – im – abgegeben – hat – Tagen
8 <u>Er</u> – gesucht – drei – hat – Wochen – es – lang

4 Partnerarbeit. Macht Dialoge zum Thema „Verlorenes und Gefundenes".
1 Was hast du schon verloren oder gefunden?
2 Wie suchst du nach dem Gegenstand, wenn du etwas verlierst?
3 Was hast du verloren, das dir wichtig war?
4 Warum war dir dieser Gegenstand wichtig?

5 Schreib ein Blog über einen Gegenstand, den du verloren hast, und der wichtig war. Du könntest Folgendes erwähnen:
● den Gegenstand
● den Ort des Verlusts
● warum dieser Gegenstand dir wichtig war
● was du gemacht hast, um den Gegenstand wieder zu finden.

Einsteigen

3D.1 Die Umwelt schützen

- ★ **Beschreiben, wie du die Umwelt schützt**
- ★ **Negation:** *nicht(s), niemand, nie, kein*

1 a Lies Ritas Broschüre. Welcher Satz (1–8) passt zu welchem Bild (A–H)?

Beispiel: 1 D

Tipps für den Umweltschutz

von Rita, 16

Ich schütze die Umwelt gern – hier sind ein paar Tipps!

1 Recyceln ist wichtig! Ich recycle die grünen und weißen Flaschen.

2 Wir haben keinen Container für Plastik in unserem Dorf, aber ich fahre deshalb oft in die nächste Stadt. Dort gibt es einen Container. Es gibt leider nichts für Elektrogeräte.

3 <u>Ich mache meinen Computer am Abend immer aus</u>, er ist nicht auf Standby. <u>Das spart Energie</u>.

4 Ich benutze im Geschäft normalerweise nie Plastiktüten. Papiertüten oder Tüten aus Baumwolle sind viel besser für die Umwelt!

5 Meine Eltern wollen kein Auto kaufen – ich fahre mit dem Zug!

6 In meiner Familie isst niemand Fleischprodukte. Das ist besser für die Umwelt.

7 Meine Eltern kaufen regionale Produkte auf dem Markt im Dorf, <u>das ist umweltfreundlich</u>.

8 Ich recycle natürlich auch meine Zeitungen und Zeitschriften!

Eure Rita

A B C D

E F G H

1 b Lies Ritas Broschüre noch einmal. Kopiere die unterstrichenen Sätze und übersetze sie in deine Sprache.

Beispiel: Ich mache meinen Computer …

2 a Simon spricht über Umweltschutz. Finde die fünf richtigen Sätze.

Beispiel: 1, ...

1 Simon recycelt Plastikflaschen.
2 Er mag regionale Produkte.
3 Simon isst kein Fleisch.
4 Simon recycelt keine Glasflaschen.

5 Simon braucht oft Plastiktaschen.
6 Sein Vater fährt ihn mit dem Auto.
7 Er benutzt Tüten aus Baumwolle.
8 Simons Computer ist immer auf Standby.

2 b Was macht Simon <u>nicht</u> für die Umwelt? Finde die drei Bilder (A–H) in Übung 1.

Beispiel: C, ...

3 a Negation. Lies G4 in der Grammatik. Wähl das richtige Wort.

Beispiel: 1 niemand

1 In Sarahs Familie recycelt **niemand / keinen**.
2 Hast du die neue Broschüre? Nein, noch **niemand / nicht**.
3 Andreas kauft **kein / nichts** Auto, er fährt mit der Bahn.
4 Ich habe heute **nichts / keinen** gekauft, ich habe kein Geld.
5 Er hat bis jetzt noch **niemand / nie** recycelt, jetzt macht er es gern.
6 In meiner Stadt gibt es **keine / nichts** Container für Plastikflaschen.
7 Vor vierzig Jahren hat man **niemand / nichts** recycelt.
8 Mein Nachbar recycelt seine Flaschen **nie / keine**, er ist zu faul.

3 b Lies Ritas Broschüre in Übung 1 noch einmal. Finde die drei Sätze mit Negationswörtern. Kopiere und übersetze sie in deine Sprache.

Beispiel: Wir haben <u>keinen</u> Container für Plastik in unserem Dorf.

4 a Die Laute *st* und *sp*. Hör dir den Satz an und trenne die Wörter. Wiederhole den Satz dreimal. Achte auf die Aussprache. Hör noch einmal zu und überprüfe. Übersetze den Satz in deine Sprache. Lerne den Satz auswendig.

EinStachelschweinmitspitzigenStachelnspieltspätabendshinterdemStein,hatdasSchweink eineStachelnsoisteskeinStachelschwein.

4 b Partnerarbeit. Sag den Satz in Übung 4a. Wer kann das am besten machen?

5 Was machst du für die Umwelt? Was ist dir wichtig? Mach eine Liste deiner Prioritäten. Verwende die Informationen aus der Broschüre in Übung 1. Schreib sieben Sätze.

Beispiel: Nummer 1 – Ich fahre immer mit dem Zug, mit dem Bus oder mit dem Rad.

6 Partnerarbeit. Macht Dialoge. Vergleiche die Liste deiner Prioritäten mit der deines Partners / deiner Partnerin.

Beispiel: **A** Was ist deine Nummer eins?
B Ich mache die Lichter immer aus. Und du? Was ist deine Nummer eins?
A Ich ...

Was ist deine Nummer eins / zwei / drei?			
Ich	recycle	immer / oft / manchmal / selten / nie	Plastikflaschen / Glasflaschen.
Ich	esse wenig Fleisch. / benutze keine Plastiktüten. fahre mit dem Zug / dem Bus. spare Energie / Wasser.		

3D.2 Nationalparks – wie wichtig sind sie?

Abfliegen

★ Über Nationalparks und ihre Wichtigkeit sprechen
★ Indefinitpronomen: *jemand, etwas, nichts, man*

Meinungen zum Schwarzwald

Der Nationalpark Schwarzwald ist beliebt bei Naturfreunden. Wie findet ihr den Nationalpark?

petr05 Ein Nationalpark schützt die Natur! Es gibt sehr viele Bäume, Pflanzen und Tiere dort. Verbote gibt es auch. Viele Leute arbeiten in Nationalparks, es gibt immer etwas zu tun! Ich fahre jedes Wochenende hin, weil ich die Ruhe brauche.

angi222 Der Tourismus ist nützlich für die Region. Kinder aus der Gegend lernen dort viel. Ich arbeite im Nationalpark und jemand ist immer dort – wir sprechen dann oft. Es gibt nichts Besseres als dort zu arbeiten!

ingodo Meine Familie geht seit vielen Jahren immer in den Naturpark. Mit der Schule waren wir auch schon dort. Wir sind Fahrrad gefahren – natürlich nur auf den Wegen! Man kann dort auch zum Beispiel reiten.

1 Wer sagt das: P (petr05), A (angi222) oder I (ingodo)? Vorsicht! Jede Person kann mehrmals oder gar nicht erscheinen.

Beispiel: 1 A

1 .... liebt die Arbeit im Nationalpark.
2 .... findet den Naturschutz gut.
3 .... hat viele Kontakte dort.
4 .... mag die Aktivitäten dort.
5 .... macht mit seinen Eltern Ausflüge dorthin.

6 .... erwähnt, dass es Regeln gibt.
7 .... findet: Schüler lernen dort viel.
8 .... findet es gut, dass viele Besucher kommen.

2 a Werbung für den Naturpark Diemtigtal in der Nähe von Bern in der Schweiz. Welches Satzende (a–l) passt zu jedem Satzbeginn (1–8)?

Beispiel: 1 d

1 Dieser Park ist vor allem
2 Man kann zu jeder Jahreszeit dort
3 Mit der Bergbahn ist es möglich
4 Ski fahren kann man
5 Zum Programm gehört auch
6 Grillen in der Grillhütte ist
7 Der Naturpark ist
8 Es gibt lehrreiche Ausflüge

a nach oben zu fahren.
b klettern.
c weit entfernt.
d ideal für Wanderer und Skifahrer.
e immer möglich.
f schwimmen.
g Fußball im Schnee.
h wegzufahren.
i mit Informationen über die Tiere und Bäume im Park.
j Sport treiben.
k dort auch manchmal nachts.
l für umweltbewusste und aktive Leute geeignet.

2 b Hör dir die Werbung noch einmal an. Notiere Details zu den folgenden Punkten:

- Aussicht
- Länge einer Wanderung
- was man im Naturpark lernen kann.

Beispiel: Aussicht: sehr schön, ...

3 a Indefinitpronomen. Lies D6 in der Grammatik. Welches Wort passt zu jedem Satz? Alle Wörter passen zweimal.

Beispiel: 1 jemand

1 Ich habe meinen Stift zu Hause vergessen. Hat .... einen?
2 Anton hat Hunger, er hat schon seit vier Stunden .... mehr gegessen.
3 Heute kauft .... Musik eigentlich nur mehr online, nicht wahr?
4 Hast du .... zu trinken? Ich bin sehr durstig.
5 .... hat sein Heft in der Klasse vergessen.
6 Hast du das schon gehört? Nein, ich habe .... gehört. Erzähl mal! Was ist passiert?
7 Ich war auf dem Markt, und ich habe .... Exotisches gekauft: eine Ananas.
8 .... weiß nicht viel über ihn, er ist neu hier.

jemand	etwas	nichts	man

3 b Lies das Forum in Übung 1 noch einmal und finde vier Indefinitpronomen. Kopiere die Satzteile und übersetze sie in deine Sprache.

Beispiel: es gibt immer *etwas* zu tun

4 Partnerarbeit. Macht Dialoge zum Thema „Nationalparks".

1 Kennst du einen Nationalpark in deinem Land? Kannst du ihn beschreiben?
2 Was kann man dort machen?
3 Wann warst du zum letzten Mal in einem Nationalpark? Wie war es?
4 Warum sind Nationalparks oft gut und interessant für Teenager?

In meinem Heimatland gibt es einen	großen / kleinen / schönen / bekannten	Nationalpark.	
Dort kann man	verschiedene Pflanzen / Tiere / Bäume	sehen.	
Man kann dort auch	Ausflüge / Wanderungen / Sport	machen.	
Ich war	vor einem Monat / vor ein paar Wochen / vor ein paar Monaten	zum letzten Mal / zum ersten Mal	dort.
Es hat mir dort gut gefallen, / Es gefällt mir gut,	weil ich mich für Tiere, Bäume und Pflanzen interessiere. / weil ich sportliche Aktivitäten mag. / weil ich viel gesehen und gelernt habe.		
Es hat mir dort nicht gefallen,	weil es langweilig war. / weil ich mich nicht für Tiere, Pflanzen und Bäume interessiere. / weil ich nicht sehr aktiv bin.		

5 Schreib ein Blog über einen Nationalpark. Du könntest Folgendes erwähnen:

- wann du dort warst und was du gemacht hast
- eine Beschreibung des Parks
- ob er interessant für Teenager ist
- warum du (nicht) noch einmal hinfahren willst.

Beispiel: Ich war vor zwei Monaten ...

Unterwegs

3D.3 Umweltprobleme

★ **Über Umweltprobleme und mögliche Lösungen sprechen**
★ **Genitiv Singular**

Umweltschutz geht uns alle an!

Umweltschutz ist weltweit und deshalb auch in Deutschland ein wichtiges Thema: Saurer Regen, Überschwemmungen, Erderwärmung ... Die Zerstörung der Erde bedeutet auch die Zerstörung der Menschheit. Wir müssen etwas tun!

In unserer Schule haben wir viele Aspekte des Umweltschutzes besprochen, zum Beispiel die Erderwärmung und die Zerstörung der Regenwälder. Wir glauben: Jeder von uns kann etwas tun! Wir können zum Beispiel weniger konsumieren und vor allem Produkte aus der Region essen. Wir arbeiten mit den Bauern aus der Gegend zusammen und unsere Pausensnacks kommen alle aus unserer Region!

Unsere Freundin Jana hat ein Experiment gemacht: Sie hat sechs Monate lang keine Kleidung gekauft! Es war für Jana schwer, aber sie hat es geschafft! Sie kauft ab jetzt nur alle drei Monate ein neues Kleidungsstück.

Es gibt auch weitere Lösungen: Recyceln und Energie sparen sind wichtig. Das Benutzen der öffentlichen Verkehrsmittel ist auch nötig, denn die Emissionen der Autos und die Verkehrsstaus sind sehr schädlich. Wir sollten alle umweltbewusster sein. Dann können wir unsere Welt retten!

Der neue Verein Naturfreunde trifft sich einmal pro Woche in der Mittagspause und wir organisieren Initiativen, um unsere Schule umweltfreundlicher zu machen. Unsere Schuldirektorin hat uns im Namen der Schule Geld gegeben. Vielen Dank dafür! Unser erstes Projekt: In allen Klassenzimmern soll es Recyclingcontainer für Plastik und Papier geben! Danach hoffen wir, Sonnenkollektoren auf dem Schuldach installieren zu können.

Sei auch du dabei! Bei Interesse kannst du uns gerne eine E-Mail schreiben oder in unserer Klasse vorbeischauen. Wir freuen uns auf dich!

Sonja, Peter und Klaus

nfSchillerGymnasium@web.de

1 a Lies den Artikel aus einer Schülerzeitung. Schreib R (richtig), F (falsch) oder NA (nicht angegeben).

Beispiel: 1 R

   1 Umweltschutz ist ein internationales Thema.
   2 Man soll weniger kaufen, um die Umwelt zu schützen.
   3 Jana hat sechs Monate lang gebrauchte Kleidung gekauft.
   4 Das Experiment war nicht erfolgreich.
   5 Den Verein Naturfreunde gibt es seit einer Woche.
   6 Die Schulleitung sammelt Geld, um es der Gruppe zu geben.
   7 Die erste Initiative hat mit Kunststoff und Papier zu tun.
   8 Man kann bei dem Verein Naturfreunde mitmachen.

1 b Lies den Artikel noch einmal. Kopiere die unterstrichenen Wörter und übersetze sie in deine Sprache. Lerne sie auswendig.

Beispiel: saurer Regen, ...

2 a Ein Interview über Umweltschutz in Schulen. Kopiere und füll die Tabelle auf Deutsch aus.

	Positiv	Negativ
Recycling	**Beispiel:** 1 Es gibt in allen Schulen Recycling.	2 ....
Verkehr	3 .... 4	5 ....
Elektrizität	6 .... 7	8 ....

2 b Hör dir das Interview noch einmal an. Beantworte die Fragen auf Deutsch.

Beispiel: intensiver zusammenarbeiten

1 In manchen Schulen funktioniert das Recycling nicht gut. Was will die Umweltexpertin mit diesen Schulen machen?
2 Warum nehmen viele Eltern nicht an dem Verkehrsprojekt teil?
3 Was macht die Umweltexpertin, um ihr Verkehrsprojekt in manchen Schulen zu verbessern?
4 Warum interessieren sich manche Schüler besonders für die Themen, die die Expertin mit ihnen bespricht?

3 a Genitiv Singular. Lies A6 in der Grammatik. Schreib die Form des Wortes, damit das Wort im Satz richtig ist.

Beispiel: 1 der Umwelt

1 Es ist fünf vor zwölf! Wir müssen die Zerstörung .... (*die Umwelt*) unbedingt verhindern!
2 Unsere Schule hat die Einführung .... (*das Projekt*) von Anfang an unterstützt.
3 Die Installation .... (*der Sonnenkollektor*) war ein Erfolg und wir sparen jetzt viel Geld.
4 Auf unserem Schulfest haben wir das Projekt .... (*der Umweltverein*) vorgestellt.
5 Die Schulleitung hat hat die Reduzierung .... (*der Verkehr*) vor der Schule vor.
6 Die Schule hat das Recyceln .... (*das Papier*) in jedem Klassenzimmer eingeführt.
7 Die Reduzierung .... (*der Energieverbrauch*) ist wichtig und die einzige Lösung!
8 Das Projekt will den Konsum .... (*die Schulgemeinschaft*) einschränken.

3 b Lies den Artikel in Übung 1 noch einmal und finde vier Sätze mit Genitivformen. Kopiere und übersetze sie in deine Sprache.

Beispiel: Die Zerstörung <u>der Erde</u> bedeutet auch die Zerstörung <u>der Menschheit</u>.

4 Partnerarbeit. Macht Dialoge.
1 Was kannst du auf diesem Bild sehen?
2 Was macht die Person im Bild?
3 Was wird diese Schule in der Zukunft für die Umwelt tun?
4 Wie findest du das Projekt auf diesem Bild?
5 Was kann deine Schule noch besser machen, um die Umwelt zu schützen?

5 Schreib ein Blog über Projekte und Initiativen für den Umweltschutz (130–150 Wörter) an deiner Schule. Du musst Folgendes erwähnen:
- wie deine Schule die Umwelt schützt
- welche Initiativen gut sind oder wären
- welche Projekte es in der Vergangenheit in deiner Schule gab
- wie aktiv du bei Projekten / Initiativen mitmachst oder wie du sie findest.

Weather and climate

3E.1 Wie ist das Wetter?

Einsteigen

* ★ **Das Wetter in einem deutschsprachigen Land beschreiben**
* ★ **Himmelsrichtungen**

1 a Wie ist das Wetter? Welcher Satz (1–8) passt zu welchem Bild (A–H)?

Beispiel: 1 C

1 Es <u>regnet</u> / Es ist <u>regnerisch</u> im Norden.
2 Es ist <u>sonnig</u> im Westen.
3 Es ist <u>windig</u> im Süden.
4 Es ist <u>wolkig</u> / Es ist <u>bewölkt</u> im Osten.
5 Es <u>schneit</u> im Nordwesten.
6 Es gibt <u>Gewitter</u> / Es <u>blitzt</u> und <u>donnert</u> im Südosten.
7 Es ist <u>heiß</u> im Nordosten.
8 Es ist <u>nebelig</u> im Südwesten.

A 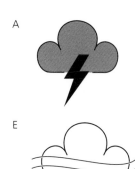 B  C  D

E  F  G 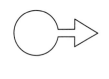 H

1 b Lies die unterstrichenen Wörter in den Sätzen 1–8. Welche sind Verben und welche sind Adjektive?

Verben	Adjektive
Beispiel: 1 regnet	

2 a Acht Wetterberichte aus Österreich. Schau dir die Wetterkarte an. Sind die Wetterberichte R (richtig), F (falsch) oder NA (nicht angegeben)?

Beispiel: 1 F

2 b Hör dir die Wetterberichte noch einmal an. Schreib die falschen Sätze auf und korrigiere sie.

Beispiel: 1 Es ist sonnig in Salzburg. Das ist im Nordwesten.

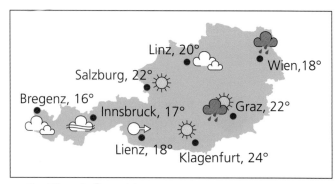

Das Wetter in Österreich

3 a Himmelsrichtungen. Lies J in der Grammatik. Schreib die Sätze.

Beispiel: Es ist windig im Norden. *oder* Im Norden ist es windig.

1 Es ist windig .... (*N*).
2 Es ist bewölkt .... (*S*).
3 Es ist sonnig .... (*NO*).
4 Es schneit .... (*SW*).

5 .... (*W*) ist es nebelig.
6 .... (*SO*) regnet es.
7 Es blitzt und donnert .... (*O*).
8 .... (*NW*) scheint die Sonne.

3 b Lies die Sätze in Übung 1 noch einmal. Kopiere den Kompass mit den richtigen Wettersymbolen.

Beispiel:

 4 a Der Laut *w*. Hör dir den Satz an und trenne die Wörter. Wiederhole den Satz dreimal. Achte auf die Aussprache. Hör noch einmal zu und überprüfe. Übersetze den Satz in deine Sprache. Lerne den Satz auswendig.

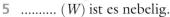

DasWetterinWienistwirklichwindigundwolkigbesondersimWesten.

4 b Partnerarbeit. Sag den Satz in Übung 4a. Wer kann das am besten?

 5 Partnerarbeit. Zeichne einen Kompass. Sag einen Satz über das Wetter. Dein(e) Partner(in) zeichnet das Wettersymbol auf den Kompass. Sag, ob das richtig ist. Tauscht dann die Rollen.

Beispiel:

A   Es ist sonnig im Süden.
B   (zeichnet)
A   Richtig!
B   Im Osten blitzt und donnert es.
        ...

 6 Wie ist das Wetter heute in einem deutschsprachigen Land? Schau dir eine richtige Wetterkarte an oder zeichne deine eigene. Schreib fünf Sätze.

Wie ist das Wetter:
- im Norden?
- im Osten?

- im Süden?
- im Westen?

Beispiel: Es ist kalt und es schneit im Norden, aber im Süden ist es sonnig.

Es			
	ist	sonnig / windig / wolkig / bewölkt / nebelig / heiß / kalt /	im Norden / im Süden / im Osten / im Westen / im Nordosten / im Nordwesten / im Südosten / im Südwesten.
	regnet / donnert / blitzt / schneit		
Im Norden / Im Süden / Im Osten / Im Westen / Im Nordosten / Im Nordwesten / Im Südosten / Im Südwesten	ist es	sonnig / windig / wolkig / bewölkt / nebelig / heiß / kalt.	
	regnet / donnert / blitzt / schneit	es.	

Abfliegen

3E.2 Eine Wettervorhersage

★ **Wettervorhersagen verstehen und machen**
★ **Schwache Substantive**

Berlin

Wir erwarten eine sonnige Woche in Berlin bei Temperaturen von 20 bis 25 Grad. Am Montag wird es ein bisschen bewölkt sein, jedoch auch warm und trocken. Die Temperaturen werden steigen und am Ende der Woche wird es heiß sein. Gutes Wetter für den Geburtstag des Präsidenten!

München

Ein schöner Anfang der Woche für die Bayern mit viel Sonnenschein. Leider wird es am Mittwoch Regenschauer geben und das Wochenende wird auch wolkig und nass sein. Die Temperaturen werden bei maximal 15 Grad liegen. Gute Nachrichten für Bauern, aber vergessen Sie Ihren Regenmantel am Wochenende nicht!

Köln

Vergessen Sie Ihren Regenschirm nicht, weil es diese Woche regnerisch und nebelig sein wird. Am Freitag wird es einen Sturm geben, mit Windgeschwindigkeiten von 60 Stundenkilometern und möglicherweise Gewittern.

1 a Lies die Wettervorhersagen. Wo ist das? Lies die Sätze und schreib B (Berlin), M (München) oder K (Köln).

Beispiel: 1 K

    1 Es wird Nebel geben.
    2 Es wird windig sein.
    3 Es wird die ganze Woche heiß sein.
    4 Es wird blitzen und donnern.
    5 Es wird am Beginn der Woche besser sein als am Ende.
    6 Es wird nicht regnen.
    7 Es wird am Samstag und Sonntag bewölkt scin.
    8 Das Wetter wird die ganze Woche schlecht sein.

1 b Lies die Wettervorhersagen und Sätze noch einmal und finde die Wetterwörter. Kopiere und übersetze sie in deine Sprache. Dann lerne sie.

Beispiel: sonnig, bewölkt, ...

Wie wird das Wetter sein?

2 Mach Notizen über das Wetter in der Schweiz. Ergänze die Sätze auf Deutsch.

Beispiel: 1 besser

1 Das Wetter ist heute .... in der Schweiz als in Deutschland und Frankreich.

2 Morgen wird es nicht so .... sein.

3 Morgen Abend wird es .... und auch wird es Windgeschwindigkeiten von .... km/h geben.

4 Es wird am nächsten Tag .... und .... sein.

5 Das Wetter wird übermorgen besser am .... sein.

6 Es wird später in den Bergen .... geben.

7 Die Temperaturen werden sehr .... sein, bei .... Grad.

8 Es wird sonnig und nicht .... sein, was gut für Skifahrer ist.

3 Schwache Substantive. Lies A7 in der Grammatik. Schreib die Form des Wortes, damit das Wort im Satz richtig ist. Vorsicht! Ist es Nominativ, Akkusativ, Dativ oder Genitiv?

Beispiel: 1 Die Bayern haben das beste Wetter. – nominativ

1 Die (*Bayer*) haben das beste Wetter.

2 Ich bin mit einem (*Kollege*) in die Alpen gefahren.

3 Ich sehe keinen (*Hase*), denn es regnet.

4 Das Haus des (*Präsident*) ist sehr schön.

5 Deutschland hat keinen (*Monarch*).

6 Im Zoo habe ich einen (*Elefant*) gesehen.

7 Ich mag meine (*Nachbar*) sehr gern.

8 Meine Schwester ist mit einem (*Franzose*) verlobt.

4 Schreib eine Wettervorhersage für Deutschland, Österreich oder die Schweiz. Benutze Ausdrücke aus Übung 1 und 2. Benutze, wenn möglich, eine richtige Wetterkarte von einer deutschsprachigen Internetseite oder zeichne eine Karte.

Beispiel: Es wird morgen in Frankfurt nebelig sein, aber in Hannover wird es ...

Wie wird das Wetter:
- morgen sein?
- übermorgen sein?
- am Sonntag sein?
- im Norden / Süden / Westen / Osten sein?

Es wird	heute / morgen / übermorgen / am Samstag / am Wochenende im Norden / im Süden / im Westen / im Osten in Berlin / in Wien	regnen / schneien / blitzen und donnern.	
		sonnig / heiß / kalt / nebelig / wolkig / bewölkt / windig	sein.

5 a Partnerarbeit. Macht Dialoge zum Thema „Wetter".

1 Wie wird das Wetter morgen in deinem Land sein?

2 Wie wird das Wetter nächste Woche sein?

3 Wie wird das Wetter in einem anderen Land sein?

4 Was ist dein Lieblingswetter und warum?

Beispiel: Es wird morgen in Deutschland regnen, besonders im Norden, aber im Osten wird es ...

5 b Präsentiere deine Wettervorhersage aus Übung 4, wenn möglich, ohne sie abzulesen.

Beispiel:

> Willkommen! Hier ist das Wetter für Wien. Es wird heute regnen und ...

Unterwegs

3E.3 Trockenheit und Tornados – der Klimawandel

★ **Über Wetterprobleme und Klimawandel lernen**
★ **Das Imperfekt**

Klimaschutzplan 2050: Zu spät für den Klimawandel?

Die Probleme der Umwelt sind bekannt. Unsere Wälder schwinden durch Abholzen, deshalb sind Tiere vom Aussterben bedroht und die Wüsten werden immer größer.

Wegen höherer Lufttemperaturen schmilzt an den Polkappen das Eis, was zum Ansteigen des Meeresspiegels führt. Das Wetter wird immer chaotischer – während Bangladesch überschwemmt wird, wird Afrika südlich der Sahara von Dürre betroffen. Ist es also schon zu spät, den Klimawandel zu stoppen?

Hoffentlich nicht. Die deutsche Regierung meldete gestern ihren Klimaschutzplan für 2050 mit dem Ziel, Treibhausgase um 80–95 % zu reduzieren. Aber ist das genug? Laut einer Wissenschaftlerin der UNO reicht das.

„Seit 1901 ist die Erde um 1 Grad wärmer geworden und der Meeresspiegel ist um 17 cm gestiegen. Das sind die Folgen des Treibhauseffekts. Wenn die Temperaturen um zwei Grad steigen, befinden wir uns in der „Gefahrenzone", aber ich glaube, wir können das vermeiden."

Zwei Grad klingt nicht nach viel, jedoch wäre es für unseren Planeten sehr gefährlich. Vor 20.000 Jahren war die Erde nur 4 Grad kälter als heute, aber Nordamerika und Europa lagen unter Eis, während in der südlichen Hemisphäre die Wüsten immer größer wurden.

Wir beobachten auf der ganzen Welt die Auswirkungen des globalen Klimawandels mit steigenden Temperaturen, immer mehr Wetterextremen, mehr Stürmen und

Das Eisschmelzen bedroht Tiere sowie Menschen.

Tornados. Wie wird es in der Zukunft sein? Nur die Menschheit kann den Klimawandel stoppen. Vor 56 Millionen Jahren lagen die globalen CO_2-Emissionen bei ungefähr 4 Billionen Tonnen pro Jahr, was laut vielen Wissenschaftlern zum Aussterben der Dinosaurier führte. Jetzt produzieren wir 40 Billionen Tonnen pro Jahr. Vielleicht ist es noch nicht zu spät, aber wir müssen alle zusammenarbeiten.

1 a Beantworte die Fragen auf Deutsch. Vollständige Antworten sind nicht nötig.

Beispiel: 1 das Abholzen,

1 Nenne drei Umweltprobleme aus dem ersten Absatz. (3)
2 Welche zwei Beispiele von chaotischem Wetter werden beschrieben? (2)
3 Was ist das Ziel des Klimaschutzplans? (1)
4 Denkt die Wissenschaftlerin, dass dieser Plan den Klimawandel stoppen kann? (1)
5 Welche zwei Klimaveränderungen seit 1901 werden beschrieben? (2)
6 Was ist die „Gefahrenzone"? (1)
7 Wie war die Erde vor 20.000 Jahren? (3)
8 Warum sollten wir uns um CO_2-Emissionen Sorgen machen? (2)

1 b Lies den Artikel noch einmal. Kopiere und füll die Tabelle auf Deutsch aus.

	in der Vergangenheit	jetzt
die Luft	**Beispiel:** vor 20.000 Jahren 4 Grad kälter	1 Grad wärmer als im Jahr 1901
die Meere		
das Wetter		
das Land		

2 Hanna, Lukas und Meryem sprechen über Wetterprobleme. Wer passt zu jedem Satz (1–8)?

Beispiel: 1 Hanna

1 Es gibt in manchen Ländern nicht genug Wasser.
2 Starker Wind ist das größte Wetterproblem.
3 Schönes Wetter ist manchmal problematisch.
4 Der saure Regen ist am schlimmsten in Industriegebieten.
5 Das größte Wetterproblem ist mit dem Ansteigen des Meeresspiegels verbunden.
6 Nicht nur Menschen sind bedroht.
7 Es ist ein Problem sowohl für arme als auch für reiche Länder.
8 Gebäude und Wohnorte werden zerstört.

3 Das Imperfekt. Lies F4 in der Grammatik. Schreib die Form des Wortes (a)–(j), damit das Wort im Satz richtig ist. Vorsicht! Es ist nicht immer nötig, die Form in Klammern zu ändern.

Beispiel: (a) industriellen

Der Treibhauseffekt führt dazu, dass die Erde durch Kohlendioxid und andere Treibhausgase immer heißer wird. Vor der (a) ………. (*industriell*) Revolution (b) ………. (*produzieren*) man nicht so viele C02-Emissionen, denn wir (c) ………. (*haben*) keine Autos usw., deshalb (d) ………. (*sein*) die globalen Temperaturen niedriger. Auch (e) ………. (*geben*) es weniger (f) ………. (*extrem*) Wetterprobleme wie Hurrikane und Dürren. Damals (g) ………. (*glauben*) wir nicht, dass Menschen für den Klimawandel verantwortlich (h) ………. (*sein*), aber jetzt stimmen fast alle Wissenschaftler zu. Viele Experten sagen, solange wir (i) ………. (*fossil*) Brennstoffe verwenden und solange C02-Emissionen steigen, droht uns Klimawandel, mit (j) ………. (*schrecklich*) Konsequenzen.

4 Partnerarbeit. Macht Dialoge.

1 Was kannst du auf diesem Bild sehen?
2 Was ist gerade passiert?
3 Was machten die Leute, bevor das Foto gemacht wurde?
4 Was für Wetterprobleme gibt es in der Welt und warum?
5 Was können wir machen, um die Umwelt zu schützen?

5 Schreib ein Blog (130–150 Wörter) über ein Wetterproblem in deinem Land oder in einem deutschsprachigen Land. Du musst Folgendes erwähnen:
- eine Beschreibung des Problems
- warum dieses Problem existiert
- wie dieses Problem in der Vergangenheit war
- ob du optimistisch oder pessimistisch bezüglich dieses Problem bist und warum.

Everyday life in a German-speaking country

Einsteigen

3F.1 Hallo und Guten Tag!

★ **Verschiedene Grüße lernen**
★ **Formelle und informelle Anredepronomen:** *du, ihr, Sie*

1 a Lies die Sprechblasen. Ist das B (eine Begrüßung) oder V (eine Verabschiedung)?

Beispiel: 1 B

> Guten Tag! Wohin gehen Sie, Frau Klein?
>
> **1**

> Tschüss, Sabine und Peter! Heute hat mir viel Spaß gemacht!
>
> **2**

> Grüß Gott, Herr Schmitt! Guten Morgen! Ist das Ihr neues Auto?
>
> **3**

> Guten Abend, Frau Müller! Kommt Ihre Mutter bald zu Besuch?
>
> **4**

> Hi, Linda! Alles klar? Wie geht's?
>
> **5**

> Servus! Es ist gut, dich hier zu treffen. Wie geht's, Felix?
>
> **6**

> Auf Wiedersehen, Herr Brückner. Ich wünsche Ihnen einen schönen Abend.
>
> **7**

> Bis Donnerstag, meine Kleine! Wir sehen uns dann wieder. Bis bald!
>
> **8**

eine Begrüßung   eine Verabschiedung

1 b Lies die Sprechblasen noch einmal. Ist das I (informell) oder F (formell)?

Beispiel: 1 F

2 a Acht Leute grüßen einander. Welche Kategorie passt: I (informell: *du / dir, ihr / euch*) oder F (formell: *Sie / Ihnen*)?

Beispiel: 1 I

2 b Hör dir die Grüße noch einmal an. Beantworte die Fragen auf Deutsch.

Beispiel: 1 5, ...

1 Welche **zwei** Grüße verwendet man, wenn man geht? (2)
2 Welche **drei** Grüße sind Dialekt? (3)
3 Welcher Gruß ist für 8 Uhr? (1)
4 Welcher Gruß ist für 19 Uhr? (1)
5 Welche **zwei** Grüße sind an mehr als eine Person gerichtet? (2)

3 Anredepronomen. Lies D2 in der Grammatik. Schreib die Sätze mit den richtigen Anredepronomen: *du, ihr* oder *Sie*.

Beispiel: 1 du

1 Hallo Monika, willst .... mit mir heute Abend ins Kino gehen?
2 Guten Tag Herr Schmitt. Haben .... meine E-Mail gestern gelesen?
3 Grüezi! Tom und Michele, kommt .... mit ins Schwimmbad?
4 Hi Carla, was machst .... am Wochenende mit deinen Freundinnen?
5 Frau Haberstroh, kommen .... mit in die Kantine oder nicht?
6 Hallo Peter und Konrad? Wohin geht .... direkt nach der Schule?
7 Moin Ali! Hast .... die Hausaufgaben vom letzten Mittwoch gemacht?
8 Guten Morgen Klasse 9! Seid .... alle hier? Ich überprüfe das sofort.

4 a Der Laut *ie*. Hör dir den Satz an und trenne die Wörter. Wiederhole den Satz dreimal. Achte auf die Aussprache. Hör noch einmal zu und überprüfe. Übersetze den Satz in deine Sprache. Lerne den Satz auswendig.

WennFliegenhinterFliegenfliegen,fliegenFliegenFliegennach.

4 b Partnerarbeit. Sag den Satz in Übung 4a. Wer kann das am besten machen?

5 Partnerarbeit. Macht Dialoge für diese Situationen.
1 Zwei Freunde treffen sich vor der Schule.
2 Zwei Arbeitskollegen kommen am Morgen ins Büro.
3 Zwei Nachbarn sprechen vor dem Haus.
4 Zwei Freunde gehen nach Hause nach der Schule.

	Begrüßung	Hallo! Hi! Grüezi! Servus!	Wie geht's? Alles klar? Was machst du?
	Verabschiedung	Tschüss! Bis bald! Bis Donnerstag / Freitag …	Mach's gut! Komm gut nach Hause!
	Begrüßung	Guten Tag! Grüß Gott! Guten Morgen! Grüezi! Guten Abend!	Was machen Sie? Wohin gehen Sie?
	Verabschiedung	Auf Wiedersehen! Bis bald!	Machen Sie's gut! Kommen Sie gut nach Hause!

6 Ordne die Sätze zum Thema Begrüßungen und Verabschiedungen.

Beispiel: 1 Hallo, Leo! Wie geht's?

1 Leo! – Wie – Hallo – geht's?
2 Anna! – Guten– Morgen
3 Servus – Wie – geht's? – Peter!
4 Tag, – Frau –Peters – Guten
5 Gott, – Herr – Grob! – Grüß
6 Auf – Abend! – Wiedersehen! – Schönen
7 Hi! – euch? – Wie – es – geht
8 Tschüss – Bis – Otto! – morgen.

Abfliegen

3F.2 Unser Alltag

★ **Über das Alltagsleben im deutschsprachigen Raum lernen**
★ **Adjektive als Substantive**

1 a Lies das Blog. Welcher Titel (1–5) passt zu welchem Absatz (A–E)?

Beispiel: 1 D

Ein typischer Tag

A Ich finde es schwer, in der Frühe aus dem Bett zu kommen, aber ich muss jeden Tag früh aufstehen, weil meine Schule schon um 7:30 beginnt. Meistens sehe ich auf dem Schulweg ein paar Nachbarn und wir rufen uns „Grüezi" zu. Wir Schweizer sind sehr freundlich.

B Zum Glück haben wir von 11:55 bis 13:45 Mittagspause. Das ist lang genug, dass ich nach Hause radeln kann und mit meinen Geschwistern und meiner Mutter zu Mittag essen. Das Nervige ist, dass ich am Nachmittag zurück in die Schule muss.

C Normalerweise esse ich Cornflakes zum Frühstück, in der Schule esse ich Obst oder einen Müsliriegel und zu Mittag essen wir eine warme Mahlzeit. Am Abend gibt es dann am Esstisch Abendbrot mit Schweizer Käse, das ist der Beste! Vor dem Essen wünschen wir uns einen guten Appetit und während dem Essen sprechen wir über den Tag. Wir benutzen oft Bretter anstatt Teller hier in der Schweiz.

D Unter der Woche treffe ich meine Freunde nur in der Schule, weil wir sonst keine Zeit haben, aber wir chatten viel. Am Wochenende gehen wir zusammen ins Café oder ins Kino.

E Ich darf abends bis 9 Uhr ausgehen, aber ich muss mein Handy mitnehmen und meine Eltern wollen wissen, mit wem ich unterwegs bin. Bei meinen Freunden bin ich aber meistens die Vernünftige.

1 Freizeit
2 Schulalltag
3 Regeln
4 morgens
5 Essensgewohnheiten

1 b Lies das Blog noch einmal und ergänze die Sätze auf Deutsch.

Beispiel: 1 früh

1 Ich stehe nicht gern .... auf.
2 Wenn ich zur Schule gehe, grüße ich meine ....
3 Die Mittagspause verbringe ich ....
4 Leider habe ich .... noch einmal Unterricht.
5 Unser Mittagessen ist normalerweise ....
6 Ich treffe meine Freunde ....
7 Ich muss um .... nach Hause gehen.
8 Wenn ich ausgehe, habe ich immer .... dabei.

2 Welches Bild (A–H) passt zu welcher Person (Leonie, Marco, Fabian)? Vorsicht! Ein Bild passt zu niemandem.

Beispiel: A Leonie

A

B

C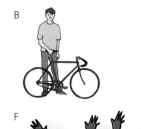

D

E

F

G

H

 **3** Adjektive als Substantive. Lies A8 in der Grammatik. Lies das Blog in Übung 1 noch einmal und finde die fünf Adjektive, die als Substantive gebraucht werden. Kopiere und übersetze die Sätze in deine Sprache.

Beispiel: Ich finde es schwer, in <u>der Frühe</u> aus dem Bett zu kommen

 4 Partnerarbeit. Macht Dialoge.

1 Was kannst du auf diesem Bild sehen?
2 In welchem Zimmer sind die Personen?
3 Was machen die Personen vielleicht später?
4 Ist es wichtig, mit der Familie zu essen?
5 Welche Unterschiede gibt es deiner Meinung nach zwischen dem Alltag in deinem Land und dem im deutschsprachigen Raum?

5 Wie ist dein Alltag? Schreib 60–75 Wörter auf Deutsch. Du musst alle Wörter hier benutzen.

| Freizeit | Abendessen | Schule | letztes Jahr |

In der Freizeit	spiele ich	ins Kino ins Café	Karten / Tennis / Fußball … Trompete / Geige / Klavier …
	gehe ich	in die Disco Rad/Ski/Snowboard/Inline Skates	
	fahre ich		
Die Schule Die Mittagspause	beginnt um …		Uhr.
	endet um …		
In der Mittagspause	gehe ich nach Hause / esse ich in der Schulkantine. esse ich ein Butterbrot / Pizza / eine warme Mahlzeit / Obst / …		
Zu Abend	esse ich (mit meiner Familie)	Brot / Käse / Wurst / eine warme Mahlzeit. am Esstisch / auf dem Sofa.	
Letztes Jahr	habe ich …	gesehen / gegessen / gehört / …	
	bin ich …	gefahren / gegangen.	

Unterwegs

3F.3 Schulaustausch

* Über den Gastaufenthalt in einer Familie lernen
* Subjunktionen (2)

Mein Schulaustausch

Letztes Jahr habe ich an einem Schulaustausch mit einer Schule in Münster teilgenommen. Ich war sehr nervös und hatte ein bisschen Angst, dass ich nicht genug Deutsch konnte.

Unsere Gastfamilien haben uns an der Partnerschule abgeholt und wir sind dann mit ihnen nach Hause gegangen. Ich habe sogar mein eigenes Zimmer bekommen, obwohl man das nicht immer erwarten kann.

Münster ist eine sehr schöne Stadt und jeder in Münster hat ein Fahrrad. Es gibt überall Radwege! Ich fand das Fahrradfahren erst ein bisschen schwierig, weil ich das letzte Mal mit sechs Jahren auf einem Fahrrad saß.

Wir sind jeden Tag sehr früh aus dem Haus gegangen, weil wir schon um 7:50 in der Schule sein mussten. Das Gute ist aber, dass die Schule um 13:50 zu Ende ist. Ich fand es auch super, dass die deutschen Schüler keine Uniform haben.

Am Nachmittag hat meine Gastfamilie mir die Stadt und die Umgebung gezeigt und abends haben wir zusammen gegessen: Brot, Wurst, Käse, Gurken und Tomaten. Etwas anders als ich es gewohnt bin, aber es war lecker. Ich möchte zurück nach Deutschland, wenn ich besser Deutsch kann, und ich hoffe, dass ich mit meiner Gastfamilie in Kontakt bleiben werde.

1 Lies das Blog und mach Notizen. Ergänze die Sätze auf Deutsch.

Beispiel: 1 nervös

    1 Gefühl vor der Anreise: ....

    2 Sorge: ....

    3 Positive Überraschung bei der Unterkunft: ....

    4 Typisch für Münster: ....

    5 Schulbeginn: ....

    6 Kleidung der deutschen Schüler: ....

    7 Meinung zum Essen: .... und ....

    8 Zukunftspläne: .... und ....

2 a Aaliyah, Jake und Marisol sprechen über ihren Schulaustausch. Beantworte die Fragen auf Deutsch.

Beispiel: 1 nächsten Monat

    1 Wann wird Aaliyah nach Berlin fahren? (1)

    2 Welche Sorge macht sie sich über das Essen? (1)

    3 Was fällt ihr oft nicht ein? (1)

    4 Wovor hatte Jake Angst? (1)

    5 Wie hat der Austauschpartner Jake geholfen? Gib **zwei** Details. (2)

    6 Wozu hat Jake sein Handy benutzt? (1)

    7 Was möchte Marisol der Gastfamilie vielleicht schenken? (1)

    8 Was möchte Marisol gern beim Austausch haben? (1)

2 b Hör dir die Aufnahme noch einmal an und finde die Synonyme für diese Wörter. Schreib sie auf und übersetze sie in deine Sprache.

Beispiel: 1 nervös

1 aufgeregt
2 eine Person, die kein Fleisch isst
3 schließlich
4 anstrengend
5 klar
6 Süßigkeiten
7 Mitbringsel
8 ungern

3 a Subjunktionen. Lies H4 in der Grammatik. Welches Wort passt zu jedem Satz? Vorsicht! Du brauchst nicht alle Wörter.

Beispiel: 1 ob

1 Ich frage mich, ... ich mein eigenes Zimmer haben werde.
2 Ich mache mir Sorgen, ... ich nicht alles verstehen werde.
3 Ich mache einen Schulaustausch, ... ich mein Deutsch verbessern will.
4 Ich werde ein Online-Wörterbuch benutzen, ... mir Worte auf Deutsch fehlen.
5 Ich habe mich mit meinem Austauschpartner gut verstanden, ... wir sehr verschieden sind.
6 .... ich in Deutschland war, konnte ich nicht so gut Deutsch sprechen.
7 .... ich in der Schweiz war, habe ich manchmal meine Familie vermisst.
8 Ich habe meiner Gastfamilie ein Foto von mir geschickt, ... sie mich am Flughafen erkennen können.

bevor	weil	damit	obwohl	wenn
ob	als	dass	nachdem	während

3 b Lies das Blog in Übung 1 noch einmal und finde vier Subjunktionen. Kopiere und übersetze sie in deine Sprache.

Beispiel: dass, ...

4 Partnerarbeit. Macht Dialoge zum Thema „Schulaustausch".

1 Hast du bei einer Gastfamilie in deinem Land oder im Ausland gewohnt? Beschreib das.
2 Was war wie bei dir zu Hause und was war anders?
3 Sind Schulaustausche eine gute Idee? Warum (nicht)?
4 Würdest du gern (wieder) an einem Schulaustausch teilnehmen? Warum?

5 Schreib einen Tagebucheintrag über deinen Aufenthalt bei einer Gastfamilie in deinem Land oder im Ausland. Du könntest Folgendes erwähnen:

- wie deine Gastfamilie war
- was ihr zusammen gemacht habt
- was du gegessen hast.

3G Customs and festivals

3G.1 Länder und Traditionen

Einsteigen

★ **Über Länder und Traditionen lernen**
★ **Nationalitäten**

1 a Welcher Satz (1–8) passt zu welchem Bild (A–H)?

Beispiel: 1 F

1 In Mexiko feiert man Anfang November den Tag der Toten.
2 Am 14. Juli feiert man in Frankreich den Nationalfeiertag.
3 Heutzutage trägt eine Deutsche nur selten ein traditionelles Kleid (z. B. ein Dirndl).
4 In Holland bekommen Kinder am 5. Dezember Geschenke von „Sinterklaas".
5 Ein Brite feiert ein großes Feuerwerk am 5. November – das heißt „Guy Fawkes".
6 Ein Österreicher tanzt an Silvester (31. Dezember) Walzer.
7 In China sollte man als Gast seinen Teller nie leer essen.
8 Eine Inderin trägt zur Hochzeit normalerweise rot.

A

B

C

D

E

F

G

H

1 b Lies die Sätze noch einmal und finde die Nationalitäten. Kopiere und übersetze sie in deine Sprache. Sind sie maskulin oder feminin?

Beispiel: 3 eine Deutsche – feminin

2 a Acht Leute beschreiben Feste in ihrem Land. Welche Person (1–8) passt zu welchem Satz (a–h)?

Beispiel: 1 d

a Ich trage manchmal einen Kimono.
b Ich tanze gern unseren Volkstanz.
c Am 24. Dezember haben wir einen Tannenbaum im Haus.
d Trauben essen bringt Glück für das neue Jahr.
e Wir schenken Geld in roten Umschlägen.
f Bei uns wirft man Geld an einer Hochzeit.
g Unser Nationalfeiertag ist im Sommer.
h An diesem Feiertag gibt es mein Lieblingsessen.

2 b Hör dir die Aufnahme noch einmal an. Welche Person hat welche Nationalität?

Beispiel: 1 Spanierin

3 Nationalitäten. Lies A8 in der Grammatik. Ordne die Nationalitäten richtig ein.

Beispiel: 1 Italiener

1	NLITAEIER	**5**	EEXMIKANR
2	KRTÜNI	**6**	IIRNDEN
3	ZFORANES	**7**	IERTSUNE
4	KIMAREAINNER	**8**	UCHETDSRE

4 a Der Laut *ei*. Hör dir den Satz an und trenne die Wörter. Wiederhole den Satz dreimal. Achte auf die Aussprache. Hör noch einmal zu und überprüfe. Übersetze den Satz in deine Sprache. Lerne den Satz auswendig.

HeikeausFreiburgfeiertgernWeihnachtenaberHeikoausLeipzigundHeinzausHeidelbergmögenkeineFeiern.

4 b Partnerarbeit. Sag den Satz in Übung 4a. Wer kann das am besten machen?

5 Partnerarbeit. Welche Nationalität habe ich?

Beispiel:

A Eins: Ich esse am 31. Dezember Trauben.

B Bist du Spanier(in)?

A Ja.

B Zwei: Ich trage ...

1 Ich esse am 31. Dezember Trauben.
2 Ich trage manchmal einen Kimono.
3 Ich tanze gern Sirtaki.
4 Unser Nationalfeiertag ist am 14. Juli.
5 Ich bekomme Geschenke von Sinterklaas.
6 Ich finde unseren Tannenbaum zur Weihnachtszeit sehr schön.
7 Ich liebe den Pfannkuchentag.
8 Ich feiere gern den Tag der Toten.

6 Schreib über vier Nationalitäten. Beantworte die Fragen:
- Welche Nationalität hast du?
- Woher kommst du?
- Wann / Was feierst du?

Beispiel: Ich bin <u>Amerikaner</u>. Ich komme aus <u>Amerika</u>. <u>Am 4. Juli feiere ich den Nationalfeiertag.</u>

Am 24. Dezember Am 4. Juli Am 14. Juli Im Februar Im November Am 5. Dezember	feiere ich	Weihnachten. den Nationalfeiertag. den Pfannkuchentag. Guy Fawkes. den Tag der Toten. Sinterklaas.
Manchmal Zur Hochzeit	trage ich	ein Dirndl. einen Kimono.
An Hochzeiten	tanze ich werfe ich	Sirtaki. Geld.
Am 31. Dezember	tanze ich esse ich	Walzer. Trauben.

Abfliegen

3G.2 Feste

★ Über Feste im deutschsprachigen Raum lernen
★ Adverbialphrasen

Feste

Am elften November feiern wir St Martin hier in Deutschland. Kinder basteln für diesen Tag im Kindergarten oder in der Schule bunte <u>Laternen</u>. Am frühen Abend gibt es dann einen Laternenumzug. Kinder und <u>Eltern</u> gehen mit den Laternen, in denen Kerzen brennen, durch die Straßen und singen Lieder. Am Ende des Umzugs gibt es dann meistens ein Minitheater, in dem jemand St Martin auf einem Pferd spielt und seinen Mantel mit einem <u>Bettler</u> teilt.

An Silvester gibt es bei uns in Wien ein großes Feuerwerk am Riesenradplatz. Typisch ist auch das Bleigießen: Man erwärmt <u>Blei</u> auf einem Löffel und gießt es dann ins kalte Wasser. Die Form des kalten Bleis soll einem die Zukunft für <u>das neue Jahr</u> voraussagen. Der Höhepunkt des Abends ist, wenn um Mitternacht alle Walzer tanzen.

Der erste Mai ist in Deutschland ein <u>Feiertag</u>. Vor allem in Süddeutschland schmücken Leute Maibäume in den Dörfern und Städten. Normalerweise verbringen Familien den Tag <u>zusammen</u> und oft gehen die Familien an diesem Tag <u>wandern</u>.

1 a Lies die drei Artikel. Welches Wort (a–o) passt zu jedem Satz (1–8)?

Beispiel: 1 j

1 Man feiert St Martin ...
2 Die Laternen sind ...
3 St Martin hat ...
4 Es gibt ein Feuerwerk in der Nacht des...

5 Das Bleigießen sagt einem .... voraus.
6 Die Wiener tanzen an Silvester ...
7 Am ersten Mai geht man nicht zur ...
8 Maibäume sind typisch für ...

a im Dezember	d rot	g Tango	j *im November*	m klein
b 31. Dezembers	e farbenfroh	h einen Hund	k ein Pferd	n Walzer
c Arbeit	f weiße Haare	i Süddeutschland	l Gutes	o die Zukunft

1 b Lies die Artikel noch einmal. Welches unterstrichene Wort passt zu jeder Definition? Kopiere die Wörter und übersetze sie in deine Sprache.

Beispiel: 1 Bettler

1 eine sehr, sehr arme Person
2 kleine tragbare Lampen mit Kerzen
3 die nächsten 365 Tage
4 eine Art Metall
5 miteinander

6 Vater und Mutter
7 einen sehr langen Spaziergang machen
8 Tag, an dem man nicht arbeitet und schulfrei hat

2 Carolin beschreibt das Oktoberfest. Schreib R (richtig), F (falsch) oder NA (nicht angegeben).

Beispiel: 1 F

1 Carolin geht jedes Jahr auf das Oktoberfest.
2 Carolin war vorher noch nie auf dem Oktoberfest.
3 Das Oktoberfest existiert seit dem sechzehnten Jahrhundert.
4 Die meisten Besucher tragen Dirndl.

5 Carolin war mit ihren Schulfreunden auf dem Fest.
6 Es gab nicht viele freie Sitzplätze.
7 Carolin fand die Achterbahn echt toll.
8 Carolin hatte Spaß auf dem Fest.

 3 Adverbialphrasen. Lies C4 in der Grammatik. Finde die Adverbialphrasen in diesen Sätzen. Kopiere und übersetze sie in deine Sprache.

Beispiel: 1 Letzte Woche

1 Letzte Woche war ich auf einer Hochzeit.
2 Bei uns zu Hause gibt es an Weihnachten immer Gans zu essen.
3 Ich gehe an Silvester immer in die Stadtmitte.
4 Ich bin letztes Jahr zum Karneval der Kulturen gegangen.

5 Im Dezember feiern wir viele Feste.
6 Der Laternenumzug findet am Abend statt.
7 Ich freue mich, dass heute Ostern ist.
8 Gestern war unser Nationalfeiertag.

 4 Partnerarbeit. Macht Dialoge.

1 Was kannst du auf diesem Bild sehen?
2 Was tragen die Kinder?
3 Was werden die Kinder vielleicht später machen?
4 Was ist dein Lieblingsfest und warum?
5 Welches Fest ist wichtig für deine Familie? Was macht ihr normalerweise an diesem Fest?

Mein Lieblingfest ist	Fasching / Ostern / Oktoberfest / St Martin / Nikolaus / Weihnachten / Silvester / Eid / Chanukah.		
Für meine Familie ist	Fasching / Ostern / ...	wichtig.	
Ich mag dieses Fest, weil	es leckeres Essen gibt / ich den Tag mit meiner Familie verbringe / es ein Feuerwerk gibt / ich Geschenke bekomme / wir uns verkleiden / wir tanzen und singen.		
In Deutschland / In Österreich / In der Schweiz	feiert man	Fasching / Ostern / Oktoberfest / St Martin / Nikolaus / Weihnachten / Silvester	
Man feiert dieses Fest am	ersten / zweiten / dritten ... Anfang / Ende	Januar / Februar / März / April / Mai / Juni / Juli / August / September / Oktober / November / Dezember.	
An dem Fest kann man	Ostereier / Gans / Brezeln / Wurst / Süßigkeiten	essen.	
	ein Feuerwerk / ein Theater / einen Umzug / Laternen	sehen.	
	Walzer tanzen / Blei gießen / Ostereier suchen / Geschenke geben und bekommen / Achterbahn fahren.		
Viele Touristen / Familien / Jugendliche / Kinder / Erwachsene gehen auf das Fest.			
Zu dem Fest tragen die Leute	festliche Kleidung / Dirndl / traditionelle Kleidung / Lederhosen / Kostüme / Verkleidung.		

 5 Schreib ein Blog über ein Fest im deutschsprachigen Raum. Du könntest Folgendes erwähnen:

- wo man das feiert
- wann man das feiert
- was man dort sehen / essen / machen kann

- wer zu dem Fest geht
- was die Personen auf dem Fest tragen.

Unterwegs

3G.3 Ich war beim Fasching

★ **Einen Festbesuch beschreiben**
★ **Dativ Plural**

1 a Lies das Blog. Welcher Absatz (1–6) passt zu welchem Bild (A–F)?

Beispiel: 1 B

Fasnacht in Süddeutschland   **26. Februar**

1 Heute war ich mit meinen Freunden auf dem Faschingsumzug in Buchholz. Es war sehr kalt und wir mussten uns warm anziehen. Der Umzug ging um zwei Uhr am Nachmittag los und die Straßen waren geschmückt mit bunten Girlanden.

2 Wir hatten uns auch ein bisschen verkleidet, weil es Spaß macht. Ich habe eine rosa Perücke und eine Riesenbrille getragen. Meine Freunde haben mich zuerst gar nicht erkannt, das war lustig.

3 Dann kamen die ersten Umzugswagen mit lauter Musik. Die Buchholzer Hexen waren die erste Gruppe. Sie sahen ziemlich grauenhaft aus mit ihren krummen Nasen und Warzen im Gesicht. Ich habe so viel „Narro" geschrien, dass mir jetzt mein Hals weh tut.

4 Viele Narren verteilten Bonbons an die Kinder. Am besten gefiel mir die Guggenmusik. Es gab einige Gruppen in fantastischen Kostümen. Sie spielten auf ihren Trompeten und Trommeln Poplieder, Kinderlieder und typische Faschingsmusik.

5 Manche Hexen und Teufel und andere Monster hatten Wagen mit Konfetti oder Stroh dabei, in die sie Zuschauer steckten. Ich hatte etwas Sorge, dass man mich fangen würde, aber ich bekam nur etwas Konfetti auf meine Kleidung.

6 Danach gingen wir noch in die Halle, wo wir Berliner aßen und noch mehr Musik hörten.

A    B    C    D    E    F

1 b Lies das Blog noch einmal. Korrigiere die Sätze. Sie sind alle falsch.

Beispiel: 1 Wir mussten Winterjacken tragen, weil es ~~geregnet hat.~~ kalt war

    1 Wir mussten Winterjacken tragen, weil es geregnet hat.
    2 Ich fand es ärgerlich, dass meine Freunde mich nicht sofort erkannt haben.
    3 Meiner Meinung nach macht Essen Spaß.
    4 Am Anfang des Umzugs kam eine Guggenmusikgruppe.
    5 Ich habe Halsschmerzen, weil ich viel gesungen habe.
    6 Die Kinder haben auf dem Umzug Schokolade bekommen.
    7 Manche Clowns haben Personen aus dem Publikum eingefangen und mitgenommen.
    8 Nach dem Umzug bin ich nach Hause gegangen.

2 Verschiedene Meinungen über Fasching. Wähl die richtige Antwort (A–D).

Beispiel: 1 D

1 Letzte Nacht:
  A sind die neuen Hexen um ein Feuer gesprungen.
  B haben die Hexen gefeiert.
  C sind alle Hexen in ein Feuer gesprungen.
  D sind die neuen Hexen über ein Feuer gesprungen.

2 Ich hatte keinen Spaß beim Umzug, weil:
  A zu viele Leute vor mir standen.
  B ich Fasching nicht mag.
  C die Musik zu laut war.
  D es geregnet hat.

3 Ich habe beim Umzug:
  A viele Bonbons gegessen.
  B Kindern Bonbons gegeben.
  C Konfetti in meine Haare bekommen.
  D laut gesungen.

4 Ich gehe nicht auf den Umzug wegen:
  A den Menschenmengen.
  B dem Dreck.
  C den Hexen.
  D der Kälte.

5 Von allen Gruppen waren sie die:
  A lautesten.
  B schlechtesten.
  C tollsten.
  D lustigsten.

6 Ich bevorzuge:
  A das Oktoberfest.
  B ein anderes Volksfest.
  C zu Hause zu bleiben.
  D in einen Vergnügungspark zu gehen.

3 a Dativ Plural. Lies A6 in der Grammatik. Schreib die Wörter in Klammern im Dativ Plural.

Beispiel: 1 Ich bin mit meinen Freunden auf das Fest gegangen.

  1 Ich bin mit .... (*mein Freund*) auf das Fest gegangen.
  2 In .... (*das Dorf*) feiert man viele Feste.
  3 Nach dem Umzug lag viel Müll auf .... (*die Straße*).
  4 Ich habe etwas Angst vor .... (*die Hexe*).
  5 Ich werde mich zusammen mit .... (*mein Bruder*) verkleiden.
  6 Unter.......... (*die Maske*) sind nette Leute versteckt.
  7 Zwischen .... (*das Haus*) hängen bunte Girlanden.
  8 In .... (*die Stadt*) gibt es große Faschingsumzüge.

3 b Lies das Blog in Übung 1 noch einmal und finde vier Satzteile mit dem Dativ im Plural. Kopiere und übersetze sie in deine Sprache.

Beispiel: mit meinen Freunden

4 Partnerarbeit. Macht Dialoge zum Thema „Feste in meinem Land".
  1 Wie findest du Verkleiden? Warum?
  2 Was kann man beim Fasching sehen und machen?
  3 Würdest du gern zum Fasching gehen? Warum (nicht)?
  4 Welche Feste machen dir Spaß? Warum?

5 Schreib eine E-Mail (130–150 Wörter) an deinen Brieffreund / deine Brieffreundin über ein Fest. Du musst Folgendes erwähnen:
  ● auf welchem Fest du warst
  ● was man dort sehen oder machen konnte
  ● was das Beste war und warum
  ● welches Fest du in Zukunft besuchen möchtest.

153

3H Travel and transport

3H.1 Wie kommst du dahin?

Einsteigen

* ★ Über verschiedene Verkehrsmittel lernen
* ★ Modaladverbien

1 a Welcher Satz (1–8) passt zu welchem Bild (A–H)?

Beispiel: 1 D

1 Ich gehe zu Fuß zur Schule, aber nur, wenn ich viel Zeit habe.
2 Manchmal stehe ich ein bisschen später auf. Dann fahre ich mit dem Bus.
3 Mein Vater hat einen großen Wagen mit viel Platz. Wir fahren ziemlich oft mit dem Auto.
4 Mein Onkel fliegt manchmal nach Amerika. Das ist sehr weit weg.
5 Ich habe wenig Geld. Also fahre ich gern Rad.
6 Ich fahre nicht sehr oft mit der Straßenbahn. Die Haltestelle ist viel zu weit weg.
7 Ich fahre gern mit der U-Bahn. Die Fahrt ist ziemlich schnell.
8 Ich fahre relativ oft mit dem Zug. Der Bahnhof ist direkt gegenüber von meinem Haus.

A

B

C

D

E

F

G

H
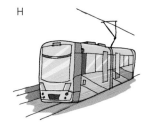

1 b Lies die Sätze noch einmal und finde die Wörter für Verkehrsmittel. Kopiere und übersetze sie in deine Sprache. Dann lerne sie.

Beispiel: Bus, ...

2 Marco beschreibt, welche Verkehrsmittel er benutzt. Kopierc und füll die Tabelle auf Deutsch aus.

Verkehrsmittel	Wohin?	Wie oft?	Details
1 zu Fuß	**Beispiel:** Schule	ziemlich	im Winter
2 Fahrrad			
3 Auto			
4 Flugzeug			
5 Zug			

3 a Modaladverbien. Lies B10 in der Grammatik. Wähl das richtige Wort.

Beispiel: 1 viel

1 Ein Auto ist teuer. Es kostet **sehr / wenig / viel** Geld.
2 Der Bus ist voll. Es gibt **wenig / viel / ziemlich** Platz.
3 Der Flug nach Australien dauert einen Tag. Das ist **sehr / viel / wenig** lang.
4 Ich gehe zehn Minuten zu Fuß zur Schule. Sie liegt **ein bisschen / ziemlich / viel** weit weg.
5 Der Zug ist heute leer. Man hat **ziemlich / viel / sehr** Platz.
6 Es ist gut, dass die Straßenbahn billig ist. Ich habe **wenig / ziemlich / viel** Geld.
7 Die Busse fahren ein **bisschen / viel / ziemlich** oft: alle zwei Stunden.
8 Die U-Bahn fährt ein **viel / ziemlich / bisschen** schneller als die Straßenbahn.

3 b Lies die Sätze in Übung 1 noch einmal und finde die Modaladverbien. Kopiere und übersetze sie in deine Sprache.

Beispiel: 1 viel Zeit

 4 a Die Laute *ö* und *o*. Hör dir den Satz an und trenne die Wörter. Wiederhole den Satz dreimal. Achte auf die Aussprache. Hör noch einmal zu und überprüfe. Übersetze den Satz in deine Sprache. Lerne den Satz auswendig.

BodohörteinengroßenfröhlichenVogelimBahnhofinKölnaberseineTöchterkönnengrößereVögelinÖsterreichhören.

4 b Partnerarbeit. Sag den Satz in Übung 4a. Wer kann das am besten machen?

 5 Gruppenarbeit. Frag deine Klassenkameraden, welche Verkehrsmittel sie benutzen.

Wie	gehst kommst fährst	du	zur Schule? in Urlaub? zu deinem / deiner Bekannten? in die Stadtmitte? zu deinen Großeltern?	
Ich	gehe komme fahre	zu Fuß mit dem Auto / Bus / Fahrrad / Zug / Flugzeug mit der Straßenbahn / U-Bahn / S-Bahn	zur Schule. in Urlaub. zu meinem / meiner Bekannten. in die Stadtmitte. zu meinen Großeltern.	
Der Zug / Bus Die U-Bahn / S-Bahn / Straßenbahn Das Auto / Fahrrad / Flugzeug Zu Fuß gehen		ist (in dieser Klasse)	(nicht) sehr ziemlich wenig ein bisschen überhaupt nicht	beliebt.

 6 Welches Verkehrsmittel benutzen die Schüler aus deiner Klasse *sehr viel / ziemlich viel / wenig / ein bisschen / überhaupt nicht*? Schreib die Antworten von Übung 5 in 6–10 Sätzen.

Beispiel: Die S-Bahn ist nicht sehr beliebt.

Abfliegen

3H.2 Einsteigen, bitte!

★ **Über öffentliche Verkehrsmittel lernen**
★ **Präpositionen**

Fahrkarten

Fahrplanauskunft für alle Reiseziele erhalten Sie am Schalter neben dem Haupteingang.

Gepäckschließfächer finden Sie hinter dem Bahnhofscafé.

Wartesaal und Toiletten sind rund um die Uhr geöffnet und befinden sich gegenüber dem Zeitungskiosk.

Entwerter* befinden sich am Bahnsteig und in den Bussen und Straßenbahnen. Bitte entwerten Sie Ihre Fahrkarte vor der Abfahrt.

| Kurzstrecke | Einzelfahrkarte | Rückfahrkarte | Fahrradmitnahme |
| Tageskarte | Wochenkarte | Gruppenticket | E-Ticket ausdrucken |

Die Fahrkarten sind auf allen Linien innerhalb der Nahverkehrszone gültig: S-Bahn, U-Bahn, Straßenbahn, Bus.

1 Lies die Informationen am Fahrkartenautomaten am Bahnhof. Welches Wort passt zu welcher Definition? Kopiere die Wörter und übersetze sie in deine Sprache.

Beispiel: 1 Tageskarte

1 Dieses Ticket ist 24 Stunden gültig.
2 Mit diesem Fahrschein kannst du mit deinen Freunden zusammen fahren.
3 Hier kannst du deinen Koffer für einige Stunden lassen.
4 Dieses Ticket kaufst du, um zu diesem Bahnhof zurückzukommen.
5 Hier bekommst du Informationen über die Abfahrts- und Ankunftszeiten der Züge.
6 Hier kannst du ruhig Platz nehmen, wenn der Zug Verspätung hat.
7 Du brauchst dieses Ticket, wenn du eine Fahrt in nur eine Richtung machst.
8 Hier musst du deine Fahrkarte abstempeln, damit sie für deine Reise gültig wird.

Ein Entwerter ist ein Automat, wo man seine Fahrkarte stempelt. Dann darf man die Fahrkarte benutzen.

2 Willkommen am Flughafen. Mach Notizen über die Fahrt vom Flughafen in die Stadtmitte. Ergänze die Sätze auf Deutsch.

Beispiel: 1 3

1 U-Bahn Linie ....
2 Dauer der Fahrt .... Minuten
3 Die U-Bahn fährt alle .... Minuten.
4 Nächste Abfahrt .... Uhr
5 Umsteigen für das Fußballstadion am ....
6 Verkehrsmittel Linie 16 ....
7 Für das Museum 5 Minuten .... gehen.
8 Museum .... geschlossen

3 a Präpositionen. Lies E in der Grammatik. Füll die Lücken aus. Schreib die richtige Form des bestimmten Artikels.

Beispiel: 1 die

1 Wir möchten in .... Stadtmitte fahren, um ins Kino zu gehen.
2 Wie kommt man am besten zu .... Flughafen?
3 Man kann mit .... U-Bahn oder mit .... Bus fahren.
4 Innerhalb .... Stadtgebiets kann man auch die Straßenbahn nehmen.
5 Wir sind mit .... Auto unterwegs, aber Autos sind in .... Fußgängerzone verboten.
6 Zu Fuß kann man das Stadtzentrum durch .... Park erreichen.
7 Die U-Bahn fährt fünf Kilometer lang unter .... Erde.
8 Die Haltestelle ist gegenüber .... Bahnhof.

3 b Lies die Informationen am Fahrkartenautomaten und die Sätze in Übung 1 noch einmal und finde mindestens 10 verschiedene Präpositionen. Kopiere und übersetze sie in deine Sprache.

Beispiel: auf, ...

4 a Partnerarbeit. Macht Dialoge zum Thema „Die öffentlichen Verkehrsmittel".

1 Welche öffentlichen Verkehrsmittel gibt es in deiner Stadt oder in deiner Region?
2 Fährst du lieber mit dem Auto oder mit öffentlichen Verkehrsmitteln? Warum?
3 Wann bist du das letzte Mal mit öffentlichen Verkehrsmitteln gefahren?
4 Möchtest du dein eigenes Auto haben, wenn du älter bist? Warum / Warum nicht?

4 b Welche anderen Fragen könnte man über das Verkehrsnetz stellen? Mach eine Liste und besprich deine Ideen mit deinem Partner / deiner Partnerin.

Beispiel: Fährst du öfter mit dem Bus oder mit der Straßenbahn?

5 Eine deutsche Klasse wird deine Schule besuchen. Schreib ein Informationsblatt, in dem du den Weg von deinem nächsten Flughafen beschreibst. Du musst Folgendes erwähnen:
- mindestens zwei verschiedene Verkehrsmittel
- mindestens sechs Präpositionen aus diesem Kasten.

an	durch	innerhalb	um
auf	für	mit	von
außerhalb	gegenüber in	nach	zu

157

Unterwegs

3H.3 Gute Reise!

★ Über Reisepläne mit verschiedenen Verkehrsmitteln lernen
★ Die Pronomen *selbst* und *selber*

An der schönen blauen Donau

Als die Sonne langsam untergeht, sitzen Hannes und Steffi im gemütlichen Restaurant an Bord des Schiffes. Beide Geschwister sind müde, aber sie freuen sich auf ihren Urlaub an der schönen blauen Donau. So heißt der breite Fluss, der durch Deutschland, Österreich und andere europäische Länder bis ins Schwarze Meer fließt. Nach ihrer Ankunft am Flughafen in München sind sie in einen Zug nach Passau gestiegen. In dieser süddeutschen Stadt hat das Schiff auf seine Passagiere gewartet. „Was machen wir morgen?" fragte Hannes. Steffi erklärt ihm den Reiseplan. „Jeden Tag werden wir Rad fahren. Am Ufer der Donau gibt es einen Fahrradweg. Am Abend werden wir wieder an Bord des Schiffes kommen, um zu essen und zu schlafen." Während der folgenden Tage radeln Hannes und Steffi durch die atemberaubende Landschaft des Donautals. Wieder an Bord haben sie von ihrer Kabine aus einen Ausblick auf traumhafte Dörfer und Schlösser. Endlich kommen sie an ihrem Reiseziel an: Wien, die wunderschöne Hauptstadt von Österreich.

Schiff auf der Donau

1 Lies die Geschichte über eine Reise und mach Notizen. Ergänze die Sätze auf Deutsch.

Beispiel: 1 im Restaurant / an Bord eines Schiffes
  1 Hannes und Steffi sitzen .... (1)
  2 Tageszeit: .... (1)
  3 Hannes ist Steffis .... (1)
  4 Name des Flusses: .... (1)
  5 Verkehrsmittel für ihre Reise nach Passau: ....und .... (2)
  6 Geografische Lage von Passau: .... (1)
  7 Tägliche Aktivität: .... (1)
  8 Vom Schiff aus sahen sie .... (1)

2 Sebastian und Klara sprechen über eine Reise, die sie gemacht haben. Korrigiere die Sätze. Sie sind alle falsch.

Beispiel: 1 Sebastian fährt gern mit dem ~~Flugzeug~~ ans Reiseziel. Zug

1 Sebastian fährt gern mit dem Flugzeug ans Reiseziel.
2 Letztes Wochenende ist er mit der Bahn von der Schweiz nach Holland gefahren.
3 Der schöne Ausblick vom Zug auf die Landschaft, die Berge und die Dörfer hat ihm gut gefallen.
4 Sebastian kann keine Fremdsprachen sprechen.

5 Klara ist in den letzten Sommerferien nach Italien gefahren.
6 Sie hat ihre Fahrkarten in einem Reisebüro gebucht.
7 Klara ist mit der U-Bahn vom Hamburger Hauptbahnhof zum Flughafen gefahren.
8 Ihr Flug hat weniger als dreißig Minuten gedauert.

3 a Die Pronomen *selbst* und *selber*. Lies D7 in der Grammatik. Welche Sätze passen zusammen?

Beispiel: 1 d

1 Jörg ist allein durch Europa gefahren.
2 Ich bin nicht ins Reisebüro gegangen.
3 Am Flughafen hört man immer die Frage:
4 Du warst zu spät dran und hast den Flug verpasst!
5 Die U-Bahn hat eine automatische Tür.
6 Ich weiß nicht, wann dein Zug abfährt.
7 Am Bahnhof gibt es keine Gepäckwagen.
8 Das Essen am Flughafen ist teuer.

a Ich habe die Reise selber im Internet gebucht.
b Da bist du selber schuld.
c Das musst du doch selber wissen!
d Er hat viel über sich selbst gelernt.
e Wir müssen unsere Taschen selber tragen.
f Sie geht von selbst auf.
g Wir haben ein paar Brote selbst gemacht.
h „Haben Sie Ihren Koffer selbst gepackt?"

3 b Hör dir die Aufnahme in Übung 2 noch einmal an und finde die vier Sätze, in denen die Wörter *selbst* und *selber* vorkommen. Schreib die Sätze auf und übersetze sie in deine Sprache.

Beispiel: 1 Ich selber bevorzuge eine langsame Reise mit dem Zug.

4 Partnerarbeit. Macht Dialoge.

1 Was kannst du auf diesem Bild sehen?
2 Was machen die Kinder?
3 Wo werden sie deiner Meinung nach alle hinfahren?
4 Wie fühlen sie sich? Woher weißt du das?
5 Was für eine Reise würdest du gern machen? Mit welchen Verkehrsmitteln?

5 Schreib einen Text für dein Tagebuch (130–150 Wörter) über eine Reise, die du gemacht hast. Es kann entweder eine wirkliche oder eine fiktive Reise sein. Du musst Folgendes erwähnen:
● das Ziel der Reise und wie lange sie dauerte
● mit welchen Verkehrsmitteln du unterwegs warst
● was gut und was schlecht an der Reise war
● was du das nächste Mal anders machen willst.

Vokabular

3A.1 Was gibt es in deiner Stadt?

ab und zu	früh	das Krankenhaus	selten
abends	*geöffnet*	manchmal	spät
die Bibliothek	geschlossen	das Museum	die Stadt
das Einkaufszentrum	das Hallenbad	das Rathaus	*vormittags*
einmal	*häufig*	*regelmäßig*	
fast	immer	das Schloss	
das Fitnesszentrum	*das Kino*	das Schwimmbad	

3A.2 Mein Wohnort

die Ampel	die Gegend	die Kreuzung	*der Stadtrand*
auf dem Lande	*die Großstadt*	malerisch	*überfüllt*
der Baum	*der Hintergrund*	mieten	*die Umgebung*
sich befinden	der Hügel	der/die Nachbar(in)	umziehen
die Brücke	industriell	*riesig*	*die Verschmutzung*
das Feld	jemand	*rumhängen*	viel los
der Fluss	*der/die Klassenkamerad(in)*	das Schaf	weit

3A.3 Stadt oder Land – wo wohnst du lieber?

ärgern	*genießen*	die Lebensqualität	*sich überlegen*
der Dreck	getrennt	die Luft	*der Vergleich*
einsam	*günstig*	*die Möglichkeit*	der Vorort
empfangen	*die Handyverbindung*	nebenan	zahlreich
sich entscheiden	hässlich	öffentliche Verkehrsmittel	
das Freibad	*das Hochhaus*	*die Ruhe*	
geeignet	*der Lärm*	*stören*	

3B.1 Wie viel kostet das?

die Apotheke	genug	der Marktplatz	die Scheibe
die Bäckerei	*das Gramm*	mehrere	das Schreibwarengeschäft
ein bisschen	Hundert	die Metzgerei	das Stück
die Buchhandlung	kaufen	*der Musikladen*	der Supermarkt
die Dose	das Kaufhaus	die Packung	tausend
die Drogerie	*das Kilo*	das Paar	viel
einige	*das Kleidergeschäft*	der Preis	wenig
einkaufen	der Markt	die Schachtel	ziemlich

3B.2 Einkaufszentrum oder Tante-Emma-Laden?

altmodisch	der Champignon	die Kleidung	das Rindfleisch
der Apfel	*die Einkaufsgewohnheiten*	klein	der Schmuck
ausgeben	einzig	der Kohl	der Souvenirladen
die Auswahl	die Erdbeere	die Lebensmittel	teuer
die Banane	der Fisch	der Pfirsich	die Tomate
besser	frisch	preiswert	*verschieden*
billig	groß	die Qualität	*das Warenhaus*
der Bonbon	*das Hackfleisch*	der Reis	die Zwiebel
das Brot	*die Klamotten*	riesengroß	

3B.3 Steinreich oder pleite? – Taschengeld

die Arbeit	bewerben (sich) um	das Büro	die Firma
arbeiten	bezahlen	der/die Chef(in)	*der/die Gärtner(in)*
bekommen	bezahlt	*der Einkaufssüchtige*	das Geld

genug
das Geschenk
das Geschirr
den Hund ausführen
der/die Kellner(in)
der Koch / die Köchin

der Kunde / die Kundin
die Lehre
der Lohn
der Nebenjob
reichen
der Schaufensterbummel

selbstständig
sich leisten
sparen
spülen
die Stellenanzeige
das Taschengeld

verantwortlich
verdienen
der/die Verkäufer(in)
Zeitungen austragen

3C.1 Bank und Geldwechsel

die Bank
der/die Bankangestellte
bar
brauchen
die Debitkarte
Entschuldigung
der Euro

der Franken
Geld abheben
der Geldautomat
geboren
geradeaus
gern
die Kreditkarte

das Konto
Lieblings-
neulich
das Portemonnaie
der Schein
die Sparbüchse
die Sparkasse

suchen
die Summe
es tut mir leid
umtauschen
die Währung
wechseln
die Wechselstube

3C.2 Kommunikationsmittel im Alltag

abschicken
der Brief
direkt
ein paar
ein wenig
der Empfang
entspannt

der Gast
die Gäste (pl)
das Handy
kommunizieren
langsam
der Laptop
die Nachricht

der Ort
das Passwort
reservieren
schnell
skypen
die SMS
soziales Netzwerk

die Stadtmitte
stressig
surfen
das Telefonat
das Wifi
wissen
das WLAN

3C.3 Verloren und gefunden

die Armbanduhr
ausfüllen
der Ausweis
der Bahnsteig
der/die Besitzer(in)
bringen
erleichtert

der/die Finder(in)
der Finderlohn
froh
das Fundbüro
die Fundsache
der Gegenstand
die Geldbörse

die Katze
kompliziert
melden
die Nachricht
notwendig
der Schirm
die Schlüssel

suchen
die Tür
vergessen
verlieren
der Verlust
vorgestern
der Zettel

3D.1 Die Umwelt schützen

ausmachen
benutzen
die Bahn
die Baumwolle
die Broschüre
der Container
die Energie

faul
die Flasche
das Fleisch
das Glas
kein
nie
niemand

das Papier
die Papiertüte
die Plastikflasche
die Plastiktüte
recyceln
das Recycling
die Region

regional
schützen
umweltfreundlich
der Umweltschutz
verbessern
die Zeitschrift

3D.2 Nationalparks – wie wichtig sind sie?

der Aspekt
der Ausflug
die Aussicht
die Bäume (pl)
beliebt
der Berg
durstig

erlaubt
etwas
grillen
die Jahreszeit
jemand
der Kilometer
man

der Nationalpark
nichts
nützlich
oben
die Pflanze
probieren
reiten

das Tier
die Tierart
unglaublich
wandern
zeigen

3D.3 Umweltprobleme

Angst haben
die Atomkraft
die Einführung

die Emission
das Erdöl
erfolgreich

die Erwärmung
funktionieren
die Katastrophe

der Konsum
konsumieren
nötig

der Regenwald
der Sonnenkollektor
der Verbrauch
zerstören

retten
die Überschwemmung
der Verkehr
zusammenarbeiten

saurer Regen
umweltbewusst
der Verkehrsstau

schädlich
unterstützen
die Welt

3E.1 Wie ist das Wetter?

bewölkt
der Norden
schneien
das Wetter

blitzen
der Nordosten
sonnig
windig

donnern
der Nordwesten
der Süden
die Wolke

das Gewitter
der Osten
der Südosten
wolkig

gut
regnen
der Südwesten

heiß
regnerisch
warm

kalt
schlecht
der Westen

3E.2 Eine Wettervorhersage

der Anfang
nass
das Risiko
die Temperatur

bedeckt
der Nebel
der Schnee
trocken

der Donner
nebelig
die Sonne
der Wetterbericht

die Geschwindigkeit
der Regen
steigen
der Wind

der Grad
der Regenschauer
der Sturm

der Himmel
der Regenschirm
stürmisch

3E.3 Trockenheit und Tornados – der Klimawandel

das Abholzen
die Dürre
das Kohlendioxid
reduzieren (um 2 Grad)

das Ansteigen (um 2 Grad)
die Erde
der Mangel
schmelzen

die Ausbreitung der Wüsten
das Holz
der Meeresspiegel
der Tornado

aussterben
der Klimawandel
die Menschheit
der Treibhauseffekt

vom Aussterben bedroht
die Kohle
das Öl
verschmutzt

3F.1 Hallo und Guten Tag!

alles klar?
die Freunde (pl)
guten Tag
servus

die Anrede
Grüezi
hallo
Sie

auf Wiedersehen
die Gruppe
hey!
tschüss

die Begrüßung
der Gruß
ihr
wie geht es Ihnen?

bis bald
Grüß Gott!
sich kennen
wie geht's?

du
grüßen
die Kinder (pl)
willkommen

der/die Erwachsene
guten Abend
moin

der/die Fremde
guten Morgen
Respekt

3F.2 Unser Alltag

das Abendbrot
die Fasnacht
der Käse
die Schokolade

der Alltag
die Frühe
das Müsli
sich Sorgen machen

ausgehen
gemeinsam
der Müsliriegel
das Süße

der Beste
die Gewohnheit
das Pausenbrot
der Umzug

der Brauch
gewohnt sein
das Raclette
der/die Vernünftige

eiskalt
die Jause
radeln
der Wecken (das Weggli)

erlauben
das Kartenspiel
das Rösti

3F.3 Schulaustausch

abholen
deutlich
nervös
während

anders
eigenes
obwohl
weil

der Austausch
einfallen
sich verstehen
wenn

der/die Austauschpartner(in)
sich fragen
teilen
wie bitte?

sich bemühen
die Gastfamilie
teilnehmen

bevor
in Kontakt bleiben
übersetzen

dass
nachdem
verstehen

3G.1 Länder und Traditionen

der/die Amerikaner(in)	der/die Inder(in)	der/die Spanier(in)	der Türke / die Türkin
der Chinese / die Chinesin	der/die Japaner(in)	*der Tannenbaum*	*der Umschlag*
der/die Deutsche	*jodeln*	tanzen	*der Walzer*
das Dirndl	das Land	die Tradition	werfen
essen	*der/die Mexikaner(in)*	traditionell	
fasten	*die Nationalität*	*tragen*	
das Glück	schenken	die Traube	

3G.2 Feste

die Achterbahn	feiern	der Mantel	*das Volksfest*
am Abend	der Feiertag	das Neujahr	*voraussagen*
basteln	das Fest	*das Oktoberfest*	die Wanderung
beeindrucken	*gießen*	Ostereier suchen	der Weihnachtsbaum
der/die Bettler(in)	die Kerze	reservieren	Weihnachtslieder singen
das Blei	*die Laterne*	die Touristen (pl)	*weltweit*
bunt	*der Laternenumzug*	die Tracht	zu Hause
farbenfroh	der Löffel	typisch	

3G.3 Ich war beim Fasching

der Berliner	*der Geist*	*das Kostüm*	die Trompete
das Dorf	geschmückt	das Lied	*sich verkleiden*
erkennen	die Girlande	*die Maske*	*verkleidet*
fangen	*grauenhaft*	der Schwarzwald	*die Verkleidung*
der Fasching	*die Guggenmusik*	springen	zuerst
die Fasnacht	*die Hexe*	*das Stroh*	
das Feuer	der Karneval	die Trommel	

3H.1 Wie kommst du dahin?

das Auto	die Fahrt	*der/die Passagier(in)*	die U-Bahn
der Bahnhof	fliegen	der Platz	der Wagen
bequem	das Flugzeug	Rad fahren	weit
der Bus	halten	*die S-Bahn*	*das Ziel*
dorthin	die Haltestelle	*sonst*	zu Fuß
das Fahrrad	öffentlich	die Straßenbahn	der Zug

3H.2 Einsteigen, bitte!

abfahren	die Einzelfahrkarte	gültig	der Schalter
die Abfahrt	*entwerten*	der Koffer	*umsteigen*
abstempeln	*erhalten*	*die Kurzstrecke*	*unterwegs*
die Ankunft	erreichen	*die Nahverkehrszone*	die Verspätung
ausdrucken	*der Fahrplan*	die Reise	der Zeitungskiosk
aussteigen	der Flughafen	*die Richtung*	
sich befinden	die Fußgängerzone	die Rückfahrkarte	
dauern	das Gepäckschließfach	*rund um die Uhr*	

3H.3 Gute Reise!

atemberaubend	buchen	*das Handgepäck*	*das Tal*
der Ausblick	einchecken	die Landschaft	*traumhaft*
bevorzugen	*die Erfahrung*	*das Reisebüro*	*das Ufer*
der Billigflug	erklären	der/die Reisende	*wechselhaft*
an Bord	*fließen*	*der Reiseplan*	
breit	*sich freuen (auf)*	*das Reiseziel*	

Bayern – das Land der Seen und Berge

Laptop und Lederhosen

Bayern ist eines der 16 Bundesländer in Deutschland und liegt im Südosten Deutschlands. Es ist das zweitgrößte Bundesland und hat rund 12.700.000 Einwohner. München hat zirka 1,5 Millionen Einwohner und ist die größte Stadt Bayerns. Weitere größere Städte sind Nürnberg, Augsburg, Würzburg und Regensburg.

Bayern liegt in den Alpen und dort ist der höchste Berg Deutschlands, die Zugspitze. Sie ist 2.962 Meter hoch. Es gibt über 1.600 Seen und zwei Nationalparks. Der größte See ist der Chiemsee. Dort gibt es den Chiemsee Summer, ein Festival mit Hip Hop, Rock, Reggae und Elektro und 100 Bands. Die Donau fließt durch Bayern. Neun der zehn höchsten Wasserfälle Deutschlands befinden sich in Bayern. In Bayern kann man Sportarten wie Stand Up Paddling und Kite Surfing ausprobieren.

In München findet einmal pro Jahr das berühmte Oktoberfest statt und der weltweit bekannte Fußballverein FC Bayern ist dort zu Hause. Der König von Bayern, Ludwig II, war ein sehr berühmter Mann Bayerns. Er hat drei sehr berühmte Schlösser in Bayern bauen lassen. Das bekannteste ist Schloss Neuschwanstein.

München ist das Informations- und Kommunikationstechnologie IKT-Zentrum in Europa – auf Platz 1 vor London und Paris. Die Stadt ist auch Zentrum für Luft- und Raumfahrttechnik.

Bayern hat viele Traditionen. Es gibt viele Trachtenvereine und Musikkapellen in Bayern. Typisch für Bayern ist die Weißwurst mit Brezel.

1   Lies die Informationen über Bayern. Korrigiere die Sätze. Sie sind alle falsch.

Beispiel: 1 ~~München~~ ist eines der größten Bundesländer in Deutschland. Bayern

1   München ist eines der größten Bundesländer in Deutschland.

2   Die Zugspitze ist der höchste Berg Europas.

3   Das Festival findet im Frühling statt.

4   In Bayern gibt es wenige Wassersportarten.

5   Ludwig II hat nur das Schloss Neuschwanstein gebaut.

6   München ist das wichtigste Zentrum für Medien in der Welt.

7   Für Bayern spielen traditionelle Kleidung und Musik eine kleine Rolle.

8   Das traditionelle Essen ist vegetarisch.

Ist Bayern cool?

boarischG

Also, ich finde mein Bundesland super, weil ich viel tun kann. Ich fahre gern Snowboard und wenn es wärmer ist, mache ich Wassersportarten. Es wird nie langweilig! Das Highlight ist für mich das Musikfestival „Rock im Park" bei Nürnberg. Dort kann man mit 70.000 Festivalgästen feiern!

FCbub

Für Fußballfans ist Bayern ein Traum! Wir haben eine tolle Mannschaft. Die Allianz Arena, also das Fußballstadion, ist etwas Besonderes. Ich lebe wirklich gerne in München, aber leider ist es ziemlich teuer, dort zu wohnen.

Allianz Arena

weltenbummler3

Ich mag die bayrischen Traditionen. Im Spätsommer bin ich gern beim Almabtrieb dabei – die Kühe werden festlich mit Blumen geschmückt und vom Berg geholt. Mit dem Almabtrieb feiert man das Ende des Sommers. Das ist faszinierend, weil es diese Tradition schon seit vielen Jahren gibt. Als Mozartfan gehe ich auch gern zum Mozartfest in Würzburg. Manchmal verstehe ich den Dialekt nicht, das nervt mich ein wenig.

Almabtrieb

dahoam20

Ich treffe mich gern mit meinen Freunden in München. Dort treffen wir uns im Englischen Garten. Er ist einer der größten Stadtparks der Welt. Wir schauen den Surfern an der Eisbachwelle zu oder spielen Frisbee. Meine Freunde gehen gern in Museen und deshalb kenne ich das Deutsche Museum sehr gut. Also, es gibt nichts, was ich an Bayern nicht mag!

Andreas Bourani, ein Star aus Bayern

Andreas Bouranis Leben ist interessant, aber die Reihenfolge stimmt nicht. Ordne die Sätze chronologisch ein.

1   Er hat bis heute zwei Nummer-1-Hits in den deutschen Charts. 2016 gewann ein Kandidat aus Bouranis Team die 6. Staffel der Sendung „The voice of Germany". Heute lebt Andreas Bourani in Berlin.

2   Andreas Bourani ist 1983 in Augsburg geboren und ist bei Adoptiveltern als Andreas Stiegelmair aufgewachsen. In seiner Schulzeit entdeckt der Sänger sein Talent für die Musik am Gymnasium bei St. Stephan.

3   Ein Jahr nach seinem Vertrag erscheint seine erste Single „Nur in meinem Kopf".

4   Nebenbei besucht der Schüler die private Musikschule Downtown Music Institute in Augsburg, wo er Gesangsunterricht bekam.

5   Nach mehreren Jahren auf kleinen Bühnen bekommt er 2010 einen Plattenvertrag bei Universal Music.

6   Nur einen Monat später, im Juni, veröffentlicht Andreas Bourani sein Debütalbum mit dem Titel „Staub & Fantasie", das es bis auf Platz 23 der Charts schafft.

7   Drei Jahre später wird seine Single „Auf uns" während der Fußball-Weltmeisterschaft bekannt und zum Hit.

Willkommen in Wien!

Wien – da ist immer etwas los!

Hallo, ich bin Alex und komme aus Wien. Wien ist ziemlich cool, nicht nur für Touristen. Die Stadt hat schöne historische Gebäude wie das Rathaus und das Parlament. Der Stephansdom ist vielleicht das bekannteste Gebäude. In Wien kann man sehr gut shoppen – in der Mariahilferstraße, zum Beispiel! Dort gibt es die großen, bekannten Geschäfte, aber auch kleine, unabhängige Geschäfte, die hip sind!

Ich fahre fast jede Woche in den Prater, weil ich gern Inliner fahre und dort gibt es viel Platz und auch viel Grün. Meine Freunde kommen auch mit. Fahrgeschäfte sind nichts für mich, aber meine Freunde fahren manchmal mit der Achterbahn und ich schaue ihnen zu.

Wenn mein Austauschpartner hier ist, gehen wir immer ins Museumsquartier, ein Treffpunkt für Jugendliche, Hipster und Touristen. Wir gehen auch zusammen ins Musa, weil wir beide moderne Kunst manchmal ganz witzig finden!

Mit meinem Austauschpartner gehe ich auch immer in ein Kaffeehaus oder eine Konditorei, weil er so gern Apfelstrudel isst. Ich esse lieber eine Sachertorte. Dazu trinken wir einen kleinen Braunen (Espresso mit Milch) und wir lesen dort die Zeitung und fühlen uns erwachsen! 😊

Ich gehe jeden Tag auf dem Weg zur Schule an der Spanischen Hofreitschule vorbei. Dort sind die Lippizaner, die weißen Pferde, die jahrelang trainiert werden, um das weltberühmte Ballett zu tanzen. Bei Touristen ist das sehr beliebt.

Ich verbringe viel Zeit im Jugendzentrum im 12. Bezirk. Dort gibt es viele Projekte für uns und ich kann mit meinen Freunden chillen.

Am Wochenende geht mein älterer Bruder immer ins Bermudadreieck, die Partymeile in Wien, während ich lieber mit meinen Freunden ins Kino gehe. Manchmal gehe ich sogar in die Staatsoper – als Jugendlicher bekommt man extrem günstige Karten!

1 Lies das Blog von Alex. Schreib R (richtig), F (falsch) oder NA (nicht angegeben).

Beispiel: 1 NA

1 Das Parlamentsgebäude ist das älteste Gebäude der Stadt.

2 Im Prater kann man nur Sport treiben.

3 Alex interessiert sich ab und zu für moderne Kunst, weil er sie lustig findet.

4 Alex und sein Austauschpartner essen beide gern Süßspeisen in Wiener Cafés.

5 Die Hofreitschule trainiert Pferde, damit sie Pferderennen gewinnen.

6 Alex entspannt sich täglich mit seinen Freunden im Jugendzentrum.

7 Am Wochenende möchte er mit seinem Bruder ins Bermudadreieck gehen.

8 Der Eintritt für die Staatsoper ist für Teenager sehr billig.

Das Donauinselfest

Das Donauinselfest ist ohne Zweifel eine der besten Partys der Welt. Welcher Titel passt zu welchem Absatz?

1 Beliebt bei den Stars

2 Moderne Architektur

A Die Donauinsel, eine große Insel in der Mitte der Donau, ist es ein ruhiger Ort für Radfahrer, Jogger und Spaziergänger. Es gibt dort auch Bademöglichkeiten. Die Donauinsel bietet Skaterareale, Wasserrutschen und Wakeboarden. Die Gegend dort ist ziemlich abwechslungsreich – manche Gebäude sehen sehr futuristisch aus und es gibt viele Wolkenkratzer.

B Einmal im Jahr, Ende Juni, findet dort aber eine Mega-Party mit rund 1.500 Künstlern und drei Millionen Besuchern statt. Der Eintritt ist frei. Es ist ein Paradies für Fans von verschiedenen Musikrichtungen, unter anderem von elektronischer Tanzmusik, Metal, Rap, Elektro-Punk und Pop-Dance-Musik. Auch internationale Künstler lassen sich gern auf dem Donauinselfest feiern. Es handelt sich hier um das größte Open-Air-Event Europas!

C 18 verschiedene Themeninseln bieten den Besuchern ein vielfältiges Programm. Auf der Action & Fun-Insel gibt es eine Bike-Show oder man kann beim Sandsack-Wettlauf mitmachen! Auf der Sportinsel kann man auch aus zehn Metern Höhe in ein Luftkissen springen!

D Es gibt 300 Stände, die Gerichte aus aller Welt anbieten und 600 Stunden Programm, für Groß und Klein. Ein tolles Event!

E An der Donauinsel befindet sich ein Schulschiff – dort ist das Bertha-von-Suttner-Gymnasium untergebracht!

3 Lernen an einem ungewöhnlichen Ort

4 Ein Event für die ganze Familie

5 Verrückte und ungewöhnliche Aktivitäten

Informationen über Wien

Wie gut kennst du Wien? Wähl die richtige Antwort. Rate, wenn du es nicht weißt!

1 Wien ist die Hauptstadt Österreichs und hat ❓ Einwohner.

  A 1,8 Millionen   B 3 Millionen   C 700.000

2 Wien ist gleichzeitig auch eines der ❓ Bundesländer von Österreich.

  A 16   B 9   C 27

3 Wien ist die größte Universitätsstadt im deutschsprachigen Raum. Zirka ❓ Studenten studieren an der Universität Wien und an Fachhochschulen.

  A 195.000   B 500.000   C 50.000

4 Wien ist eine der innovativsten Städte der Welt und ist im Ranking auf Platz ❓ – fast so innovativ wie London und San Franciso/San Jose.

  A 10   B 3   C 1

5 ❓ von Wien besteht aus Grünflächen.

  A Weniger als die Hälfte   B Die Hälfte
  C Mehr als die Hälfte

6 Das höchste Gebäude in Wien ist der DC Tower – er ist ❓ Meter hoch.

  A 300   B 250   C 600

7 Der Fluss ❓ fließt durch Wien.

  A Rhein   B Spree   C Donau

8 Wien liegt im ❓ Österreichs.

  A Süden   B Westen   C Osten

Unterwegs

Prüfungsecke 3.1

Hörverstehensübungen: höhere Schwierigkeitsstufe

Wichtige Hinweise

In diesem Teil findest du drei Arten von Hörverstehensübungen:

- die richtige Antwort von vier Möglichkeiten wählen (A, B, C oder D)
- Sätze beenden
- die richtige Kategorie auswählen.

Du wirst diese Arten von Hörtexten hören:

- drei Personen sprechen über Erfahrungen
- eine Person gibt ihre Meinung
- eine Person beantwortet Fragen bei einem Interview.

> → Du wirst verschiedene Zeitformen hören. Du musst den Unterschied zwischen Vergangenheit, Präsens und Futur erkennen.
> → Die Antwort ist nicht immer sofort klar – du musst nachdenken. Das heißt, die Antwort benutzt oft andere Wörter als das, was man hört.
> → Du kannst beim Hören Stichpunkte machen, aber vergiss nicht, sie nachher durchzustreichen.

Die richtige Antwort von vier Möglichkeiten wählen (A, B, C oder D)

1 a Partnerarbeit. Seht euch Übung 1b an. Lest die möglichen Antworten, bevor ihr euch den Hörtext anhört. Besprecht, was die möglichen Antworten (A–D) bedeuten. Welche Antwort von den vier Möglichkeiten ist eher unwahrscheinlich, und warum?

Beispiel:

A *Im Beispiel ist die Antwort A eher unwahrscheinlich, weil ein Tag sehr kurz ist.*

B *Das stimmt. Die anderen Antworten sind alle möglich.*

> → Lies den Titel und die Antworten (A–D). Dann hast du eine Idee, worum es geht.
> → Du wirst sicherlich synonyme Wörter oder Ausdrücke hören.
> → Die Antwort ist nicht immer sofort offensichtlich. Du musst manchmal darüber nachdenken, um eine versteckte Lösung zu finden.
> → In der Antwort liest du manchmal einzelne Wörter, die du auch hörst. Vorsicht! Es könnte eine Falle sein!

Andreas Reise nach Deutschland

1 b Andreas Reise nach Deutschland. Hör zu. Was sagt Andrea? Wähl die richtige Antwort (✗).

Beispiel: Andrea war ... in Deutschland

☐	**A**	einen Tag.
☐	**B**	zehn Tage.
☒	**C**	zwei Wochen.
☐	**D**	eine Woche.

(a) Andrea ist ...

☐	**A**	geflogen.
☐	**B**	**mit** einem Reisebus gefahren.
☐	**C**	mit dem Zug gefahren.
☐	**D**	mit dem Auto gefahren.

(b) Andrea wohnte ...

☐	**A**	in einem Schullandheim.
☐	**B**	in einem Luxushotel.
☐	**C**	in einer Jugendherberge.
☐	**D**	bei einer Gastfamilie.

(c) Andrea konnte jeden Tag ...

☐	**A**	im Meer schwimmen.
☐	**B**	ihr Deutsch üben.
☐	**C**	Klavier spielen.
☐	**D**	einkaufen gehen.

(d) Andrea und Gabi haben ...

☐	**A**	sich gut verstanden.
☐	**B**	oft gestritten.
☐	**C**	Ausflüge gemacht.
☐	**D**	Englisch gesprochen.

(e) Gabis Vater arbeitet

☐	**A**	in einer Fabrik.
☐	**B**	in einem Krankenhaus.
☐	**C**	in einer Schule.
☐	**D**	in einem Geschäft.

(f) Andrea hat an ihre Familie gedacht und hat ...

☐	**A**	Geschenke gekauft.
☐	**B**	Heimweh gehabt.
☐	**C**	nichts gegessen.
☐	**D**	ihren Bruder angerufen.

[Total: 6]

Sätze beenden

2 a Partnerarbeit. Seht euch Übung 2b an. Welche zwei Wörter könnten in jede Lücke passen? Sagt, warum die Worte passen könnten.

Beispiel: **A** *Für die Lücke im Satz (a) braucht man ein Nomen und es muss feminin sein.*
B *Es könnte also entweder E (Katastrophe) oder I (Energie) sein.*

> → Du musst zuhören, aber die Grammatik muss auch richtig sein.
> → Du musst alle Lücken ausfüllen. Im Notfall musst du raten!

Der Treibhauseffekt

2 b Hör zu. Was hört man im Bericht? Trage den richtigen Buchstaben ein.

A fahren	**D** Möbel	**G** Erde	**J** bewölkt	**M** verschmutzt
B bedroht	**E** Naturkatastrophe	**H** trocken	**K** leben	
C Sturm	**F** zerstört	**I** Energie	**L** sauber	

Beispiel: Die … wird immer wärmer.	G
(a) Zu viel Regen kann zu einer … führen.	
(b) In Afrika ist es oft zu …	
(c) Viele Tierarten sind vom Aussterben …	
(d) Wir sollten Holz aus unseren eigenen Wäldern für … benutzen.	
(e) Auch Schüler können umweltbewusster …	
(f) Bei normalem Verkehr sind die Innenstädte weniger …	

[Total: 6]

Die richtige Kategorie wählen

3 a Partnerarbeit. Sind diese Ausdrücke positiv oder negativ?

Beipiel: 1 positiv

1 Ein Vorteil ist …

2 Das mag ich nicht.

3 Das macht mir Spaß.

4 Ich habe keine Lust.

5 Das Schlimmste ist …

6 Ich hasse es.

7 Was mir am meisten gefällt, ist …

8 Das ist Spitze!

9 Ich bin dagegen.

10 Schrecklich!

→ Lies die positiven und negativen Ausdrücke (1–10) noch einmal. Kannst du noch andere Ausdrücke finden?

→ Es ist nicht nötig in ganzen Sätzen zu schreiben.

→ Hör gut bei negativen Ausdrücken zu. Sie bedeuten manchmal etwas Positives!

Einkaufen

3 b Hör zu. Eine Frau spricht über Einkaufen. Was sagt sie? Mach Notizen auf Deutsch. Vollständige Sätze sind nicht nötig.

	Positiv	Negativ
Beispiel: Innenstadt	kleine interessante Läden	kleine Läden sind teuer
Einkaufszentrum	(a) ……… (b) ………	(c) ………
Online	(d) ………	(e) ……… (f) ………

[Total: 6]

Unterwegs

Prüfungsecke 3.2

Leseverstehensübungen: höhere Schwierigkeitsstufe

Wichtige Hinweise

In diesem Teil findest du zwei Arten von Leseverstehensübungen:

- einen Text lesen und Notizen machen
- Fragen auf Deutsch beantworten.

Du wirst diese Art von Texten finden:

- Auszug aus einem literarischen Werk: Roman, Poesie oder historischer Text
- Sachtext aus einem Artikel, einer Webseite oder einem Informationsblatt.

→ Lies den Text schnell durch, damit du ungefähr weißt, worum es geht.
→ Lies die Aufgabenstellung, damit du weißt, was du tun musst.
→ Lies die Fragen, bevor du den Text zum zweiten Mal langsam durchliest.
→ Beachte die Zeitformen im Text. Du musst den Unterschied zwischen Vergangenheit, Präsens und Futur erkennen.

Einen Text lesen und Notizen machen

1 a Sieh dir Übung 1b an. Kopiere die Wörter und Ausdrücke (a–i) und übersetze sie in deine Sprache.

Beispiel: (a) Urlaubsort

Das Ende der Reise

Es ist Sonntagmorgen und die Temperaturen sind angenehm hoch. Seit zwei Tagen genießen die Geschwister die Sehenswürdigkeiten der österreichischen Hauptstadt: das Schloss Schönbrunn, den Prater Park, den Stephansdom. Das Schiff, das eine Woche lang für sie ein schwimmendes Hotel war, ist mit seinen neuen Passagieren schon abgefahren. Müde aber glücklich verbringen Hannes und Steffi das Wochenende in einer Jugendherberge in Wien, bevor sie morgen um Viertel vor elf nach Bremen zurückfliegen werden, wo sie zu Hause sind.

„Mir tun die Beine so weh!", sagt Hannes. Steffi lacht. „Kein Wunder", sagt sie. „Wir sind sehr weit geradelt. Jeden Tag waren wir mindestens fünf Stunden unterwegs." Nach dem Mittagessen an einem billigen Imbissstand werden die Geschwister das bekannte Donauinselfest besuchen, das jedes Jahr im Juni stattfindet. „Ich freue mich so auf das Fest", sagt Hannes. „Du weißt doch, dass meine Lieblingsgruppe dort spielen wird." „Toll", sagt Steffi. „Die Musik wird hoffentlich fantastisch sein, aber ich bin nicht sicher, dass du in der Lage bist, viel zu tanzen!"

1 b Lies den Auszug aus dem Text „Das Ende der Reise" und mach Notizen. Ergänze die Sätze auf Deutsch.

Beispiel: Wetter: warm

(a) Urlaubsort: .... (1)

(b) Historisches Gebäude: .... (1)

(c) Schlafplatz letzte Woche: .... (1)

(d) Schlafplatz jetzt: .... (1)

(e) Laune der Geschwister: .... und .... (2)

(f) Wohnort: .... (1)

(g) Abflugzeit: .... (1)

(h) Körperteil, wo Hannes Schmerzen hat: .... (1)

(i) Plan für den Nachmittag: .... (1)

[Total: 10]

→ Es ist genauso wichtig, die Schlüsselwörter in den Fragen wie die Wörter im Text zu verstehen.

→ Mach eine Liste von Schlüsselwörtern, wie in Übung 1a, und lerne sie. (Ort, Gebäude, ...)

→ Du sollst Notizen machen, also brauchst du keine ganzen Sätze.

Fragen auf Deutsch beantworten

2 a Lies die Fragen zum Text „Das zentrale Fundbüro der Stadt" in Übung 2b. Welche Zeitform (Vergangenheit, Präsens, Futur) oder welches Modalverb (*müssen, können* usw.) kommt in jeder Frage vor?

Beispiel: (a) Präsens

Das zentrale Fundbüro der Stadt

Jährlich bearbeiten unsere Angestellten mehr als 40 000 Fundsachen. Alles, was man in den Freibädern, Restaurants, Galerien, Theatern, Kaufhäusern, Bussen und U-Bahnen in unserer Stadt verloren hat, kommt zu uns. Haben Sie etwas verloren? Dann können Sie es online suchen oder, wenn Sie keinen Internetanschluss haben, besuchen Sie uns oder rufen Sie uns an: mittwochs sind wir geschlossen.

Die am häufigsten gefundenen Gegenstände sind Handys. Danach kommen Schlüssel und Regenschirme. Es sind vor allem Leute im Alter von 20 bis 24 Jahren, die ihren Führerschein oder Reisepass verlieren. Das wissen wir, weil diese Artikel den Geburtstag des Besitzers zeigen. Wir behalten Ihre Sachen für ein halbes Jahr und dann verkaufen wir sie, wenn möglich. Mit dem Geld kaufen wir Weihnachtsgeschenke für Kinder, die im Krankenhaus sind.

Manchmal bringt man auch Tiere zu uns. Sie können Bilder von Hunden, Katzen oder Meerschweinchen online sehen. Vor zwei Jahren hatten wir sogar eine Schildkröte im Alter von über dreißig Jahren. Die Tiere bleiben natürlich nicht im Fundbüro, sondern finden Unterkunft in einem Tierheim.

Es ist unglaublich, was einige Menschen verlieren. Letzten Monat bemerkte eine bekannte Musikerin, dass sie ihre wertvolle Geige im Zug vergessen hatte, als sie in einem Konzert spielen sollte. Glücklicherweise hatte jemand das Instrument gefunden und rechtzeitig vor Beginn des Konzerts bei uns abgegeben.

2 b Beantworte die Fragen auf Deutsch. Vollständige Sätze sind nicht nötig.

(a) Auf welchen öffentlichen Verkehrsmitteln findet man oft etwas? .... (1)

(b) Was soll man machen, wenn man keinen Computer hat? Gib **zwei** Details. (2)

1 ....   2 ....

(c) Was verliert man öfter als alles andere? .... (1)

(d) Welche Leute verlieren ihre Ausweispapiere am häufigsten? .... (1)

(e) Was machen die Angestellten mit den Fundsachen nach sechs Monaten? .... (1)

(f) Was muss man machen, wenn man ein Tier verloren hat? .... (1)

(g) Warum war ein gefundenes Tier besonders interessant? .... (1)

(h) Warum war die Musikerin glücklich, als sie ihr Instrument wieder gefunden hat? Gib **zwei** Details. (2)

1 ....   2 ....

[Total: 10]

→ Die Fragen sind in der gleichen Reihenfolge wie die Informationen, die du suchst.
→ Die Zahl nach der Frage zeigt, wie viele Details du angeben musst. Zum Beispiel (1), (2) oder (3).
→ Das Fragewort am Anfang jeder Frage ist sehr wichtig. Wenn die Frage mit dem Wort *wer* beginnt, muss es um eine Person oder mehrere Personen gehen.
→ Mach eine Liste von Fragewörtern und lerne sie.

4A Childhood

Abfliegen

4A.1 Als ich ein Kind war, ...

★ Über Erfahrungen aus der Kindheit sprechen
★ Präteritum (1)

1 Welches Wort passt hier nicht? Warum?

Beispiel: 1 Zeitung – Man kann nicht mit der Zeitung spielen.

1 Puppe – Spielzeug – Ball – Zeitung
2 Jugendlicher – Kind – Erwachsener – Teenager
3 laufen – springen – hoffen – hüpfen
4 bevorzugen – vorziehen – gefallen – hassen
5 Ort – Oma – Opa – Onkel
6 Geschichten – Tochter – Lieder – Spiele
7 glücklich – schwer – angenehm – gut
8 fernsehen – im Freien – in der Natur – draußen

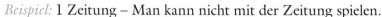

Ein Leben ohne Internet?

Peter (42) erzählt *Sicher!*, wie das Leben damals war.

Das Leben vor dem Internet war ganz anders! Ich habe meine Freunde getroffen und nicht nur am Computer gechattet oder eine Nachricht geschickt! Als Teenager haben wir manchmal Zeitung gelesen. Sie lag bei den Familien zu Hause auf dem Tisch. Heutzutage liest man die Zeitung meistens online. Wir hatten einen Fernseher aber kein Internet. Für mich war das Fernsehen aber auch spannend! Ich brauchte früher Bücher, um Informationen zu suchen. Es dauerte lange! Heute geht das so schnell.

Wir telefonierten früher viel mehr, glaube ich. Es war ganz normal, jemanden am Telefon einzuladen. Heutzutage macht man das schnell per SMS. Es gab viele Freizeitmöglichkeiten in der Natur – heute spielt man zu Hause Computerspiele. Musik downloaden? Unmöglich! Als Kinder kauften wir uns CDs im Musikgeschäft. Das Leben war weniger stressig ohne Hacker! Trotzdem ist es gut, dass wir heutzutage die neue Technologie haben. Es ist für mich heute viel einfacher, meine Lieblingsmusik zu bekommen und zu hören! Aber ich schreibe noch gern Briefe, wie in meiner Kindheit!

2 a Lies den Artikel. Welches Wort (a–o) passt zu jedem Satz (1–8)?

Beispiel: 1 e

1 Peter lebte damals ohne ....
2 Man schaltete abends anstatt des Internets den .... ein.
3 .... war nicht möglich.
4 Informationen .... er in Büchern.
5 Früher war man vor Hackern ....
6 Zu .... gab es manchmal eine Zeitung.
7 Man kaufte .... um seine Lieblingslieder zu hören.
8 Das Leben war ....

a Hause	d Fernseher	g sicher	j heute	m Download
b chatten	e *Internet*	h gab	k Natur	n Radio
c ruhiger	f suchte	i CDs	l gab	o langweiliger

2 b Lies den Artikel noch einmal. Was war früher anders als heute? Mach Notizen auf Deutsch.

Beispiel: Früher war die Zeitung aus Papier. Heute ist die Zeitung oft online.

3 Silvia, Robert, Ida und Lennart sprechen über ihre Kindheit. Wer passt zu jedem Satz (1–8)?

Beispiel: 1 Robert

    1 .... interessierte sich in seiner Jugend nicht für Instrumente.

    2 .... war gerne mit der Schule auf Exkursion.

    3 .... ist auf dem Land aufgewachsen.

    4 .... lernte als Kind Geige.

    5 .... spielte Badminton.

    6 Für .... war das Leben als Kind ruhiger als heute.

    7 .... war regelmäßig in der Natur.

    8 .... spielte erst als Teenager am PC.

4 Präteritum. Lies F1 in der Grammatik. Schreib die Form des Wortes, damit das Wort im Satz richtig ist.

Beispiel: 1 suchte

    1 Gestern .... (*suchen*) ich meinen Laptop lange im Wohnzimmer.

    2 Die Komödie gestern .... (*sein*) überhaupt nicht lustig.

    3 Jonas .... (*lachen*) gestern laut im Kino.

    4 Das Internet .... (*funktionieren*) gestern den ganzen Abend lang nicht.

    5 Am Wochenende .... (*kaufen*) Simon das neue Lied im Internet.

    6 Sarah .... (*lernen*) gestern Mathe mit einem Online-Programm.

    7 Gestern .... (*sein*) Jakob und Tina fast den ganzen Abend im Internet.

    8 Als Teenager .... (*surfen*) er gerne und oft im Internet.

5 Partnerarbeit. Macht Dialoge.

1 Was kannst du auf diesem Bild sehen?
2 Was machen die Kinder gerade?
3 Was haben die Kinder vorher gemacht?
4 Was hast du in der Grundschule gemacht?
5 Was machen Kinder heute nicht oder anders?

Auf diesem Bild	springen / laufen	vier Kinder.
Sie sind	gerade / im Moment	im Wald / in der Natur..
Vorher	waren sie	in der Schule / im Kindergarten / zu Hause.
In der Grundschule	habe ich	viel gespielt/gelernt / viel Freizeit gehabt / keinen Stress gehabt / Spaß gehabt / Lieder gesungen.
Die Kinder von heute	spielen	weniger/mehr / nur mehr am Computer / viel am Computer / nicht mehr / oft mit ihrem Handy.
Sie	sind	nicht oft in der Natur / immer im Internet/am Handy / auch kreativ.

6 Was hast du früher gemacht und was machst du heute nicht mehr? Schreib 60–75 Wörter auf Deutsch. Du musst alle Wörter hier benutzen.

| Grundschule | spielen | früher | Hobbys |

Unterwegs

4A.2 Als meine Großeltern jünger waren, ...

★ **Über das Leben der Großeltern sprechen**
★ **Präteritum (2); Präteritum mit *seit***

Schulprojekt „Großeltern geben Tipps"

In unserem Schulprojekt haben wir 20 (1) .... befragt. Alle Großeltern waren zwischen 45 und 65 Jahre alt. Sie haben in ihrer (2) .... viel gelernt und deshalb (3) .... sie uns Tipps. Wir erfuhren, wie ihre Kindheit anders war als heute. Viele Großeltern sagten, dass sie seit vielen Jahren darüber nachdachten, als wir das Interview (4) .... : Was ist jetzt anders als früher? Alle fanden, dass viel neu und auch spannend ist. Es hat sich seit ihrer Kindheit und Jugend viel verändert! Sie sagten zum Beispiel: (5) .... oft mit euren Eltern und Freunden – und zwar persönlich, nicht nur mit Apps am Handy! Das heißt nicht, dass die Großeltern gegen die Technologie sind: Alle Großeltern sehen die Entwicklung eher positiv.

Ein anderer Tipp war: Wir (6) .... uns mehr als ihr, Sport ist sehr wichtig für den Körper. Geht nach draußen, in die Natur! Wir Teenager sitzen lieber mit unseren Unterhaltungsmedien zu Hause.

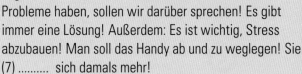

Die meisten Großeltern sagten auch, wenn wir Probleme haben, sollen wir darüber sprechen! Es gibt immer eine Lösung! Außerdem: Es ist wichtig, Stress abzubauen! Man soll das Handy ab und zu weglegen! Sie (7) .... sich damals mehr!

Es gibt heutzutage viel mehr Möglichkeiten als früher, sagten manche Großeltern, vor allem, wenn es um (8) .... und Berufschancen geht. Aber man braucht Pausen, mehr als früher, merkten die Großeltern an.

Vielen Dank an die Großeltern für die Tipps!

1 a Lies den Artikel. Welches Wort (a–j) passt zu jeder Lücke (1–6)?

Beispiel: 1 b

a gaben	**c** bewegten	**e** sprecht	**g** suchten	**i** machten
b *Großeltern*	**d** waren	**f** entspannten	**h** Kindheit	**j** Freizeitaktivitäten

1 b Lies den Artikel noch einmal. Schreib drei wichtige Tipps auf. Beginn den Satz mit *Man soll ...*

Beispiel: **Man soll mit Eltern und Freunden persönlich reden.**

2 Karl, Elisabeth und Anna beschreiben das Leben ihrer Großeltern als sie jung waren. Was sagen sie? Wähl die richtige Antwort (A–D).

Beispiel: 1 B

1 Karls Großmutter:
    A sah fast jeden Tag fern.
    B half auf dem Bauernhof.
    C tanzte oft mit ihren Freunden.
    D war in ihrer Jugend musikalisch.

2 Karls Großmutter:
    A fuhr ab dem fünften Lebensjahr Ski.
    B sah gern nach der Schule fern.
    C fuhr selten Ski, weil es nicht möglich war.
    D arbeitete nie zu Hause, weil sie zur Schule ging.

3 Elisabeths Opa:

 A studierte nach der Schule an der Universität, obwohl er arbeiten besser fand.

 B arbeitete nach dem Abschluss der Schule sofort.

 C war gern kreativ und erfand neue Spiele.

 D machte die Schule großen Spaß.

4 Elisabeths Opa:

 A fand das Leben damals langweilig.

 B sah seinen Vater nie, da er so viel arbeitete.

 C arbeitet nicht gern an seinem Arbeitsplatz.

 D hatte viele Freunde und Hobbys.

5 Annas Großeltern

 A hatten früher oft persönlichen Kontakt mit Freunden.

 B mögen die neue Technologie nicht.

 C glauben, dass das Leben früher stressiger war.

 D verbringen viel Zeit mit Freunden.

6 Annas Großeltern

 A laden gern die neuesten Filme herunter.

 B glauben, dass es heutzutage weniger Hobbys als früher gibt.

 C haben heute viele neue Hobbys.

 D finden es schlecht, dass es die Technologie gibt.

3 a Präteritum (mit *seit*). Lies G3 in der Grammatik. Schreib die Form des Wortes (a)–(j), damit das Wort im Satz richtig ist. Vorsicht! Es ist nicht immer nötig, die Form in Klammern zu ändern.

Beispiel: (a) sprach

Alexander (a) .... (*sprechen*) vor kurzem mit seiner Oma über ihre Kindheit. Sie (b) .... (*erzählen*) ihm schöne Geschichten, aber es (c) .... (*geben*) auch negative Aspekte in ihrer Kindheit. Aber sie war immer eine (d) .... (*optimistisch*) und (e) .... (*schüchtern*) Frau.

Oma Klara (f) .... (*gehen*) erst seit acht Jahren in die Schule, als sie zu arbeiten anfing. Eigentlich war ihr Ziel, auf die Universität zu gehen und Lehrerin zu werden, aber die Eltern waren dagegen.

Sie (g) .... (*verbringen*) wenig Zeit mit ihren Eltern, weil sie immer arbeiteten.

Oma Klara war eine (h) .... (*nett*) Schwester und viele ihrer Ideen waren (i) .... (*gut*). Sie (j) .... (*haben*) sechs Geschwister und alle mussten zu Hause mithelfen.

3 b Lies den Artikel in Übung 1 noch einmal und finde eine Präteritumform mit *seit*. Kopiere und übersetze den Satz in deine Sprache.

4 Partnerarbeit. Macht Dialoge zum Thema „Die Kindheit früher und heute".

 1 Wie war die Kindheit vor 50 Jahren?

 2 Was war anders als heute?

 3 Welche Aktivitäten machte man früher gern?

 4 Welche Aktivitäten und Hobbys möchtest du noch machen, wenn du älter bist? Warum?

5 Schreib ein Blog über die Kindheit früher und heute. Beantworte folgende Fragen:

 ● Was war früher vielleicht besser?

 ● Was ist heute vielleicht besser?

 ● Wie war die Kindheit ohne Internet vermutlich?

 ● Was ist gut an einer Kindheit mit Internet?

4B.1 Die Schulregeln

Abfliegen

- ★ Über Schulregeln sprechen
- ★ Modalverben im Präsens (2)

1 Darf man das in deiner Schule machen? Schreib J (ja) oder N (nein).

Beispiel: 1 N

1	ein Handy im Unterricht benutzen	**5**	eine Schuluniform tragen
2	spät zur Schule kommen	**6**	im Klassenzimmer essen und trinken
3	im Gang laufen	**7**	Hausaufgaben machen
4	das Schulgebäude verlassen	**8**	Kaugummi kauen

2 Lies die Schulregeln. Welche Regel (1–8) passt zu welchem Bild (A–H)?

Beispiel: 1 C

Die Schulregeln an der Max-Planck-Gesamtschule Frankfurt

Wir wollen eine friedliche, ruhige Schule, in der wir gut lernen können. Hier sind die acht wichtigsten Schulregeln, die wir alle beachten müssen.

1 Man darf kein Handy im Unterricht benutzen. Handys müssen ausgeschaltet in der Tasche bleiben.
2 Man muss pünktlich zur Schule kommen. Der Schultag beginnt um Viertel vor acht.
3 Mobbing ist streng verboten – man muss immer freundlich und respektvoll miteinander umgehen. Wir sollen versuchen, anderen Mitschülern zu helfen.
4 Man darf im Gang nicht laufen oder laut sein.
5 Nur in der Pause und nur im Klassenzimmer darf man essen und trinken (nicht in den Gängen). Man darf nie Kaugummi kauen!
6 Man muss den Müll in den Abfalleimer werfen, damit die Klassenzimmer sauber und ordentlich bleiben.
7 Während des Unterrichts muss man gut zuhören. Wenn man sprechen will, muss man sich melden – man soll niemanden stören.
8 Man soll Hefte, Schulbücher, Schreibwaren und Hausaufgaben jeden Tag mitbringen.

A

B

C

D

E

F

G

H

3 a Bastian gibt seine Meinung zum Thema „Schulregeln". Finde die vier richtigen Sätze.

Beispiel: 3, ...

   1 Bastian geht auf ein Gymnasium.
   2 Er findet die Schulregeln zu streng.
   3 Er ist nicht sehr geschwätzig.
   4 Jeder Lehrer soll das Recht haben, ungestört zu unterrichten.
   5 Es gibt Müll überall in der Schule.
   6 Die Direktorin ist umweltfreundlich.
   7 Handys sind während der Unterrichtszeit nicht erlaubt.
   8 Man darf Kaugummi in der Pause kauen.

3 b Korrigiere die vier falschen Sätze.

Beispiel: 1 Bastian geht auf ~~ein Gymnasium.~~ eine Realschule

4 a Lies die Schulregeln in Übung 2 noch einmal und finde alle Modalverben im Präsens. Kopiere und übersetze sie (mit den Pronomen) in deine Sprache.

Beispiel: wir wollen

4 b Modalverben im Präsens. Lies F1 in der Grammatik. Schreib die Form des Wortes (a)–(j), damit das Wort im Satz richtig ist. Vorsicht! Es ist nicht immer nötig, die Form in Klammern zu ändern.

Beispiel: (a) wollen

Viele Lehrer sagen, dass Schulregeln wichtig sind, denn sie (a) .... (*wollen*) keine Probleme im Unterricht und die Schüler (b) .... (*sollen*) lernen, wie man sich richtig benimmt. Es gibt (c) .... (*wichtig*) Schulregeln, die man beachten (d) .... (*müssen*), zum Beispiel ist Mobbing streng verboten und das Klassenzimmer muss sauber und ordentlich bleiben. In vielen (e) .... (*deutsch*) Schulen (f) .... (*dürfen*) man kein Handy benutzen, und einige Schüler finden das unfair. Sie sagen, dass ein Handy (g) .... (*praktisch*) ist. Es hat sehr (h) .... (*nützlich*) Funktionen: es (i) .... (*können*) bei den Hausaufgaben helfen und manche Kinder lernen lieber bei Apps oder Spielen. Jedoch (j) .... (*mögen*) die Mehrheit der Lehrer ein handyfreies Klassenzimmer.

5 Partnerarbeit. Macht Dialoge.

1 Was kannst du auf diesem Bild sehen?
2 Wo sind die Personen?
3 Welche Schulregel(n) hat der Schüler deiner Meinung nach nicht beachtet?
4 Wie fühlen sich die Personen?
5 Sind Schulregeln deiner Meinung nach wichtig? Warum (nicht)?

6 Wie findest du die Schulregeln in deiner Schule? Schreib 60–75 Wörter auf Deutsch. Du musst alle Wörter hier benutzen.

Unterricht	Meinung	Klassenzimmer	gestern

Unterwegs

4B.2 Schulstress

* ★ Sagen, wie Stress in der Schule entsteht
* ★ Modalverben im Imperfekt

Stress in der Schule

Lieber Kummerkasten,

das Abi steht vor der Tür und meine Hauptsorge ist, dass ich in den Prüfungen durchfalle! Ich leide unter Schulstress und er hat in den letzen vier Wochen wirklich zugenommen, seit dem Anfang der Prüfungszeit.

Ich habe Probleme mit dem Einschlafen, was oft zu Übelkeit und Erschöpfung führen kann. Heute zum Beispiel wollte ich einfach ausschlafen und wenn ich den ganzen Tag so müde bin, habe ich Konzentrationsschwierigkeiten. Das heißt, dass ich die Arbeit nicht verstehe, und das macht mich ängstlich, und dann schlafe ich nicht – es ist ein Teufelskreis, den ich nicht durchbrechen kann.

Ich schäme mich dafür, dass ich letztes Jahr wegen meinen schlechten Noten in Mathe und Englisch nicht nur ein Schuljahr wiederholen musste, sondern auch

Nachhilfe bekommen habe. Es war mir echt peinlich, der älteste im Klassenzimmer zu sein – ich fühlte mich, als ob die Lehrer und die jüngeren Mitschüler mich für ein schlechtes Vorbild hielten.

Montag mussten ich und mein Freund beim Biologielehrer nachsitzen. Solche Strafen helfen nicht, vor allem, weil die Lehrer glauben, dass sie ein Zeichen von Faulheit oder schlechtem Verhalten sind, und deshalb haben sie wenig Verständnis. Es wäre hilfreicher, wenn sie die Unterrichtszeit besser nutzen würden, um mir den Stoff besser zu erklären. Ich habe dem Direktor schon gesagt, dass Biologie mir besonders schwerfällt, aber leider durfte ich dieses Pflichtfach nicht abwählen.

Bitte hilf mir 😞
Karl, aus Aachen

1 a Lies Karls Brief. Beantworte die Fragen auf Deutsch. Vollständige Antworten sind nicht nötig.

Beispiel: 1 in den Prüfungen durchzufallen

1 Wovor hat Karl Angst? (1)
2 Warum ist das Problem schlimmer geworden? (1)
3 Wie fühlt sich Karl, wenn er nicht gut geschlafen hat? Gib **zwei** Details. (2)
4 Was fand Karl besonders peinlich am Sitzenbleiben? (1)
5 Laut Karl, wie hat man ihn gesehen? (1)
6 Laut Karl, wie finden Lehrer die Schüler, die nachsitzen? Gib **zwei** Details. (2)
7 Wie sollen die Lehrer ihm helfen? (1)
8 Wieso muss man Naturwissenschaften lernen? (1)

1 b Lies diese Ratschläge. Welches Satzende (a–h) passt zu jedem Satzbeginn (1–8)?

Beispiel: 1 b

1 Wenn du nicht schalfen kannst, solltest du
2 Wenn du mehr Hilfe bei der Schularbeit brauchst, solltest du
3 Wenn du Gesundheitsprobleme hast, solltest du
4 Da du dich traurig und ängstlich fühlst, solltest du

a öfter Zeit mit ihnen verbringen.
b etwas Entspannendes machen, zum Beispiel lesen.
c immer Zeit für Hobbys finden.
d deinen Lehrern Bescheid sagen.
e mit deinen Eltern über deine Probleme sprechen.

5 Obwohl du viele Hausaufgaben hast, solltest du

6 Obwohl du die Schule schwer findest, solltest du

7 Obwohl du müde bist, solltest du

8 Obwohl deine Freunde auch viel zu tun haben, solltest du

f immer dein Bestes geben.

g nicht den ganzen Abend arbeiten.

h zum Arzt gehen.

2 Doktor Berger spricht über Sitzenbleiben. Kopiere und füll die Tabelle auf Deutsch aus.

	Vorteile	Nachteile
für die Schüler	**Beispiel:** 1 bessere Noten bedeuten bessere Berufsaussichten	2 ……… 3 ………
für die Eltern	4 ……… 5 ………	6 ………
für die Lehrer	7 ………	8 ………

3 a Modalverben im Imperfekt. Lies F4 in der Grammatik. Schreib die Form des Wortes, damit das Wort im Satz richtig ist.

Beispiel: 1 musste

1 Ich ……… (*müssen*) letzte Woche viele Hausaufgaben machen und ich hatte nicht genug Zeit!

2 Der Lehrer ……… (*wollen*) letztes Jahr einen Austausch organisieren, aber es war zu teuer.

3 In der Grundschule war der Direktor sehr streng – wir ……… (*dürfen*) im Unterricht nicht sprechen.

4 Als sie jung waren, ……… (*können*) sie Deutsch sprechen, aber sie haben jetzt alles vergessen.

5 Timo, warum ……… (*mögen*) du deine Klassenlehrerin nicht, als du in der Hauptschule warst?

6 Kinder, ihr ……… (*sollen*) eure Hausaufgaben gestern machen.

7 Ich ……… (*dürfen*) nicht ausgehen, denn es war zu spät, und ich hatte zu viele Hausaufgaben.

8 Lena, warum ……… (*müssen*) du nach der Schule mit Frau Braun sprechen?

3 b Lies den Brief in Übung 1 noch einmal und finde vier Modalverben im Imperfekt. Kopiere und übersetze sie (mit den Pronomen) in deine Sprache.

Beispiel: ich wollte

4 Partnerarbeit. Macht Dialoge zum Thema „Schulstress".
   1 Bist du gestresst wegen der Schule? Warum (nicht)?
   2 Warum können Jugendliche Probleme in der Schule haben?
   3 Wie können Eltern bei Schulstress helfen?
   4 Wie können Lehrer bei Schulstress helfen?

5 Wähl eine der folgenden Aufgaben.

ENTWEDER

a Schreib Karl in Übung 1 eine kurze Antwort. Was soll er machen, deiner Meinung nach? Übung 2 hilft dir.

ODER

b Schreib einen Aufsatz zum Thema „Stress in meiner Schule" für die Schülerzeitung.
   ● Warum sind Schüler in deiner Schule gestresst? (Du kannst deine Mitschüler(innen) fragen.)
   ● Was sind die Folgen?
   ● Was kann man dagegen tun?

Abfliegen

4C.1 Klassenfahrten und Schulevents

> ★ Klassenfahrten und Schulevents beschreiben
> ★ Konjunktionen (Wiederholung)

1 Welches Wort passt hier nicht? Warum?

Beispiel: 1 Fasching – Es ist kein Fest in der Schule.
   1 Schulevent – Abiturfeier – Abschlussfest – Fasching
   2 Lehrer – Fremdsprachenassistent – Schüler – Direktorin
   3 Klassenzimmer – Aula – Fabrik – Turnhalle
   4 Schultasche – Bleistift – Lineal – Radiergummi
   5 Geschichte – Sozialkunde – Gymnasium – Informatik
   6 Schüleraustausch – Partnerschule – Austauschpartner – Klassenarbeit
   7 Mittlere Reife – Abitur – Berufspraktikum – Universitätsabschluss
   8 schulfrei – Urlaub – Ferien – Schulanfang

2 Mach Notizen über Claudias Schulfeier. Ergänze die Sätze auf Deutsch.

Beispiel: 1 40
   1 Alter der Schule: ....
   2 Organisator: ....
   3 Spiele – wo: ....
   4 Speisen: ....
   5 Thema der Präsentation: ....
   6 Dekoration der Schule: .... und ....
   7 Die Fotos: ....
   8 Ende der Schulfeier: ....

Meine Klassenfahrt nach Wien (von Herbert)

Am 04.02. sind wir mit dem Zug von Hamburg nach Wien gefahren. Die Fahrt hat lange gedauert, aber ich hatte viel Spaß, weil ich mit meinen Freunden aus der Klasse unterwegs war! Unsere Jugendherberge war in der Stadtmitte. Es war toll, dass wir zu acht im Zimmer waren. Wir haben fast die ganze Nacht geredet. Wir haben unsere Austauschpartner dreimal in der Schule besucht, während wir in Wien waren. Mir hat die Schule sehr gut gefallen. Die Lehrer waren strenger als bei uns und es gab weniger Computer und Beamer in den Klassenzimmern.

Wir waren einmal am Abend dort, da es ein Schulfest mit Musik gab. Das war echt lustig! Wir waren oft im Freien, obwohl es sehr kalt war. Ein paar Museen waren ziemlich gut und das Essen in Wien war total lecker! Die Torte im Hotel Sacher war natürlich teuer, aber sie hat besonders gut geschmeckt. Am besten war der Eislaufplatz vor dem Rathaus, weil der ganzen Klasse Schlittschuhlaufen Spaß macht! Ich möchte wieder eine Klassenfahrt nach Wien machen – es war eine tolle Erfahrung!

Panorama von Wien

3 a Lies den Artikel. Welche vier Sätze sind richtig? Schreib die Nummern auf.

Beispiel: 1, ...

1 Die Klasse hat nicht in einem Hotel übernachtet.
2 Die Schüler haben alle in einem Zimmer übernachtet.
3 Die Klasse ist eislaufen gegangen.
4 Sie waren jeden Tag bei ihren Austauschpartnern in der Schule.
5 Die Lehrer haben die ganze Nacht geredet.
6 Es war sehr kalt, aber die Schüler waren trotzdem oft draußen.
7 Die Schüler haben Süßspeisen gegessen.
8 Die Torte war billig.

3 b Korrigiere die vier falschen Sätze.

Beispiel: 2 Die Schüler haben ~~alle in einem Zimmer~~ übernachtet. zu acht

4 a Konjunktionen. Lies H4 in der Grammatik. Wähl die richtige Konjunktion.

Beispiel: 1 dass

1 Ich finde es schade, **dass / damit / weil** du nicht zum Schulfest gehen willst!
2 Ich mache eine Präsentation für die Schulfeier, **dass / damit / weil** mein Lehrer es will.
3 Simone macht einen Kuchen, **weil / damit / dass** es auf dem Schulfest genug zu essen gibt.
4 Die Schulband spielt auf dem Schulfest, **obwohl / damit / dass** die Atmosphäre gut ist.
5 Anna geht zur Abiturfeier, **damit / obwohl / dass** sie krank ist.
6 Sandra hofft, **dass / damit / weil** das Schulfest wie immer lustig wird.
7 **Weil / Während / Damit** die Band spielt, regnet es.
8 Die Schulband hat gut gespielt, **während / weil / dass** die Schüler viel geübt haben.

4 b Lies den Artikel in Übung 3 noch einmal und finde fünf Sätze mit den Konjunktionen. Kopiere und übersetze sie in deine Sprache.

Beispiel: ..., <u>weil</u> ich mit meinen Freunden aus der Klasse unterwegs war.

5 Partnerarbeit. Macht Dialoge.

1 Was kannst du auf diesem Bild sehen?
2 Wo sind die Schüler im Moment?
3 Wohin sind sie vielleicht gefahren?
4 Wie fühlen sich die Schüler und Schulerinnen?
5 Magst du Klassenfahrten? Warum (nicht)?

Sie	sind nervös / müde.
Sie sind	nach Spanien/Deutschland/Österreich gefahren.
Man kann	neues Essen probieren / eine neue Sprache lernen / eine andere Kultur kennenlernen / mit den Schulfreunden Spaß haben / mit dem Austauschpartner/mit der Austauschpartnerin sprechen.
Klassenfahrten sind gut,	weil	man etwas Neues ausprobieren kann. man mit seinen Freunden sprechen kann.
Ich finde Klassenfahrten nicht gut,	da	man nicht zu Hause ist. es manchmal Probleme mit dem Essen / der Sprache gibt.

6 Schreib ein Blog zum Thema „Klassenfahrt".
- Wo warst du?
- Was hast du gemacht?
- Wie war die Klassenfahrt?

4C.2 Schüleraustausch

Unterwegs

★ Einen Schüleraustausch beschreiben
★ Possessivpronomen

Schüleraustausch in Wien

Mein Name ist Sarah und ich bin seit zwei Wochen als Austauschschülerin in Österreich. Es war von Anfang an aufregend – ich bin ganz alleine nach Wien–Schwechat geflogen. Ich hatte Angst, dass ich oft allein sein werde und niemand mit mir reden wird, aber das ist nicht der Fall – meine Gastfamilie kümmert sich toll um mich!

Der Ausflug in den Wienerwald hat mir besonders gut gefallen, weil wir dort einen Kletterpark gefunden haben. Meine Austauschpartnerin Sandra hat mir schon ihren Lieblingsort, den Naschmarkt, gezeigt. Sandras Bruder hat uns seinen gezeigt, das Kriminalmuseum. Ziemlich verrückt und deshalb interessant! Ich wusste nicht, dass Wien so eine coole Stadt ist!

Vormittags sitzen wir mit unseren Austauschpartnern im Klassenzimmer und ich verstehe ziemlich viel! Sandras Schule ist viel kleiner als meine. Die Lehrer sind eigentlich alle recht nett – unsere in Stuttgart sind nicht so streng. Ich habe noch kein Heimweh! Nur noch zwei Wochen!

Die Partnerschule hat ein Theaterstück organisiert, in dem wir alle gemeinsam spielen. Es geht um das Zusammenleben der Kulturen. Sandra hat eine wichtige Rolle und meine ist auch ziemlich wichtig. Die Aufführung ist während des Schulfests. Ich möchte, dass die Zeit nicht so schnell vergeht!

1 a Lies Sarahs Blog über ihren Schüleraustausch. Beantworte die Fragen auf Deutsch. Vollständige Antworten sind nicht nötig.

Beispiel: 1 in Wien

1 In welcher Stadt ist Sarah zurzeit? (1)
2 Warum hat Sarah sich vor dem Aufenthalt Sorgen gemacht? Gib **zwei** Details. (2)
3 Wie ist die Gastfamilie Sarah gegenüber? (1)
4 Was hält Sarah von Wien? (1)
5 Sie nimmt am Unterricht in der Partnerschule teil. Warum ist sie überrascht? (1)
6 Wie sind die Lehrer in der Partnerschule? (1)
7 Wie lange bleibt Sarah insgesamt in der Stadt? (1)
8 Was ist das Thema des Theaterstücks? (1)

1 b Lies das Blog noch einmal. Wo ist das? Finde die Informationen im Text.

Beispiel: 1 Wien Schwechat / Wiener Flughafen

1 Dort ist Sarah angekommen, als sie nach Wien kam.
2 Dort kann man sportlich sein und es gibt viel Natur.
3 Sarahs Austauschpartnerin geht da oft hin.
4 Dort kann man Ungewöhnliches sehen.
5 Dort findet die Aufführung des Theaterstücks statt.

2 Jakob, Andrea, Carmen, Klaus und Julia sprechen über ihren Schüleraustausch. Wer passt zu jedem Satz (1–8)?

Beispiel: 1 Jakob

1 .... hat in der Schule viel verstanden, weil die Lehrer Hochdeutsch gesprochen haben.

2 .... hat auf Ausflügen etwas Neues versucht.

3 .... hat bemerkt, dass die öffentlichen Verkehrsmittel nie zu spät kommen.

4 .... findet, dass der Unterricht in Bern zu früh anfängt.

5 .... möchte nicht in Bern leben, weil ihr die Stadt zu klein ist.

6 .... war glücklich, dass man einmal pro Woche früher nach Hause gehen konnte.

7 .... hat viel über einen berühmten Physiker und Naturwissenschaftler gelernt.

8 .... musste schon um halb acht in der Schule sein.

3 Possessivpronomen. Lies D5 in der Grammatik. Ergänze die Possessivpronomen mit den richtigen Endungen.

Beispiel: 1 meine

1 Deine Schule in Berlin ist viel cooler als .... (*mein*).

2 Deine Schulzeiten sind auch viel besser – .... (*unser*) sind viel zu lang, bis 16 Uhr!

3 Dein Stundenplan ist ideal! Mein Stundenplan ist viel schlechter als .... (*dein*).

4 In Sabines Schule in Berlin gibt es einen Schulhund! Das hat .... (*unser*) nicht!

5 Der größte Unterschied zwischen deinem und meinem Matheunterricht ist: Unser Mathelehrer gibt keine Hausaufgaben – und .... (*dein*)?

6 Unsere Schule hat eine Kantine, aber .... (*euer*) nicht, oder?

7 Dein Klassenzimmer hat WLAN – .... (*mein*) hat nicht mal Computer!

8 Unser Schulhof gefällt mir viel besser als .... (*dein*).

4 Partnerarbeit. Macht Dialoge zum Thema „Schüleraustausch".

1 Warst du schon einmal auf einem Schüleraustausch? Falls ja, erzähl mir davon. Falls nein, möchtest du bei einem Austausch mitmachen? Warum (nicht)?

2 Was sind die Vorteile eines Austausches?

3 Was sind die Nachteile eines Austausches?

4 Was ist nützlicher – ein Schüleraustausch oder eine Fahrt ins Ausland? Warum?

5 Wähl eine der folgenden Aufgaben und schreib zwischen 130–150 Wörter auf Deutsch.

ENTWEDER

a Schreib ein Blog über einen Schüleraustausch. Du musst Folgendes erwähnen:
- wohin du gefahren bist
- wie sich dein Deutsch verbessert hat
- wie die Schule dort anders war
- wie du den Austausch gefunden hast.

ODER

b Schreib ein Blog über die Vor- und Nachteile eines Schüleraustausches. Du musst Folgendes erwähnen:
- welche Vorteile es für die Deutschkenntnisse hat
- ob du an einem Austausch teilnehmen möchtest
- welche Vorteile ein Austausch hat
- welche Probleme es geben kann.

4D The importance of sport

Abfliegen

4D.1 Der Teamgeist

★ Über Mannschaftssportarten lernen
★ Wortstellung (Nebensätze und Relativsätze)

1 Welches Wort passt hier nicht? Warum? Mehrere Antworten sind möglich.
Verwende die Wörter im Kästchen.

Beispiel: 1 Federball – Federball ist kein Ballsport / Man spielt Federball drinnen.

1 Tennis – Volleyball – Federball
2 Schwimmen – Windsurfen – Skateboarden
3 Fußball – Rugby – Handball
4 Tanzen – Yoga – Basketball

5 Angeln – Segeln – Reiten
6 Boxen – Karate – Tai Chi
7 Laufen – Schlittschuhlaufen – Eishockey
8 Klettern – Turnen – Bogenschießen

der Mannschaftssport	der Ballsport	das Rückschlagspiel	auf einem Brett
der Wettkampfsport	der Wassersport	draußen	mit Tieren
der Solosport	der Eissport	drinnen	mit Sportgeräten

2 a Lies die Anzeigen. Welche vier Sätze sind richtig? Schreib die Nummern auf.

Beispiel: 2, ...

Sportler/innen gesucht! Bist du der nächste Weltmeister?

Wir brauchen Mitspieler für unsere zwei Fußballmannschaften, d.h. Jungen und Mädchen. Bist du ein echter Teamplayer, der nicht für sich selbst sondern für die Mannschaft spielt? Willst du Pokale gewinnen und Spaß haben? Dann komm zum Probespiel am Mittwoch um 14.00 Uhr auf dem Sportplatz.

Preisgekrönte Tanzgruppe braucht Mitglieder

Wir sind zehn musikliebende Tänzer und Tänzerinnen, die schon zweimal den regionalen Tanzpreis gewonnen haben, und wir suchen noch zwei Mitglieder. Du musst Ballett und Stepptanz können, obwohl Jazztanz auch nützlich wäre. Wenn du mit uns tanzen willst, dann melde dich bei tanzgruppebienendorf@ schulmail.de.

Volleyballspielerinnen gesucht

Willst du Freundinnen finden, Spaß haben und dich dabei fit halten? Spiel mit uns jeden Freitag im Juni, Juli und August! Wir brauchen keine Stars, nur nette Leute mit Teamgeist. Genieße Volleyball ohne Druck, ohne Wettbewerb und ohne Probespiel. Komm einfach um 18.00 Uhr zum Sportplatz.

1 Das Probespiel für die Fußballmannschaft findet vormittags statt.
2 Für die Volleyballmannschaft braucht man zu keinem Probespiel kommen.
3 Jungen dürfen nicht Mitglieder von der Tanzgruppe sein.
4 Die Fußballmannschaft nimmt an keinem Wettbewerb teil.
5 Die Volleyballmannschaft spielt nur im Sommer.
6 Die Tanzgruppe ist nicht erfolgreich.
7 Die Volleyballmannschaft ist nur für Mädchen.
8 Zusammenhalt ist für die Fußballmannschaften wichtig.

2 b Korrigiere die vier falschen Sätze.

Beispiel: 1 Das Probespiel für die Fußballmannschaft findet ~~vormittags~~ statt. nachmittags

3 Sechs Leute sprechen über Sport. Wie finden sie Mannschaftssportarten? Welche Kategorie passt: P (positiv), N (negativ) oder PN (positiv und negativ)?

Eine gute Mannschaft arbeitet zusammen

Beispiel: 1 PN

4 a Wortstellung. Lies H4 in der Grammatik. Verbinde die Sätze mit unterordnenden Konjunktionen. Achte auf die richtige Wortstellung.

Beispiel: 1 Rugby macht Spaß, weil wir zusammen spielen.

    1 Rugby macht Spaß. Wir spielen zusammen. (*weil*)
    2 Ich gehe gern segeln. Es ist kalt auf dem Wasser. (*obwohl*)
    3 Man spielt nur Cricket. Das Wetter ist warm. (*wenn*)
    4 Ich gehe gern klettern. Meine Schwester spielt lieber Handball. (*während*)
    5 Ich treibe keinen Mannschaftssport. Ich kann nicht jede Woche trainieren. (*da*)
    6 Ich verstehe nicht. Fußball ist überall so beliebt. (*warum*)
    7 Ich finde es toll. Man kann in meiner Schule so viele Sportarten ausprobieren. (*dass*)
    8 Wir trainieren jeden Tag. Wir gewinnen die Meisterschaft. (*damit*)

4 b Lies die Anzeigen in Übung 1 noch einmal und finde zwei Nebensätze und zwei Relativsätze. Kopiere und übersetze sie in deine Sprache.

Beispiel: ..., der nicht für sich selbst sondern für die Mannschaft spielt. (Relativsatz)

5 Wie findest du Mannschaftssport? Schreib 60–75 Wörter auf Deutsch. Du musst alle Wörter hier benutzen.

| **Mannschaft** | **trainieren** | **Zusammenhalt** | **am Wochenende** |

6 Partnerarbeit. Macht Dialoge.

1 Was kannst du auf diesem Bild sehen?
2 Was machen die Mädchen?
3 Wie findest du Mannschaftssport und warum?
4 Welche Mannschaftssportarten hast du schon gespielt?
5 Was für eine Sportart möchtest du ausprobieren und warum?

Unterwegs

4D.2 Sporthelden

★ **Über erfolgreiche Sportler lernen**
★ **Das Passiv vermeiden**

Keine halben Sachen: Mein Leben als Boxerin

Ich war fünfzehn Jahre alt, als ich meinen ersten Boxkampf sah und ich war sofort begeistert. Bis zu diesem Zeitpunkt hatte ich keine Wettkampfsportarten ausprobiert, nur Laufen und Radfahren usw. Normalerweise ging ich zweimal pro Woche vor der Schule joggen, aber sonst war ich nicht besonders sportlich.

Selina Beck ist eine junge deutsche Boxerin.

Ich fand einen Boxklub in der Nähe. Am Anfang war es ein bisschen schwer, weil ich das einzige Mädchen war und man machte sich lustig über mich, auch meine Freunde. Man erwartete nicht, dass ich stark genug sein könnte. Trotzdem arbeitete ich wirklich hart und bald gewann ich meinen ersten Boxkampf.

Damals war ich auch in meiner Schule fast unbekannt, aber jetzt ist mein Leben ganz anders. Ich dachte nie, man würde mich erkennen, seit ich jedoch erfolgreich bin, bittet man mich oft um ein Autogramm. Meine Freunde finden es natürlich toll, dass ich berühmt bin!

Ich muss jetzt drei oder vier Stunden pro Tag trainieren und mich sehr gesund ernähren. Glücklicherweise unterstützt mich meine Familie, obwohl meine Mutter sich am Anfang schon Sorgen machte, dass man mich verletzen könnte. Nächstes Jahr werde ich um die Meisterschaft kämpfen, aber ich habe keine Angst, sondern ich freue mich darauf!

1 a Lies den Text und mach Notizen. Ergänze die Sätze auf Deutsch.

Beispiel: 1 joggen zweimal pro Woche

1 Selinas Training früher: ....
2 Selinas Training jetzt: ....
3 Selinas Familie früher: ....
4 Selinas Familie jetzt: ....
5 Selinas Freunde früher: ....
6 Selinas Freunde jetzt: ....
7 Selinas Ruhm früher: ....
8 Selinas Ruhm jetzt: ....

1 b Lies den Text noch einmal und ordne die Sätze chronologisch ein.

Beispiel: 5, ...

1 Selina fühlte sich allein als Boxerin.
2 Selina isst viel Obst und Gemüse.
3 Selina war bei einem Boxkampf.
4 Selina glaubte, sie würde nicht berühmt werden.
5 Selina ist manchmal laufen gegangen.
6 Selinas Familie war besorgt um ihre Sicherheit.
7 Selina wird an einem großen Wettbewerb teilnehmen.
8 Selina ist zum ersten Mal als Boxerin siegreich.

2 a Katrina und Timo sprechen über ihre Vorbilder im Sport. Beantworte die Fragen auf Deutsch.

Beispiel: 1 Wimbledon

1 Welches Turnier sieht sich Katrina regelmäßig an? (1)
2 Woher kommt Katrinas Lieblingssportler? (1)
3 Welche zwei Sportrekorde beschreibt sie? Gib **zwei** Details. (2)
4 Warum findet sie Roger Federer sympathisch? Gib **zwei** Details. (2)

5 Was ist laut Katrina wichtig für berühmte Personen? (1)

6 Wer interessiert sich mehr für Sport, Katrina oder Timo? (1)

7 Was denken Timos Eltern über Fußballspieler? (1)

8 Warum ist Mezut Özil Timos Sportheld? Gib **drei** Details. (3)

2 b Hör dir das Gespräch noch einmal an und finde die vier richtigen Sätze.

Beispiel: 2, ...

1 Katrina sieht gern alle Sportarten.

2 Sie weiß viel über Roger Federer.

3 Sie denkt, sein Haus ist zu groß.

4 In Timos Familie sind alle Fußballfans.

5 Timo ist anderer Meinung als seine Eltern.

6 Der Teamgeist ist für Timo sehr wichtig.

7 Laut Timo schießt Mezut Özil viele Tore und deswegen ist er der beste Fußballspieler.

8 Sowohl Katrina als auch Timo finden andere Eigenschaften als Talent bei Vorbildern im Sport wichtig.

3 a Das Passiv vermeiden. Lies G5 in der Grammatik. Schreib die Form des Wortes (a)–(j), damit das Wort im Satz richtig ist. Vorsicht! Es ist nicht immer nötig, die Form in Klammern zu ändern.

Beispiel: (a) fragt

Man (a) .... (*fragen*) mich immer, wer mein Vorbild im Sport ist und ich muss zugeben, das ist eine (b) .... (*schwer*) Frage. Vielleicht würde ich Lukas Podolski wählen, da er so ein (c) .... (*toll*) Fußballspieler ist. Als berühmte Person, (d) .... (*fotografieren*) man ihn oft und laut einem Freund (e) .... (*haben*) man ihn letzte Woche in einem (f) .... (*schick*) Restaurant gesehen.

Vor zwei Jahren hatte ich das Glück, eines von seinen Spielen zu sehen, was ganz (g) .... (*spannend*) war. In der ersten Halbzeit (h) .... (*abspielen*) man immer wieder den Ball .... , aber ohne Erfolg. Jedoch nach der Halbzeitpause (i) .... (*auswechseln*) man einen anderen Spieler .... und endlich (j) .... (*schießen*) man ein Tor! Das war ja knapp!

3 b Lies den Text in Übung 1 noch einmal und finde fünf Sätze, wo man das Passiv vermeidet. Kopiere und übersetze die Satzteile in deine Sprache.

Beispiel: man machte sich lustig über mich

4 Schreib eine Mini-Biografie von einem Sportler / einer Sportlerin aus Deutschland, Österreich oder der Schweiz. Suche Informationen oder verwende deine eigenen Ideen. Du könntest Folgendes erwähnen:

- biografische Informationen
- sportliche Erfolge
- warum diese Person ein Vorbild im Sport ist.

5 a Partnerarbeit. Macht Dialoge zum Thema „Mein Vorbild im Sport".

1 Bist du Sportfan und warum (nicht)?

2 Welche Sportarten siehst du gern und welche nicht gern?

3 Wer ist dein Vorbild im Sport und warum?

4 Ist es für Sportler wichtig, gute Vorbilder zu sein?

5 b Präsentiere der Gruppe deine Mini-Biografie von Übung 4. Versuche wenn möglich ohne Notizen zu sprechen.

4E Accidents and injuries

Abfliegen

4E.1 Sport: Gefährlicher als Faulheit?

★ **Sportverletzungen beschreiben**
★ **Fragepronomen**

1 Lies die Beschreibungen von Sportverletzungen. Ordne sie von 1 (am schlimmsten) bis 8 (am leichtesten), je nach deiner Meinung.

Beispiel: 1 e Ich habe mir das Bein gebrochen.

a Ich bin vom Pferd gefallen.
b Ich habe mir in den Finger geschnitten.
c Ich habe mir den Knöchel verrenkt.
d Ich habe mir die Schulter ausgerenkt.

e Ich habe mir das Bein gebrochen.
f Ich habe mich erbrochen.
g Ich bin ohnmächtig geworden.
h Ich bin hingefallen.

Sportverletzungen

Hast du dich beim Sport schon einmal verletzt? Erzähl deine Anekdote!

Flügelstürmer17

Ich spiele Rugby für die Schulmannschaft und dabei habe ich mich sehr oft verletzt, weil es eben ein Kontaktsport ist. Die anderen Spieler sind in der Regel wirklich groß und stark, während ich klein und schnell bin – aber nicht immer schnell genug! Verrenkte Knöchel sind bei Rugby normal, aber letztes Jahr habe ich mir das Bein gebrochen und ich konnte sechs Monate lang nicht spielen. Meine Eltern wollen, dass ich diesen Sport aufgebe, da er so gefährlich ist, aber er macht mir sehr viel Spaß!

Pferdefan

Seit zehn Jahren reite ich regelmäßig, aber es kann schon gefährlich sein, besonders als Springreiterin. Als ich jünger war, bin ich vom Pferd gefallen und ohnmächtig geworden. Glücklicherweise war es nicht so schlimm, denn ich habe mir nur die Schulter ausgerenkt. Meiner Meinung nach ist es ganz wichtig, das Tier gut zu behandeln und Schutzbekleidung zu tragen, wie z.B. einen Helm.

2 Lies das Web-Forum. Welches Wort (a–m) passt zu jedem Satz (1–6)?

Beispiel: 1 d

1 Flügelstürmer17 hat sich beim Rugby ……… Sportverletzungen zugezogen.
2 Er ist nicht so ……… wie die anderen Spieler.
3 Seine Eltern finden Rugby ………
4 Pferdfan reitet seit einem ………
5 Ihre Verletzung war ……… schwer, findet sie.
6 Laut der Reiterin muss man die richtige ……… haben, um sicher zu bleiben.

a stark	**d** *viele*	**g** keine	**j** Jahr	**m** Kleidung
b Tier	**e** Jahrzehnt	**h** Spaß	**k** nicht	
c toll	**f** sehr	**i** schlank	**l** gefährlich	

3 Eric und Tanja sind bei der Schulkrankenschwester. Wer passt zu jedem Satz (1–8)? Schreib E (Eric), T (Tanja) oder S (die Schulkrankenschwester).

Beispiel: 1 E

1 Johannes war nicht schuld.
2 Das Bein könnte gebrochen sein.
3 Ich habe einen Fahrradunfall gehabt.
4 Es blutet nicht.
5 Ich bin nicht ohnmächtig geworden.
6 Der Kopf tut mir weh.
7 Wen kann ich telefonisch erreichen?
8 Du musst dreißig Minuten hier bleiben.

Ein Besuch bei der Schulkrankenschwester

4 a Fragepronomen. Lies H5 in der Grammatik. Welches Wort passt zu jedem Satz: *wer, wen* oder *wem*?

Beispiel: 1 Wer

1 .... ist dein Sportlehrer?
2 .... spielt für die Schulmannschaft?
3 Mit .... hast du Federball gespielt?
4 .... hast du auf dem Sportplatz gesehen?
5 .... hat die Weltmeisterschaft letztes Jahr gewonnen?
6 Bei .... wirst du nach dem Spiel übernachten?
7 Gegen .... hat sie das Spiel gewonnen?
8 .... hat er den Preis verliehen?

4 b Hör dir das Gespräch in Übung 3 noch einmal an und finde vier Fragepronomen. Schreib die Fragen auf und übersetze sie in deine Sprache.

Beispiel: <u>Wer</u> hat den Ball geschossen?

5 Partnerarbeit. Macht Dialoge zum Thema „Meine Sportverletzungen".
1 Was für Sport hast du getrieben und mit wem?
2 Was ist passiert?
3 Was für Sportverletzungen hast du dir zugezogen?
4 Was hast du nach dem Unfall gemacht?

6 Schreib ein Blog über ein katastrophales Spiel. Beschreib, wie jemand dabei verletzt wurde. Du kannst deine Ideen von Übung 5 oder andere Ideen verwenden.
• Was für ein Sport war es und wer hat gespielt?
• Was ist passiert?
• Wer wurde verletzt und wie? War es schlimm?
• Was waren die Folgen?

Beispiel:

Letztes Jahr hat meine Schwester in einem Handballspiel für die Schule gespielt,

Unterwegs

4E.2 Stark, entschlossen ... und auch behindert

★ **Über Behinderung im Sport lernen**
★ **Konjunktiv II mit** *mögen, können, sollen*

„Behindert? Meine Kinder nennen mich ‚Superman'!"

Im Vierjahresrhythmus fahren Millionen von Sportfans Tausende Kilometer, um die besten Athleten der Welt zu sehen. Jedoch sind diese Athleten ein bisschen besonders: Sie sind die schnellsten, die stärksten und sie sind alle behindert.

Felix Nowak ist ein sehr erfolgreicher Paralympionike. Sein linkes Bein wurde vor acht Jahren nach einem Unfall beim Bergsteigen amputiert. Zuvor ging er sehr gern wandern und klettern, aber plötzlich musste er lernen, mit einer Prothese zu gehen.

„Am Anfang war es wirklich schwer", sagt Felix. „Ich dachte, das war's. Man hat mir gesagt, ‚Du solltest nicht mehr joggen', aber Sport ist mir viel zu wichtig. Ich habe einen Leichtathletikverein für Behinderte gefunden und hart trainiert."

Jetzt ist er ein erfolgreicher Athlet, der sich für Behindertenrechte engagiert. Er freut sich, dass die Paralympischen Spiele immer beliebter werden und sagt: „Ich möchte ein Vorbild für junge Behinderte sein, damit

sie denken, ‚Das könnte ich auch'. Für meine Kinder ist es ganz normal, einen Amputierten als Vater zu haben und sie sehen Behinderte nicht als hilflos, sondern als stark. Sie nennen mich Superman."

Ist es schwierig, ein Vorbild zu sein? „Ja klar", lacht Felix. „Ich bin gar nicht perfekt. Süßigkeiten sind meine Schwäche – ich sollte nicht so viel Schokolade essen! Jedoch hoffe ich, dass ich einige Jugendliche inspirieren kann und das lohnt sich."

Felix Nowak – ein Paralympionike beim Training in den Bergen.

1 a Lies den Artikel. Schreib R (richtig), F (falsch) oder NA (nicht angegeben).

Beispiel: 1 F

   1 Die Paralympischen Spiele sind nicht so beliebt.
   2 Felix ist ohne linkes Bein geboren.
   3 Er ist vor acht Jahren auf den Mount Everest geklettert.
   4 Trotz Gegenempfehlung hat er weiterhin Sport getrieben.
   5 Er hat mit anderen Athleten trainiert, die auch Behinderungen hatten.
   6 Er interessiert sich nicht für Gleichberechtigung für Behinderte.
   7 Seine Kinder denken, Behinderte sind schwach.
   8 Er isst zu gern Süßigkeiten, aber trotzdem ist er ein gutes Vorbild für junge Leute.

1 b Korrigiere die vier falschen Sätze.

Beispiel: 1 Die Paralympischen Spiele sind ~~nicht so~~ beliebt. sehr

2 Interview mit Eltje Schmidt, Physiotherapeutin für behinderte Sportler. Welches Wort (a–m) passt zu jedem Satz (1–6)?

Beispiel: 1 c

1 Eltje ist Physiotherapeutin seit einem ....
2 Sie arbeitete zuerst mit ....
3 Sie wollte nach einem .... mit Paralympioniken arbeiten.
4 Sie hilft vier oder fünf Kunden pro ....
5 Für behinderte Sportler ist es schwieriger, nach einer Verletzung die Schulter ruhig zu ....
6 „Behinderte können nicht viel machen" – laut Eltje ist das ....

a Unfall	**d** halten	**g** inspirierend	**j** Jahr	**m** falsch
b richtig	**e** Rollstuhltennisspiel	**h** Tennisspieler	**k** Paralympionike	
c *Jahrzehnt*	**f** Woche	**i** Tag	**l** spielen	

3 a Konjunktiv II. Lies F7 in der Grammatik. Schreib die Form des Wortes (a)–(j), damit das Wort im Satz richtig ist. Vorsicht! Es ist nicht immer nötig, die Form in Klammern zu ändern.

Beispiel: (a) möchte

Ich (a) .... (*mögen*) die Paralympischen Spiele in Tokyo 2020 sehen, denn ich habe bis jetzt Behindertensport nur im Fernsehen (b) .... (*sehen*). Ich (c) .... (*wissen*) nicht, ob ich mir Karten leisten (d) .... (*können*), aber wenn's geht, (e) .... (*können*) meine Familie und ich alle nach Japan fliegen. Meine Schwester (f) .... (*mögen*) Sushi probieren, aber ich (g) .... (*können*) Fisch nicht leiden. Meiner Meinung nach (h) .... (*sollen*) sich mehr Leute Behindertensport anschauen, weil die Athleten unglaublich stark und talentiert (i) .... (*sein*). Jedoch sehe ich mir Sport lieber an, als dass ich trainiere, obwohl ich weiß, ich (j) .... (*sollen*) mehr Sport treiben!

3 b Lies den Artikel in Übung 1 noch einmal und finde vier Beispiele von Konjunktiv II. Kopiere und übersetze sie in deine Sprache.

Beispiel: Du solltest

4 a Partnerarbeit. Macht Dialoge.
   1 Was kannst du auf diesem Bild sehen?
   2 Was tragen die Sportler?
   3 Hast du schon Behindertensport gesehen?
   4 Welche Behindertensportarten möchtest du sehen und warum?
   5 Die Paralympischen Spiele sind wichtig. Stimmst du zu und warum (nicht)?

4 b Suche im Internet einen Videoclip von einem Behindertensportspiel. Beschreib, was im Spiel passiert. Was machen die Sportler? Was tragen sie und was benutzen sie? Wie findest du das Spiel?

5 Schreib ein Blog (130–150 Wörter) über Behinderung im Sport. Du musst Folgendes erwähnen:
   • welche Behindertensportarten du kennst
   • welche Behindertensportarten du schon gesehen hast
   • deine Meinung über die Paralympischen Spiele
   • welche Behindertensportarten du sehen möchtest und warum.

The world of work

Abfliegen

4F.1 Berufe und Berufsmöglichkeiten

★ **Berufe und Berufsmöglichkeiten beschreiben**
★ **Berufsbezeichungen für Männer und Frauen**

1 Welches Wort passt hier nicht? Warum?

Beispiel: 1 Tourist – Tourist ist kein Beruf.

  1 Polizist – Tourist – Kellner – Bauer – Reiseleiter
  2 Beamter – Koffer – Klempner – Briefträger – Journalist
  3 Feuerwehrfrau – Lagerfeuer – Kassierer – Lehrling – Maurer
  4 Beamter – Verkäufer – Messer – Elektrikerin – Buchhalter
  5 arbeiten – bauen – reparieren – entspannen
  6 Verkäuferin – Geschäftsfrau – Reiseleiter – Pilotin
  7 Einwohner – Berufsberater – Bäcker – Mechaniker
  8 Büro – Lehrer – Fabrik – Schule

Deine Arbeit – ist das eine gute Wahl?

flix2001

Ich mag meine Arbeit als Mechaniker, weil es nie langweilig ist. Ich arbeite oft im Team und das macht mir großen Spaß. Meine Kollegen sind einfach super. Ich muss oft technische Probleme lösen und das finde ich spannend. Manchmal ist die Arbeit nicht einfach, aber das passiert nicht oft und das ist ja auch ganz normal.

----

yasa04

Ich arbeite gern als Ingenieurin, weil ich Technik toll finde und gern Dinge konstruiere. Bei uns gibt es nur zwei Ingenieurinnen, die anderen zehn Arbeitskollegen sind Männer. Es funktioniert sehr gut. Ich lerne von meinen Kollegen und sie lernen von mir! Das Arbeitsklima ist sehr gut, obwohl die Arbeit kompliziert sein kann! Die Arbeitszeiten sind gut, aber manchmal muss ich von 19 bis 1 Uhr arbeiten – ich arbeite aber nicht gern abends.

----

domi8

Maurer ist der beste Beruf! Es gibt keinen anderen Beruf für mich! Ich glaube, dass es keine negativen Aspekte gibt, oder vielleicht nur einen: Ich muss viel mit dem Auto fahren, weil ich nicht nur in meiner Stadt arbeite. Leider arbeite ich oft bis 23 Uhr. Es macht großen Spaß, praktisch zu arbeiten. Meine Freundin ist auch Maurerin und wir sprechen viel über unseren Beruf!

----

2 Wer sagt das: F (flix2001), Y (yasa04), D (domi8) oder N (niemand)? Vorsicht! Jede Person kann mehrmals oder gar nicht erscheinen.

Beispiel: 1 D

1 Ich rede mit meiner Partnerin über meine Arbeit.
2 Ich suche gern eine Lösung.
3 Manchmal ist die Arbeit schwierig.
4 Wir lernen viel voneinander.

5 Ich arbeite von zu Hause.
6 Ich arbeite gern mit den Händen.
7 Ich arbeite lieber während des Tages.
8 Ich interessiere mich für Technisches.

3 a Drei Leute sprechen über ihre Arbeit. Finde die vier richtigen Sätze.

Beispiel: 4, …

    1 Mit Teenagern zu arbeiten ist nie anstrengend.

    2 Lehrer arbeiten oft zu wenig.

    3 Als Bäcker(in) bekommt man ein gutes Gehalt.

    4 Die Arbeit für Bäcker(innen) beginnt sehr früh.

    5 Friseure oder Friseurinnen haben oft Probleme mit der Gesundheit.

    6 Es ist wichtig, Leute zu mögen, wenn man Friseur(in) ist.

    7 Es macht Spaß, als Friseurin Neues auszuprobieren.

    8 Man bekommt erst nach der Ausbildung zum Bäcker Geld.

3 b Hör dir die Aufnahme noch einmal an. Nenne jeweils einen positiven und einen negativen Aspekt.

Beispiel 1: Lehrerin: + Kontakt mit Jugendlichen, – arbeitet viel

  1 Lehrerin   **2** Ausbildung zum Bäcker   **3** Friseur

4 Berufsbezeichnungen für Männer und Frauen. Lies A9 in der Grammatik. Wähl das richtige Wort.

Beispiel: 1 Kellnerin

1 Nadine arbeitet als **Kellner / Kellnerinnen / Kellnerin** in Berlin.

2 Mario möchte **Ärztin / Arzt / Ärzte / Ärztinnen** werden.

3 Miriam macht eine Ausbildung als **Köchinnen / Köche / Köchin / Koch**.

4 Silvia und Ingrid wollen **Polizisten / Polizistin / Polizist / Polizistinnen** werden.

5 Partnerarbeit. Macht Dialoge.

    1 Was kannst du auf diesem Bild sehen?

    2 Was macht die Frau hier rechts?

    3 Was denkst du: Was machen die Personen später?

    4 Wie findest du den Beruf auf dem Bild?

    5 Welche zwei Berufe sind nichts für dich? Warum?

Auf dem Bild	sind		ein Koch und eine Köchin.
Sie	arbeiten / sprechen / helfen sich gegenseitig		in der Küche.
Ich finde den Beruf	nicht so interessant, interessant,		weil er anstrengend ist. weil der Arbeitstag lang ist. weil ich nicht gern koche.
Ich möchte als	Beamter/Beamtin Koch/Köchin Briefträger/Briefträgerin Geschäftsmann/Geschäftsfrau	Mechaniker/Mechanikerin Arzt/Ärztin Kauffrau/Kaufmann	arbeiten.
… , weil	ich gern mit Leuten arbeite. ich kreativ bin.	ich die Technik mag. ich gern alleine arbeite.	

6 Schreib 60–75 Wörter auf Deutsch über deine Berufswahl. Du musst alle Wörter hier benutzen.

Geld	in Zukunft	interessieren	Kollegen

Unterwegs

4F.2 Berufswünsche

★ Über Berufswünsche und Karrieremöglichkeiten sprechen
★ Konjunktiv II mit *würde*

Berufe in der Zukunft

Du überlegst dir bestimmt schon, was du später machen willst. Aber welche Berufe haben Zukunft? Man kann es nicht genau sagen, aber es ist möglich, dass die folgenden Berufe sehr wichtig sein werden:

Die Menschen werden immer älter. Deshalb brauchen wir immer mehr *Ärzte* und *Ärztinnen* und *Apotheker/innen*! Auch als *Krankenpfleger/in* und *Altenpfleger/in* stehen die Berufschancen sehr gut! Deshalb ist eine Ausbildung in diesen Bereichen sicher eine gute Idee, wenn man sich für diese Berufe interessiert!

Die Technik spielt auch in der Zukunft eine wichtige Rolle. Deshalb würde man mit einer Ausbildung als *Elektriker/in* und als *Informatiker/in* sicher gute Chancen haben, eine Stelle zu finden. Als *IT-Sicherheitstechniker/in* würdest du bestimmt auch einen Arbeitsplatz finden, denn nicht genügend Sicherheit, mangelnde Privatsphäre und Hacker im Internet sind heutzutage ein Problem.

Es gibt immer mehr Menschen auf der Welt und man braucht deshalb immer mehr Häuser und Wohnungen – als *Ingenieur/in für Gebäudetechnik* oder *Architekt/in* hat man gute Chancen und man würde sicher auch eine Stelle bekommen!

Welchen Beruf wird es in der Zukunft sonst noch geben? Als *Lebensmitteltechniker/in* würdest du der Gesellschaft helfen, die Ernährung sicher zu machen. Was würdest du als *Abfalldesigner/in* machen? Du würdest neue Produkte aus Abfall entwerfen!

Ein Jurastudium ist eine gute Idee, denn auch in der Zukunft wird man *Juristen/Juristinnen* brauchen. Heutzutage gibt es auch neue Studiengänge wie *Informationsmanagement*. Man lernt, wie man Informationen sortiert und man kann z. B. in Banken oder Bibliotheken arbeiten. Man braucht natürlich Talent und technisches Interesse.

1 a Lies den Artikel. Schreib R (richtig), F (falsch) oder NA (nicht angegeben).

Beispiel: 1 R

1 Weil die Menschen länger leben, braucht man mehr Ärzte und Ärztinnen.
2 Sicherheitstechniker/innen für IT kontrollieren, ob die Gebäude sicher sind.
3 In der Zukunft wächst die Zahl der Menschen, deshalb brauchen wir mehr Gebäude. Das ist gut für den Beruf des Ingenieurs/der Ingenieurin.
4 Lebensmitteltechniker/innen kontrollieren das Essen.
5 Abfalldesigner produzieren Abfall.
6 Juristen werden eine wichtige Rolle spielen.

7 Wenn man Informationsmanagement studiert, kann man für verschiedene Institutionen arbeiten.

8 Für das Studium des Informationsmanagements muss man begabt sein und IT in der Schule gelernt haben.

1 b Welche Wörter findest du besonders nützlich und wichtig im Text? Kopiere und übersetze sie in deine Sprache.

Beispiel: überlegen, der Beruf

2 Drei Leute sprechen über ihre Berufswünsche. Kopiere und füll die Tabelle auf Deutsch aus.

	Positiv	Negativ
Arbeit	**Beispiel:** 1 mit anderen Leuten zusammenarbeiten	2 ....
Pilotin	3 .... 4	5 ....
Polizist	6 .... 7	8 ....

3 Konjunktiv II mit *würde*. Lies F7 in der Grammatik. Schreib die Form des Wortes (a)–(j), damit das Wort im Satz richtig ist. Vorsicht! Es ist nicht immer nötig, die Form in Klammern zu ändern.

Beispiel: (a) neugierige

Meine (a) .... (*neugierig*) Tante Ella fragt mich immer, was ich gerne nach der Schule machen (b) .... (*würden*). Es ist schwierig, ich habe so viele Interessen! Mein (c) .... (*hilfsbereit*) Lehrer, Herr Neuer, hat mir empfohlen, auf die Universität zu gehen: „Du (d) .... (*würden*) sicher sehr (e) .... (*gut*) Noten bekommen", hat er gesagt. Aber zurzeit überlege ich, ob eine Ausbildung besser zu mir passen (f) .... (*würden*). Meine Eltern (g) .... (*würden*) mich auf jeden Fall unterstützen. Ich arbeite gern mit den Händen und bin kreativ – deshalb (h) .... (*würden*) mir eine Ausbildung als Bäckerin oder als Floristin zusagen. Meine Eltern sagen, sie (i) .... (*würden*) bestimmt einen (j) .... (*toll*) Blumenstrauß von mir kaufen! Ich muss mir alles genau überlegen!

4 Partnerarbeit. Macht Dialoge zum Thema „Berufswünsche".
  1 Was ist im Beruf am wichtigsten: gute Bezahlung, kurze Arbeitszeiten oder ein gutes Team? Warum?
  2 Welcher Beruf interessiert dich gar nicht? Warum nicht?
  3 Willst du in der Zukunft im Ausland arbeiten? Warum (nicht)?
  4 Wo hast du schon einmal ein Praktikum gemacht oder in den Ferien gearbeitet?

5 Welche Berufe sind in der Zukunft vielleicht wichtig und warum? Schreib zwei Absätze für den Artikel in Übung 1.

Abfliegen

4G.1 Möglichkeiten nach der Schule

★ Über Ausbildungsplätze und Berufswege nach der Schule sprechen
★ Verben mit *zu*

1 Welche Kategorie passt: A (Ausbildung), B (Beruf) oder U (Universität)?

Beispiel: 1 A

1	Azubi	4	Arbeitgeber	7	studieren
2	Studium	5	Arbeitsstelle	8	Lehrstelle
3	Lehrling	6	Angestellter		

2 Lies den Artikel. Welches Wort (a–p) passt zu jeder Lücke (1–8)?

Beispiel: 1 k

Deine berufliche Zukunft

Sicher! hat bei Azubis nachgefragt – wie findest du es, Auszubildender oder (1) .... zu sein?

Mikail (16)

Ich habe vor Kurzem meine Ausbildung zum Fachinformatiker bei der Landesbank NR begonnen. In der Schule hat es mir Spaß gemacht zu programmieren. Es war nicht schwierig, die Stelle zu bekommen. Die (2) .... begann mit einer interessanten Einführungswoche. Ich habe viel gelernt! Ich arbeite viel, um Experte in meinem Fach zu werden, das ist natürlich toll! Ich finde auch die flexiblen (3) .... zwischen 06.00 und 20.00 Uhr toll. Der (4) .... ist auch in Ordnung, ich bekomme zwischen 976 und 1.100 Euro. Mein Tipp: Informiert euch früh über mögliche (5) ....

Karina (19)

Ich absolviere gerade mein drittes, also letztes, Ausbildungsjahr zur Mechatronikerin bei der AGI GmbH. Mein Arbeitstag beginnt um 05.00 Uhr in der Produktionsabteilung. Meine (6) .... und die Arbeitskollegen sind alle sehr nett! Es ist toll, jeden Tag mechanische und elektronische Bauteile zu bauen und zu installieren. Nur die (7) .... von mechatronischen Systemen gefällt mir nicht so. Man kann die Ausbildung nicht machen, ohne hart zu arbeiten – es lohnt sich also, fleißig zu sein! Respektiert die Ausbilder, dann werdet ihr auch (8) ....

a Lohn	**e** verdienen	**i** Ausbildungsplätze	**m** bewerben
b Beruf	**f** respektiert	**j** Ausbildung	**n** Angestellter
c Chefin	**g** Arbeitszeiten	**k** *Auszubildende*	**o** Studium
d Reparatur	**h** gut bezahlt	**l** Vorstellungsgespräch	**p** Abschluss

3 Alex, Sarah und Olaf beschreiben ihre Pläne. Welche Möglichkeiten erwähnen sie? Es gibt zwei Möglichkeiten pro Person. Kopiere die Tabelle und kreuze die sechs richtigen Kästchen an.

	Alex	Sarah	Olaf
Ausbildung machen		**Beispiel:** X	
Universität			
reisen			
sofort arbeiten			
nichts tun			

4 Verben mit *zu*. Lies G2 in der Grammatik. Welches Satzende (a–h) passt zu jedem Satzbeginn (1–8)?

Beispiel: 1 e

1 Er arbeitet im Sommer in einem Geschäft,
2 Katharina hat bei der Prüfung eine gute Note bekommen,
3 Sabine geht zur Jobmesse,
4 Während der Ausbildung hat es mir großen Spaß gemacht,
5 Der Berufsberater hilft mir,
6 Ein Jahr im Ausland gibt mir die Chance,
7 Für meine Karriere ist es notwendig,
8 Meine Eltern erlauben mir nicht,

a neue Kulturen und Sprachen kennenzulernen.
b ein Jahr nichts zu tun.
c ohne viel dafür gelernt zu haben.
d einen Universitätsabschluss zu haben.
e um mit dem Geld sein erstes Studienjahr zu finanzieren.
f mit den anderen Azubis zu lernen.
g um sich über die Möglichkeiten zu informieren.
h eine Entscheidung zu treffen.

5 Partnerarbeit. Macht Dialoge.

1 Was kannst du auf diesem Bild sehen?
2 Was macht der Lehrer?
3 Was möchten die jungen Leute nach der Ausbildung vielleicht machen?
4 Ist es besser, eine Ausbildung zu machen oder ein Jahr ins Ausland zu gehen?
5 Warum wollen manche Teenager nach der Schule reisen?

Man kann	eine Ausbildung machen,	um viel zu lernen. um eine Qualifikation zu bekommen. um eine gute Arbeit zu finden.	
Viele möchten	nach der Schule reisen,	weil sie	eine Pause brauchen. eine neue Kultur kennenlernen wollen. nicht wissen, was sie machen wollen.
Ich finde es besser	zu reisen,	weil man	mehr Spaß hat. Geld verdient.
	eine Ausbildung zu machen,		eine gute Arbeitsstelle bekommt. zu Hause bleiben kann.

6 Welche Zukunftspläne hast du? Schreib 60–75 Wörter auf Deutsch. Du musst alle Wörter hier benutzen.

studieren	Spaß	Qualifikationen	nach der Schule

Unterwegs

4G.2 Zukunftspläne nach der Oberstufe

★ Über Zukunftspläne nach der Schule sprechen
★ Konjunktiv mit *möchte*

Deine berufliche Zukunft

Was möchtest du nach der Schule machen? Studium, Ausbildung, direkter Berufseinstieg oder Reisen?

Kommt zur dreitägigen Berufs- und Unimesse ab 14. Januar in Düsseldorf! Firmen und Universitäten werden dort sein und du kannst viel über den Alltag in den Betrieben und an der Uni erfahren. Möchtest du ein Jahr lang reisen oder im Ausland arbeiten? Auch dafür gibt es Firmen, die dir alles über die Möglichkeiten sagen können. Seit dem Messebesuch steht für Sandra, 17, fest: Sie möchte ein Auslandsjahr machen und ihre Französischkenntnisse verbessern. Sie hat vor, eine Stelle als Fremdsprachenassistentin oder als Kellnerin zu finden.

Andres, 18, hat sich über die Ausbildung als Krankenpfleger und über das Medizinstudium informiert und jetzt weiß er, dass das Studieren viele Vorteile hat, weil er dann z.B. eine gut bezahlte Stelle bekommt. Er weiß noch nicht, wie er das lange Studium finanzieren soll.

Oliver, 17, ist dank der Messe sicher: Er möchte nach der Schule lernen und arbeiten. Er hat sich für eine Lehrlingsstelle als Lagerlogistiker bei der Deutschen Bahn entschieden, wenn er seine Abschlussprüfung schafft.

Evi, 18, hat mit einer Organisation geredet, die Work-and-Travel organisiert, das bedeutet: Junge Leute, vor allem nach dem Abitur, können für eine bestimmte Zeit in ein Land reisen und dort auch arbeiten. Sie möchte ein Jahr lang durch Australien reisen, das Land kennenlernen und sich den Aufenthalt durch Gelegenheitsarbeiten finanzieren, z.B. einem Bauern helfen. Ob alleine oder zu zweit, das weiß sie noch nicht.

1 Beantworte die Fragen auf Deutsch. Vollständige Sätze sind nicht notwendig.

Beispiel: 1 Reisen

  1 Welche Option gibt es, wenn man nicht gleich nach der Schule studieren oder arbeiten will? (1)

  2 Wie lange dauert die Messe? (1)

  3 Welche Arbeitsplätze kommen für Sandra in Frage? Gib **zwei** Details. (2)

  4 Welchen Beruf will Andres ergreifen? (1)

  5 Was ist schwierig für Andres? (1)

  6 Was braucht Oliver, um die Ausbildung beginnen zu dürfen? (1)

  7 Wo würde Evi arbeiten, um Geld als Gelegenheitsarbeiterin zu verdienen? (1)

  8 Wie viele Personen werden vielleicht mit Evi nach Australien fahren? (1)

2 a Acht Leute sprechen über die Universität. Schreib R (richtig), F (falsch) oder NA (nicht angegeben).

Beispiel: 1 R
  1 Georg möchte auch Erfahrung außerhalb seines Landes sammeln.
  2 Andrea hat kein großes Interesse an einem Studium.
  3 Tim will Jura studieren.
  4 Dimitra möchte einen Teil der Ausbildung im Ausland machen.
  5 Enes weiß, dass das Studieren viele Vorteile hat.
  6 Laura möchte im eigenen Land studieren.
  7 Lorenzo will Medienwissenschaft und Journalismus kombinieren.
  8 Annabelle möchte nicht Zahnärztin werden.

2 b Hör dir die Aufnahme noch einmal an. Was denken die Personen (1–8) über das Studieren? Welche Kategorie passt: P (positiv), N (negativ) oder PN (positiv und negativ)? Warum?

Beispiel: 1 P – gut bezahlte Stelle

3 a Konjunktiv mit *möchte*. Lies F7 in der Grammatik. Schreib die Form des Wortes (a)–(j), damit das Wort im Satz richtig ist. Vorsicht! Es ist nicht immer nötig, die Form in Klammern zu ändern.

Beispiel: (a) möchte

Ich (a) .... (*mögen*) nach dem Abi im Ausland studieren. Es gibt (b) .... (*unzählig*) Möglichkeiten. Am liebsten (c) .... (*würden*) meine Freundin Andrea und ich in Wien studieren, weil die Uni sehr gut ist. Andrea (d) .... (*mögen*) Deutsch und Englisch studieren. Das ist nichts für mich. Architektur oder Ingenieurwissenschaft sind (e) .... (*interessant*) Optionen für mich. Meine Eltern (f) .... (*mögen*) nicht, dass ich so lange studiere, weil es viel Geld kostet, aber ich suche mir einen Nebenjob. Sie wollen, dass ich Jura oder Medienwissenschaft studiere. Auf keinen Fall! Ich habe einen (g) .... (*gut*) Freund in Wien, der Architektur studiert und er sagt, dass das Studium gut organisiert ist. Er (h) .... (*mögen*) natürlich auch, dass ich nach Wien ziehe. Das Nachtleben in Wien ist (i) .... (*toll*), sagt er. Was (j) .... (*mögen*) du in der Zukunft studieren?

3 b Lies die Broschüre in Übung 1 noch einmal und finde fünf Konjunktivformen des Verbes *mögen*. Kopiere und übersetze die Sätze in deine Sprache.

Beispiel: Was <u>möchtest</u> du nach der Schule machen?

4 a Partnerarbeit. Macht Dialoge zum Thema „Zukunftspläne".
  1 Was möchtest du nach der Schule machen?
  2 Und was möchtest du danach machen?
  3 Warum wollen viele Teenager lieber arbeiten als mit einem Studium beginnen?
  4 Warum arbeiten viele Jugendliche ein Jahr im Ausland, bevor sie studieren?

4 b Präsentiere der Gruppe deine Zukunftspläne. Versuche wenn möglich ohne Notizen zu sprechen.

5 Schreib eine E-Mail an einen Freund / eine Freundin. Sag ihm / ihr, was du in Zukunft (nicht) machen möchtest und warum.

Beispiel: Ich kann mir vorstellen, Geschichte zu studieren, weil ...

4H Work, volunteering, careers

Abfliegen

4H.1 Gelegenheitsjobs und das Auszeitjahr

★ Über Gelegenheitsjobs und ein Auszeitjahr sprechen
★ Dativpronomen und ihre Position

1 Welche Kategorie passt: A (Auszeitjahr) oder G (Gelegenheitsjobs)?

Beispiel: 1 A

1 reisen
2 Babysitter
3 eine neue Kultur kennenlernen
4 Flyer austeilen

5 im Ausland sein
6 Nachhilfe geben
7 eine neue Sprache lernen
8 Gartenarbeiten machen

Gelegenheitsarbeit – unsere Tipps

Wir haben Schüler und Schülerinnen der Oberstufe gefragt, welche Gelegenheitsarbeiten sie machen und gut finden und welche nicht.

Mete (17): Ich gebe ab und zu Nachhilfe in Mathe. Ich bin gut in Mathe und es gibt ein paar Schüler in der 9. Klasse, die Probleme im Matheunterricht haben. Ich helfe ihnen, individuell

und in Gruppen, oft vor einem Test. Wenn du in einem Fach gut bist, kannst du damit etwas Geld verdienen. Die Schüler sind nett, ich verbringe gern Zeit mit ihnen.

Kürsad (18): Also, ich arbeite fast jeden Samstag ein paar Stunden in einem Modegeschäft. Im November und Dezember gibt es besonders viel zu tun. Ich mag es, zeitlich

flexibel zu sein. Eine Agentur arbeitet mit dir, um Gelegenheitsarbeit wie meine zu finden.

Kevin (16): Ich nehme Gelegenheitsjobs nur in den Ferien an. Dann arbeite ich manchmal als Babysitter. Ich mache es nur, wenn ich Geld brauche, ich finde die Arbeit nicht so toll.

Meine Nachbarin gibt mir manchmal einen Gelegenheitsjob: Ich helfe

ihr diese Woche bei der Gartenarbeit. Mein Tipp: Sprich vor dem Beginn des Gelegenheitsjobs über die Bezahlung!

2 a Lies den Artikel. Schreib R (richtig), F (falsch) oder NA (nicht angegeben).

Beispiel: 1 F

1 Mete ist gut in Mathe und gibt deshalb jede Woche Mathenachhilfe.
2 Mete hilft den Nachhilfeschüler/innen besonders vor Prüfungen.
3 Mete findet seine Nachhilfeschüler/innen sympathisch.
4 Kürsad arbeitet immer samstags in einem Geschäft.
5 Ihm macht die Arbeit meistens großen Spaß.
6 Kevin verbringt gern Zeit mit Kindern.
7 Er sagt, man soll nach der Arbeit über das Geld sprechen, das man für die Arbeit bekommt.
8 Kevin hat schon viel Geld gespart.

2 b Lies den Artikel noch einmal. Korrigiere die drei falschen Sätze.

Beispiel: 1 Mete ist gut in Mathe und gibt deshalb ~~jede Woche~~ Mathenachhilfe.
ab und zu

3 Zukunftswünsche. Welches Bild A–H passt zu welcher Person (Tobias, Iris, Sebastian)? Vorsicht! Ein Bild passt zu niemandem.

Beispiel: **A Tobias**

 4 Dativpronomen und ihre Position. Lies D1 und A6 in der Grammatik. Welches Wort passt zu jedem Satz?

Beispiel: **1 ihnen**

1 Wie findest du deine Kollegen? Wie kommst du mit .... aus?

2 Meine Eltern wollen, dass ich studiere. Ich habe .... gesagt, dass ich aber lieber ein Praktikum machen will.

3 Silvia schreibt .... Chefin eine E-Mail.

4 Mein Arbeitskollege ist ein netter Mensch und deshalb helfe ich .... bei Reparaturen.

5 Das Kind trinkt viel Apfelsaft, denn der Saft schmeckt .... gut.

6 Meine Chefin ist sehr nett. Ich gehe oft mit .... essen.

7 Sofia und Katharina! Ich war heute shoppen. Gefallen .... meine neuen Schuhe?

8 Meine Schwester hat Probleme in Deutsch. Thomas gibt .... ein Übungsheft.

ihm
ihm
ihnen
ihnen
ihr
ihr
euch
ihrer

 5 Partnerarbeit. Macht Dialoge zum Thema „Auszeitjahr".
1 Möchtest du ein Auszeitjahr nehmen?
2 Falls ja: Wohin möchtest du fahren? Was möchtest du tun?
3 Falls nein: Warum möchtest du kein Auszeitjahr nehmen?
4 Was findest du gut an einem Auszeitjahr?

Ich möchte ein Jahr		nicht studieren / nicht arbeiten / Pause machen / nur Gelegenheitsarbeiten machen / nur reisen als Kellner(in) / Babysitter(in) / Hilfsgärtner(in) arbeiten.
Es ist gut,	denn man	lernt eine neue Sprache / lernt eine neue Kultur kennen / lernt neue Leute kennen / verdient Geld / probiert neues Essen.
Ich finde es nicht so gut,	denn	es kann Probleme geben / es gibt vielleicht keine Arbeit / es ist gefährlich / die Familie und die Freunde sind nicht da.
Ich möchte das machen,	obwohl	es gefährlich ist / es harte Arbeit ist..
	damit	ich viel lerne / ich Geld verdiene.

 6 Welche Gelegenheitsarbeit findest du interessant? Schreib 60–75 Wörter auf Deutsch. Du musst alle Wörter hier benutzen.

arbeiten	draußen	in den Ferien	Geld

Unterwegs

4H.2 Freiwillig arbeiten

★ **Über freiwillige Arbeit und deren Vorteile für die Zukunft sprechen**
★ **Adjektivendungen nach** *etwas, nichts, viel, wenig, alles*

Sei auch du dabei!

Wir Helfen setzt sich seit 1986 für Kinder ein, die in Berlin aufwachsen und in schwierigen Situationen sind. Es sind Kinder, die wenig Hilfe bekommen und mehr Aufmerksamkeit brauchen. Sie haben viel Schlechtes erlebt und brauchen Unterstützung im Alltag.
Wünschst du dir soziales Engagement und Berufsorientierung? Willst du etwas Sinnvolles machen? Schenk Kindern deine Zeit. Die Dankbarkeit unserer Kinder bei **Wir helfen** ist die schönste Belohnung!

Mach bei uns ein Praktikum! Du lernst viel dabei: Du verbesserst deine Kommunikationsfähigkeiten, hast mehr Verständnis für andere und du lernst

neue Perspektiven kennen. Du wirst vielleicht weniger materialistisch sein. Du hast bei uns die Chance, verschiedene Tätigkeiten auszuprobieren. Wir brauchen Unterstützung in den verschiedensten Bereichen, zum Beispiel in der Küche und in der Spielecke. Du musst nichts Warmes kochen können – das lernst du bei uns!
Auch bei der Hausaufgabenhilfe und in unserem **Wir Helfen**-Geschäft brauchen wir noch freundliche Mitarbeiter. Wenn du Kinder magst und dich sozial engagieren willst, dann ist ein Praktikum bei uns ideal. Interesse? Tu etwas Gutes! Wenn du 16 und älter bist und mindestens sechs Stunden pro Woche Zeit hast, dann schreib uns. Außerdem brauchen wir deinen Lebenslauf. Zum Praktikumsende gibt es natürlich ein Zeugnis für dein Engagement!

1 a Beantworte die Fragen auf Deutsch. Vollständige Antworten sind nicht nötig.

Beispiel: 1 1986

   1 Wann wurde die Organisation ‚**Wir Helfen**' gegründet? (1)
   2 Wie reagieren die Kinder, wenn man ihnen Zeit schenkt? (1)
   3 Was lernt man beim Praktikum? Gib **zwei** Details. (2)
   4 Wo braucht es noch Verkäufer/innen? (1)
   5 Was muss man sein, wenn man im **Wir Helfen**-Geschäft arbeiten möchte? (1)
   6 Wer darf mitmachen? Gib **zwei** Details. (2)
   7 Was lernt man z.B. in der Küche? (1)
   8 Was bekommt jeder, der ein Praktikum absolviert hat? (1)

1 b Welche Wörter findest du besonders nützlich und wichtig in der Broschüre? Kopiere und übersetze sie in deine Sprache.

Beispiel: die Hilfe, die Unterstützung, …

2 Lukas und Maria sprechen über ihre Arbeit als Ehrenamtliche. Wer sagt das: L (Lukas) oder M (Maria)?

Beispiel: 1 L

   1 .... protestiert gegen Laboratorien.
   2 .... ist schon jahrelang Mitglied der Organisation.
   3 .... will später einen Arbeitsplatz bei einer Hilfsorganisation bekommen.
   4 .... glaubt, dass die Proteste die Politiker beeinflussen.

5 .... will den Leuten durch Proteste zeigen, dass manche Dinge nicht richtig sind.

6 .... will später als Jurist noch mehr helfen.

7 .... arbeitet jetzt mehr für die Organisation.

8 .... sagt, dass wir nicht passiv sein dürfen.

3 a Adjektive nach *etwas* und *nichts*. Lies B7 in der Grammatik. Schreib die Form des Wortes (a)–(j), damit das Wort im Satz richtig ist. Vorsicht! Es ist nicht immer nötig, die Form in Klammern zu ändern. Achte auf die Groß- und Kleinschreibung.

Beispiel: (a) Besseres

Es gibt nichts (a) .... (*besser*), als bei einer Hilfsorganisation mitzuhelfen! Ich engagiere mich seit rund einem Jahr für Flüchtlinge und mir (b) .... (*gefallen*) die Arbeit unglaublich gut. Man bekommt etwas (c) .... (*wichtig*) zurück, nämlich Dankbarkeit. Meine Eltern (d) .... (*unterstützen*) mich. Zu wissen, dass man helfen kann, das ist etwas (e) .... (*schön*). Man (f) .... (*helfen*), wo man kann.

Die Arbeit mit den Flüchtlingskindern ist etwas (g) .... (*einzigartig*). Für mich gibt es immer etwas (h) .... (*interessant*) in der Spielecke, traurige, aber auch lustige Geschichten von den Kindern.

Meine Schwester (i) .... (*interessieren*) sich auch für meine ehrenamtliche Arbeit und ich nehme sie morgen mit, wenn ich zu den Flüchtlingen gehe. Es ist schon etwas (j) .... (*toll*), mitzuhelfen, und die Arbeit der Mitarbeiter und Ehrenamtlichen ist wirklich super!

3 b Lies die Broschüre in Übung 1 noch einmal. Finde vier Adjektive nach *etwas*, *nichts*, *viel*, *wenig* oder *alles*. Kopiere und übersetze sie in deine Sprache.

Beispiel: viel Schlechtes

4 Partnerarbeit. Macht Dialoge zum Thema „Freiwillige Arbeit".

1 Was kannst du auf diesem Bild sehen?

2 Was macht das Mädchen links?

3 Was wird sie vielleicht später machen?

4 Warum engagieren sich Teenager freiwillig?

5 Welche Vor- und Nachteile hat freiwillige Arbeit?

5 Schreib ein Blog darüber, ob du für eine Umweltorganisation oder eine Tierschutzorganisation freiwillig arbeiten möchtest. Du könntest Folgendes erwähnen:

- Motivation für die Arbeit
- interessante Tätigkeiten, die du für die Organisation machen willst
- was du lernen kannst, wenn du freiwillig arbeitest.

Communication – by internet, phone, email, social media

Abfliegen

4I.1 Kommunikation und Kommunikationsmittel

★ **Über das Kommunizieren sprechen**
★ **Adjektive (Wiederholung)**

1 Welches Wort passt hier nicht? Warum?

Beispiel: 1 Brief – Das ist kein elektronisches Kommunikationsmittel.

1 Brief – E-Mail – SMS-Chat – Sprachnachricht
2 Homepage – Bildschirm – DVD-Spieler – Webseite
3 skypen – chatten – simsen – wandern
4 Handy – Tastatur – Maus – Chatroom
5 einfügen – abnehmen – ausschneiden – klicken
6 Laptop – Rechner – Scanner – PC
7 WLAN – Internet – Wifi – Satellitenfernsehen
8 Haustelefon – Smartphone – Mobiltelefon – Handy

Peters Blog – eine Woche ohne Internet?!

Hi Leute,

ich habe es geschafft: eine Woche ohne Internet! Es war echt schwierig: keine SMS, keine Chats, keine E-Mails. Ich habe keine Nachrichten online gelesen und deshalb habe ich jeden Tag die Zeitung gekauft und Radio gehört und hatte deshalb aktuelle Informationen. Meine besten Freunde haben mich angerufen und gefragt, was los ist. Ich hatte ohne die sozialen Netzwerke viel mehr Zeit! Am Anfang habe ich mich gelangweilt, aber dann habe ich begonnen, die neuen Bücher zu lesen, die ich bekommen habe. Ich habe mich auch mit meinen Freunden getroffen. Wir haben mit dem Handy und dem Haustelefon kommuniziert. Am Ende der Woche habe ich dann meine E-Mails gelesen. 60 neue E-Mails! Es war eigentlich eine schöne, ruhige Zeit ohne Internet. Aber ich brauche es – es ist mit dem Internet einfacher, mit meinen Freunden in Kontakt zu bleiben! Ich versuche ab jetzt, einmal im Monat einen Tag ohne Internet zu verbringen, das ist entspannend. Ich weiß, dass das nicht viel ist, aber das ist besser als gar nichts.

Bis bald! Peter

---

2 a Lies Peters Blog. Finde die vier richtigen Sätze.

Beispiel: 3, ...

1 Peter war eine Woche lang nicht informiert.
2 Peter hat einen Monat sein Handy nicht benutzt.
3 Zu Beginn war die internetfreie Zeit nicht angenehm für Peter.
4 Er hat in der Woche Dinge gemacht, die er sonst nicht oft macht.
5 Er hat das Telefon benutzt, um mit seinen Freunden in Kontakt zu bleiben.
6 Peter hat in der Woche wenige E-Mails bekommen.
7 Er versucht ab jetzt, einen Tag pro Woche das Internet nicht zu benutzen.
8 Kein Internet für einen Tag ist angenehm.

2 b Korrigiere die vier falschen Sätze.

Beispiel: 1 Peter war eine Woche lang ~~nicht~~ informiert. gut

3 Drei Leute sprechen darüber, wie sie kommunizieren. Welche Person passt:
M (Mustafa), S (Silvia) oder J (Jorg)?

Beispiel: 1 M

1	E-Mails schicken	**5**	Briefe schreiben
2	SMS schicken	**6**	Haustelefon
3	Nachricht auf sozialen Netzwerken senden	**7**	direkt mit Freunden treffen
4	Internettelefonate	**8**	mit dem Handy telefonieren

4 a Adjektive. Lies B1, B2 und B3 in der Grammatik. Schreib die Form des Wortes (a)–(j), damit das Wort im Satz richtig ist. Vorsicht! Es ist nicht immer nötig, die Form in Klammern zu ändern.

Beispiel: (a) soziale

Meine Freundin und ich kommunizieren immer über (a) .... (*sozial*) Netzwerke, obwohl wir in der gleichen Straße wohnen. Mit anderen (b) .... (*gut*) Freunden chatte ich online, aber wenn wir uns treffen wollen, dann schreibe ich immer eine SMS, weil manche meiner Freunde nicht immer online sind. Ich habe kein (c) .... (*modern*) Handy, denn es ist schon fünf Jahre alt, aber es funktioniert noch gut. Ich (d) .... (*wollen*) auch keinen eigenen Computer, weil der Computer von meiner Mutter (e) .... (*neu*) ist und ich ihn benutzen darf. Meine Mutter (f) .... (*mögen*) es nicht, wenn ich zu lange am Computer sitze. Das mache ich eigentlich nicht oft, aber ich chatte gern lange mit meinen Freundinnen, vor allem am Wochenende. Es sind oft nützliche Chats, weil ich mit meinen Freundinnen die Hausaufgaben (g) .... (*besprechen*). Ich telefoniere eigentlich fast nie, nur mit meiner (h) .... (*nett*) Tante in Salzburg, weil sie kein Internet hat. Ein Leben ohne Internet (i) .... (*können*) ich mir nicht vorstellen – natürlich gibt es Probleme mit der Sicherheit und es ist auch gefährlich, aber es hat viele (j) .... (*positiv*) Aspekte!

4 b Lies das Blog in Übung 2 noch einmal und finde zehn Adjektive. Kopiere und übersetze die Satzteile in deine Sprache.

Beispiel: Es war echt <u>schwierig</u>, ...

5 Partnerarbeit. Macht Dialoge zum Thema „In Kontakt bleiben".
1 Mit welchen Kommunikationsmitteln bleibst du mit anderen in Kontakt?
2 Warum verwendest du diese Kommunikationsmittel?
3 Welche Kommunikationsmittel haben deine Eltern und Großeltern verwendet?
4 Warum können viele Teenager nicht ohne Internet leben?

6 Wie bleibst du in Kontakt mit der Familie und deinen Freunden? Schreib 60–75 Wörter auf Deutsch. Du musst alle Wörter hier benutzen.

chatten	Kommunikation	besser	letztes Wochenende

Unterwegs

41.2 Sicherheit im Netz

★ Über Sicherheit online sprechen
★ Konjunktiv II mit *sein* und *haben*

Sicher im Netz – Tipps für Jugendliche

- Überleg dir vor dem Hochladen von Fotos: Will ich das für immer im Netz haben? Peinliche Fotos wären z.B. später auch für Firmen sichtbar. Das hätte Folgen für deine Karriere.
- Du entscheidest also, welche Bilder von dir im Netz sind. Es ist dein Recht.
- Kontrolliere deine Privatsphäre-Einstellung und stelle deine E-Mail-Adresse nicht ins Netz.
- Verwende Nicknames für Blogs und Foren, am besten mehrere. Auch wenn du anonym bist: Beleidige niemanden, das wäre unfair.
- Wenn du im Internet unerwünschte Daten oder Bilder von dir siehst, sprich mit deinen Eltern oder älteren Geschwistern.

- Benutze sichere Passwörter (8-stellig, eine Mischung aus Klein- und Großbuchstaben, Ziffern). Gib sie nicht weiter.
- Kauf ein Anti-Virenschutzprogramm und führe regelmäßige Sicherheitsupdates durch.
- Kontrolliere, welche Infos es über dich im Netz gibt. Tipp deinen Namen und deine E-Mail-Adresse in Google ein. Wenn es unerwünschte Infos gibt, schreib dem Betreiber der Webseite.
- Antworte nicht auf unerwünschte E-Mails, das hätte unerwünschte Konsequenzen, z.B. weitere E-Mails! Ignoriere E-Mails von Leuten, die du nicht kennst.
- Verschiedene E-Mail-Adressen sind ideal: Eine ist für Freunde und Bekannte, die andere für Online-Shopping und Anmeldungen.

1 a Lies die Tipps und mach Notizen. Ergänze die Sätze auf Deutsch.

Beispiel: 1 für immer im Netz

    1 Ein Problem mit Bildern: ....
    2 Dein Recht: ....
    3 Ideale Anzahl der Nicknames: ....
    4 Hilfe bei unerwünschten Infos über dich: ....
    5 Anzahl der Zeichen des Passwortes: ....
    6 Wer bekommt Passwort: ....
    7 Reaktion auf E-Mails von Unbekannten: ....
    8 Optimale Anzahl der E-Mail-Adressen: ....

1 b Lies die Tipps noch einmal. Beantworte die Fragen auf Deutsch.

Beispiel: 1 für immer

    1 Wie lange bleiben Fotos im Internet?
    2 Welche unfaire Sache machen manche Personen, wenn sie im Internet anonym sind?
    3 Was kostet Geld?
    4 Wie findet man am besten heraus, welche Informationen es über einen im Netz gibt?
    5 Wie soll man reagieren, wenn man E-Mails bekommt, die man nicht haben will?

2 a Ein Experte zum Thema Cybermobbing gibt Ratschläge. Schreib R (richtig), F (falsch) oder NA (nicht angegeben).

Beispiel: 1 F

1 Ein Bekannter schickt Sarah unerwünschte Nachrichten.

2 Sarah soll ihm eine Nachricht schicken, damit er nicht mehr schreibt.

3 Angreifer attackieren oft nicht mehr, wenn sie keine Antwort bekommen.

4 Seit drei Wochen ruft jemand Anastasia im Netz an.

5 Der Unbekannte bearbeitet und verändert die Fotos von Anastasia.

6 Anastasia soll alleine zur Polizei gehen.

7 Anastasia soll Informationen, wie z.B. Bilder, sammeln.

8 Man soll nur mit Freunden, die man persönlich kennt, auf sozialen Netzwerken befreundet sein.

2 b Hör dir die Aufnahme noch einmal an. Welche Wörter findest du besonders nützlich und wichtig? Schreib sie auf und übersetze sie in deine Sprache.

Beispiel: das Cybermobbing, unerwünscht, ...

3 a Konjunktiv II von *sein* und *haben*. Lies F7 in der Grammatik. Füll die Lücken aus. Schreib die richtige Form von *hätten* oder *wären*.

Beispiel: 1 Wenn mein Bruder ein sicheres Passwort <u>hätte</u>, <u>hätte</u> er keine Probleme mit Hackern.

1 Wenn mein Bruder ein sicheres Passwort ...., ... er keine Probleme mit Hackern.

2 Wenn das Internet sicherer ...., würde es weniger Schwierigkeiten im Alltag geben.

3 Ich .... gern ein Anti-Virenschutzprogramm, aber meine Mutter interessiert das nicht.

4 Es .... ungerecht, dieses Foto ins Netz zu stellen – das ist peinlich für Luise!

5 Armin und Sabine .... das Foto gern gepostet, aber Hanna war nicht einverstanden.

6 Wenn meine Eltern mehr Ahnung von sozialen Netzwerken .... , würden sie mehr Fotos hochladen.

7 Ich .... mehr Infos über Cybermobbing, wenn ich die Präsentation gesehen hätte.

8 Sabine und Klaus .... ihre Privatsphäre-Einstellung verbessern, wenn sie mehr Zeit ....

3 b Lies die Tipps in Übung 1 noch einmal und finde vier Sätze mit Konjunktiv II. Kopiere und übersetze sie in deine Sprache.

Beispiel: Peinliche Fotos wären z.B. später auch für Firmen sichtbar.

4 Partnerarbeit. Macht Dialoge.

1 Was kannst du auf diesem Bild sehen?

2 Was macht der Lehrer?

3 Was machen die zwei Schüler vielleicht als nächstes?

4 Welche Aspekte des Workshops sind deiner Meinung nach vielleicht nützlich und warum?

5 Was soll man auf jeden Fall tun, um sicher im Netz zu sein?

5 Schreib ein Blog für deine Mitschüler(innen) über die Sicherheit im Netz. Du könntest Folgendes erwähnen:

- einige Gefahren
- was man dagegen tun kann
- deinen wichtigsten Tipp und warum.

4J Keeping informed – radio, newspapers, TV, online

Abfliegen

4J.1 Information und neue Technologie

★ **Sagen, wie du dich informierst**
★ **Infinitivsätze**

1 Was passt hier nicht? Warum?

Beispiel: 1 Radio – Man liest das Radio nicht.

1	Radio	Zeitschrift	Zeitung
2	klicken	chatten	skypen
3	Sportbericht	Tagesschau	Nachrichtensendung
4	Maus	Handy	Tastatur
5	Scanner	Smartphone	Mobiltelefon
6	surfen	senden	ausstrahlen
7	simsen	anrufen	einfügen
8	aufnehmen	herumzappen	hochladen

Wie benutzen junge Leute Technologie, um auf dem Laufenden zu bleiben?

Es war noch nie einfacher, neue Freunde kennenzulernen und mit alten Freunden in Kontakt zu bleiben! Vier junge Leute sagen, wie sie neue Technologie benutzen.

Hannah, 14, Dresden: Ich finde soziale Netzwerke ein bisschen altmodisch und ich habe nicht genug Zeit, fünf verschiedene Profile jeden Tag zu aktualisieren! Ich benutze sie nur ab und zu, um Fotos mit meinen Freunden zu teilen. Wir benutzen lieber Apps und wir simsen den ganzen Tag lang. Es ist einfach und praktisch.

Lukas, 16, Ingolstadt: In der Zukunft würde ich gern als Blogger oder Vlogger arbeiten. Es wäre sehr cool, meine eigene Website und viele Fans zu haben. Ich habe schon ein Blog, aber leider habe ich fast keine Abonnenten! Ich weiß, dass es sehr viel Konkurrenz gibt ...

Sandrine, 15, Greifswald: Soziale Netzwerke sind mir super wichtig. Alle meine Freunde benutzen sie, um miteinander zu chatten und um Bilder und Fotos hochzuladen. Meine Eltern sagen, dass sie nicht sicher sind, aber ich habe gute Sicherheitseinstellungen. Ich adde niemanden, den ich nicht kenne.

Tomasz, 14, Bremen: Mein Lieblingshobby ist Musik und ich finde es einfach klasse, Bands, Sängern und Musikern in sozialen Netzwerken zu folgen. Ich kann auch Lieder streamen, ohne bezahlen zu müssen, und ich sehe gern Konzertvideos. Ich lese auch gern internationale Onlinezeitungen, denn sie sind lehrreich und interessant.

---

2 a Lies den Artikel. Welche vier Sätze sind richtig?

Beispiel: 2, ...

    1 Hannah benutzt gern soziale Netzwerke.
    2 Hannah ist immer in Kontakt mit Freunden.
    3 Lukas hat eine Website.
    4 Lukas ist ein berühmter Blogger.
    5 Laut Sandrines Eltern haben soziale Netzwerke Nachteile.
    6 Sandrine benutzt soziale Netwerke vorsichtig.
    7 Tomasz kauft Musik im Internet.
    8 Tomasz ist gern informiert.

2 b Korrigiere die vier falschen Sätze.

Beispiel: 1 Hannah benutzt ~~gern~~ soziale Netzwerke. nicht so gern

3 Drei Leute sagen, wie sie Technologie benutzen und wie sie das finden. Welche Kategorie passt: M (Musik streamen), S (mit Freunden skypen) oder B (ein Blog lesen)?

Beispiel: 1 M

1 einfach	**3** teuer	**5** interessant	**7** unsicher
2 kompliziert	**4** hilfreich	**6** praktisch	**8** lehrreich

4 Infinitivsätze. Lies G2 in der Grammatik. Verbinde die Sätze mit *um ... zu*, *ohne ... zu* oder *zu* + Infinitiv. Achte auf die richtige Wortstellung.

Beispiel: 1 Ich benutze mein Handy, um Freunden zu simsen.

1 Ich benutze mein Handy. Ich simse Freunden.
2 Wir lesen immer die Zeitung. Wir sind informiert.
3 Im Internet kann man mit Freunden chatten. Man muss das Haus nicht verlassen.
4 Mein Vater streamt Musik im Internet. Er hört keine Werbespots.
5 Man kann die Nachrichten überall lesen und hören. Man muss keinen Fernseher haben.
6 Er skypt oft. Er bleibt in Kontakt mit seinen Eltern in der Schweiz.
7 Meine Großmutter lädt Filme vom Internet herunter. Sie will die neuen Kassenschlager sehen.
8 Meine Mutter lernt Deutsch mit einem Online-Kurs. Es macht ihr Spaß.

5 Partnerarbeit. Macht Dialoge zum Thema „Informationen und neue Technologie".
    1 Was für Technologie benutzt du gern und was nicht gern? Warum?
    2 Was sind die Vor- und Nachteile, wenn man neue Technologie benutzt?
    3 Was war die schlechteste / beste Erfahrung, die du mit neuer Technologie gemacht hast?
    4 Ist es wichtig, informiert zu bleiben? Warum (nicht)?

6 Mach ein Informationsblatt mit Text und Zeichnungen: Wie kann man neue Technologie benutzen, um informiert zu bleiben?
    ● Was für neue Technologie kann man benutzen?
    ● Was sind die Vorteile, wenn man neue Technologie benutzt?
    ● Warum ist neue Technologie besser als alte / traditionelle Technologie?

Man kann ...		Es ist ...	
Artikel in Zeitungen lesen.	soziale Netzwerke benutzen.	einfach.	lustig.
Apps downloaden / herunterladen.	Videos / Vlogs schauen / sehen.	praktisch.	interessant.
Radio hören.	einen Online-Kurs machen.	nützlich.	schnell.
im Internet surfen.	Filme vom Internet herunterladen.	billig.	klasse
die Nachrichten im Fernseher sehen.	Blogs lesen.	kostenlos.	faszinierend.
Musik streamen.	Fotos / Videos hochladen.	lehrreich.	super.

Unterwegs

4J.2 Das Leben als Journalist

★ **Über das Leben eines Journalisten lernen**
★ **Das Plusquamperfekt**

Meine Lebensgeschichte

Alexander Brant, Journalist

Ich habe die Verantwortung, Informationen dem Publikum zu übermitteln, was ich sehr wichtig finde. Das ist ohne Zweifel der beste Teil meiner Arbeit. Es war immer mein Traum, Journalist zu werden, und in der Grundschule genoss ich es, stundenlang lesen und schreiben zu können. Bevor ich mit meinem Studium angefangen habe, hatte ich schon beschlossen, kein „Paparazzo" zu werden! Ich finde es einfach unethisch, in die Privatsphäre von Promis einzudringen.

Mein Leben als Journalist ist viel stressiger als ich erwartet hatte, und ich hatte keine Ahnung, dass die Arbeitsstunden so lang sein würden. Ich verstehe eigentlich nicht, warum junge Leute denken, dass wir einen glamourösen Job haben.

Vor einigen Jahren war ich bei den Olympischen Spielen und das war der beste Monat meines Lebens! Wir hatten geplant, nur eine Woche zu bleiben, aber die Stimmung war unglaublich. Ich hatte Fremdsprachen in der Schule gelernt, und deshalb gab mir der

Redakteur diese tolle Chance – bis dahin war ich noch nie außerhalb Europas gefahren. Je mehr Sprachen man spricht, umso besser, vor allem, wenn man in vielen verschiedenen Ländern arbeiten will.

Laut vielen Leuten spielen Journalisten heutzutage keine bedeutende Rolle mehr. Es war noch nie so einfach herauszufinden, was überall in der Welt passiert, da wir die Nachrichten aus der ganzen Welt mit nur einem Mausklick sehen können. Aber meines Erachtens geht nichts über Informationen aus erster Hand.

1 Lies den Artikel. Beantworte die Fragen auf Deutsch. Vollständige Antworten sind nicht nötig.

Beispiel: 1 dass er eine wichtige Verantwortung hat
   1 Was gefällt Alexander am besten an seinem Job? (1)
   2 Was hat Alexander gern in der Schule gemacht? Gib **zwei** Details. (2)
   3 Wann geht die Presse laut Alexander zu weit? (1)
   4 Welche Nachteile hat das Leben als Journalist? Gib **zwei** Details. (2)
   5 Warum wollen viele junge Leute Journalist werden? (1)
   6 Warum durfte Alexander bei den Olympischen Spielen arbeiten? (1)
   7 Was ist ein Vorteil, wenn ein Journalist Fremdsprachen kann? (1)
   8 Wie kann man online informiert bleiben? (1)

2 a Kara Wolf spricht über ihr Leben als Journalistin. Schreib R (richtig), F (falsch) oder NA (nicht angegeben).

Beispiel: 1 F

1 Kara ist seit einem Jahr Journalistin.
2 Kara wollte schon immer Journalistin werden.
3 Das Arbeitspraktikum hat vier Wochen gedauert.
4 Kara hat einen Job fast sofort nach der Uni gefunden.
5 Das Internet hat keine große Auswirkung auf Journalisten gehabt.
6 Kara arbeitet in vielen verschiedenen Ländern.
7 Kara spricht viele Sprachen.
8 Journalisten sind laut Kara gut bezahlt.

2 b Korrigiere die vier falschen Sätze.

Beispiel: 1 Kara ist seit ~~einem Jahr~~ Journalistin. zehn Jahren

3 a Das Plusquamperfekt. Lies F5 in der Grammatik. Schreib die Form des Wortes (a)–(j), damit das Wort im Satz richtig ist. Vorsicht! Es ist nicht immer nötig, die Form in Klammern zu ändern.

Beispiel: (a) hatte

Aiden Hemler (a) .... (*haben*) zehn Jahre als Buchhalter gearbeitet, bevor er Journalist bei einer (b) .... (*schweizerisch*) Zeitung wurde. Vor seinem Studium (c) .... (*haben*) er sich schon entschieden, eines Tages Journalist zu werden. Es (d) .... (*sein*) immer sein Traum gewesen, sogar in der Grundschule. „Ich liebe meinen Job, aber ich (e) .... (*haben*) nie erwartet, dass er so zeitraubend wäre, obwohl meine Kollegen mich gewarnt (f) .... (*haben*)! Zum Beispiel nur sechs Stunden nachdem wir aus Russland zurückgekommen (g) .... (*sein*), sind ich und der Redakteur nach Afrika geflogen! Journalisten spielen eine (h) .... (*wichtig*) Rolle, indem wir dem Publikum helfen, informiert zu bleiben. Jedoch ist es nicht immer (i) .... (*einfach*), die aktuellste und (j) .... (*genau*) Information zu finden."

3 b Lies den Artikel in Übung 1 noch einmal und finde fünf Sätze im Plusquamperfekt. Kopiere und übersetze die Satzteile in deine Sprache.

Beispiel: ich hatte beschlossen

4 Partnerarbeit. Macht Dialoge.

1 Was kannst du auf diesem Bild sehen?
2 Wo sind die Personen?
3 Was ist deiner Meinung nach vor dem Gespräch passiert?
4 Was für Fragen stellt die Journalistin möglicherweise?
5 Glaubst du, dass Journalisten einen wichtigen Job haben? Warum (nicht)?

5 Schreib einen Artikel (130–150 Wörter) für eine Zeitung über dein (fiktives) Leben als Journalist(in). Du musst Folgendes erwähnen:
- warum du Journalist(in) werden wolltest
- warum Journalisten einen wichtigen Job haben
- die Vorteile von deinem Job
- die Nachteile von deinem Job.

Vokabular

4A.1 Als ich ein Kind war, ...

aufwachsen	die Geige	schlimm
die CD	die Grundschule	seit
dauern	hassen	der Spaß
downloaden	heutzutage	telefonieren
einladen	das Instrument	toll
einschalten	die Kindheit	versuchen
früher	langweilig	der Wald
der Fußballverein	das Lied, die Lieder (pl)	zusammen

4A.2 Als meine Großeltern jünger waren, ...

anders	die Entwicklung	die Region
der Aspekt	erlauben	schüchtern
der Bauernhof	erfahren	selbst
sich bewegen	erzählen	studieren
damals	die Freizeit	die Technologie
dagegen	die Jugend	verbringen (verbracht)
draußen	mithelfen	vermutlich
sich entspannen	nachdenken	

4B.1 Die Schulregeln

ausschalten	leise	das Schulgebäude
freundlich	ordentlich	die Schulregel
der Gang	die Pause	die Schuluniform
geschwätzig	praktisch	stören
das Handy	pünktlich	streng
das Heft	reden	der Unterricht
der/das Kaugummi	ruhig	verboten
das Klassenzimmer	sauber	wichtig
laufen	das Schulbuch	zuhören
laut	der/die Schüler(in)	

4B.2 Schulstress

abwählen	helfen	das Pflichtfach
Angst haben	die Klassenarbeit	die Prüfung
ängstlich	krank	das Schulzeugnis
bestehen	der Leistungsdruck	schwer
dumm	müde	sitzenbleiben
durchfallen	die Nachhilfe	(sich) streiten
der/die Freund(in)	nachsitzen	der Stress
gestresst	die Note	traurig
die Hausaufgaben (pl)	peinlich	

4C.1 Klassenfahrten und Schulevents

damit	sich fühlen	noch einmal
die Dekoration	die Jugendherberge	obwohl
eislaufen	die Klassenfahrt	der/die Organisator(in)
der Eislaufplatz	lecker	die Präsentation
die Erfahrung	letzt	der Radiergummi
im Freien	lustig	das Rathaus

das Schlittschuhlaufen	die Stadtmitte	übernachten
die Schulband	*die Süßspeise*	unterwegs
das Schulfest	üben	während

4C.2 Schüleraustausch

anfangen	die Gastfamilie	die Partnerschule
der Aufenthalt	glücklich	der Schulhof
die Aufführung	das Heimweh	*sich Sorgen machen*
aufregend	*insgesamt*	das Theaterstück
der Ausflug	*der Kletterpark*	*überrascht*
das Ausland	*sich kümmern um*	unglaublich
der/die Austauschschüler(in)	der Lieblingsort	*verrückt*
der Dialekt	der/die Naturwissenschaftler(in)	*das Zusammenleben*
die Fremdsprache	nötig	

4D.1 Der Teamgeist

angeln	die Mannschaft	Ski laufen
die Angelrute	*der Mannschaftssport*	das Spiel
sich ausruhen	*der Pokal*	spielen
die Eisbahn	Rad fahren	der/die Spieler(in)
der Fußball	reiten	Sport treiben
gehören	der/die Schläger(in)	tanzen
joggen	schwimmen	das Turnen
laufen	segeln	*der Wettkampf*
die Leichtathletik	skateboarden, Skateboard fahren	*der Zusammenhalt*

4D.2 Sporthelden

abspielen	erwarten	*talentiert*
das Autogramm	gewinnen	*das Tor*
begeistert	*der/die Held(in)*	*trainieren*
bekannt	*lustig machen*	unterstützend
berühmt	*der Rekord*	das Vorbild
boxen	*schießen*	*der/die Weltmeister(in)*
erfolgreich	schlagen	*die Weltmeisterschaft*
erkennen	*der Sieg*	der Wettbewerb
ernähren, die Ernährung	der/die Sportler(in)	*die Wohltätigkeit*

4E.1 Sport: Gefährlicher als Faulheit?

abstürzen	der Fuß	das Pflaster
den Kopf aufschlagen	*gebrochen*	sich übergeben
ausgerenkt	*geschnitten*	der Unfall
das Bein	*hinfallen*	untersuchen
besser gehen	der Krankenpfleger, die	*den Preis verleihen*
das Blut	Krankenschwester	verletzen
sich erbrechen	der Krankenwagen	verrenkt
sich erholen	leiden	weh tun
erste Hilfe leisten	*ohnmächtig geworden*	

4E.2 Stark, entschlossen ... und auch behindert

amputieren	besonders	*lohnend*
behindert	*entschlossen*	*das lohnt sich*
die Behindertenrechte	die Gesundheit	*machtlos*
die Behinderung	*die Gleichberechtigung*	*der Paralympionike, die Paralympionikin*
das Bergsteigen	der Körper	*der Physiotherapeut*

die Prothese
der Rollstuhl
ruhen

ruhig halten
schnell
schwach

der Termin
wandern

4F.1 Berufe und Berufsmöglichkeiten

anstrengend
der/die Arbeitgeber(in)
der Arbeitskollege, die Arbeitskollegin
der Arbeitstag
der/die Auszubildende
der/die Bäcker(in)
der Beamte, die Beamtin
der/die Briefträger(in)
der/die Friseur(in)
das Gehalt

der/die Ingenieur(in)
der Kaufmann, die Kauffrau
der/die Kellner(in)
der/die Klempner(in)
der Koch, die Köchin
die Kreativität
der Kunde, die Kundin
lösen
die Lösung
der/die Maurer(in)

der/die Mechaniker(in)
das Model
der/die Moderator(in)
der/die Polizist(in)
das Problem
der/die Schauspieler(in)
schwierig
der/die Taxifahrer(in)
voneinander

4F.2 Berufswünsche

der/die Altenpfleger(in)
der/die Apotheker(in)
der Arbeitsplatz
die Ausbildung
begabt
der Bereich
die Berufschancen (pl)
die Berufswünsche (pl)

bestimmt
bezahlen
der Blumenstrauß
der/die Elektriker(in)
sich entscheiden
der/die Florist(in)
inspirierend
Jura

der Nachteil
neugierig
die Stelle
unterstützen
die Zahl
die Zukunft

4G.1 Möglichkeiten nach der Schule

der Abschluss
absolvieren
die Abteilung
die Arbeitszeit
der Ausbildungsplatz
der/die Azubi
bauen
der Beruf
der/die Chef(in)

die Einführung
das Fach
fleißig
flexibel
die Informatik
die Karriere
der Lohn
der/die Mechatroniker(in)
der Plan, die Pläne (pl)

programmieren
die Reise
der Respekt
respektieren
sofort
die Universität
vor kurzem
zufrieden

4G.2 Zukunftspläne nach der Oberstufe

die Abschlussprüfung
der Alltag
die Architektur
das Auslandsjahr
der Berufsweg
sich bewerben
eigen
die Entscheidung

der/die Fremdsprachenassistent(in)
gut bezahlt
die Lehrlingsstelle
die Messe
die Mode
mögen
die Option
die Qualifikation

reisen
das Studium
unzählig
verbessern
verschieden
vorhaben
vorstellen
der Zahnarzt, die Zahnärztin

4H.1 Gelegenheitsjobs und das Auszeitjahr

die Agentur
annehmen
die Bezahlung
gefallen
die Gelegenheitsarbeit
der Gelegenheitsjob

das Geschäft
die Küche
das Praktikum
der/die Nachhilfeschüler(in)
nett
die Reparatur

das Schiff
schmecken
der Tiergarten
der Tipp
verdienen

4H.2 Freiwillig arbeiten

am Anfang	die Geschichte	nützlich
die Arbeit	die Gesellschaft	*protestieren*
dankbar	*die Hilfsorganisation*	das Tier
die Demonstration	das Labor	die Tierart
ehrenamtlich	*der/die Mitarbeiter(in)*	die Umwelt
sich engagieren	nichts	verbessern
erleben	notwendig	wenig

4I.1 Kommunikation und Kommunikationsmittel

ausschneiden	die E-Mail	der Scanner
benutzen	*entspannend*	die Sicherheit
der Bildschirm	die Homepage	die SMS
der Brief	*das Kommunikationsmittel*	soziale Netzwerke
der Chat	der Laptop	*die Sprachnachricht*
chatten	das Mobiltelefon	die Tastatur
der DVD-Spieler	der Rechner	das Telefonat
echt	das Satellitenfernsehen	*die Webseite*
einfügen	*schaffen*	

4I.2 Sicherheit im Netz

akzeptieren	die E-Mail-Adresse	*das Recht*
antworten	in diesem Fall	sicher
die Anzahl	*gerecht*	stimmen
bearbeiten	kontrollieren	tun
bevor	das Netz	*überlegen*
das Cybermobbing	*ins Netz stellen*	*unerwünscht*
damit	*niemand*	*die Vertrauensperson*
der Datenschutz	das Passwort	*weitergeben*
eintippen	*posten*	*die Ziffer*

4J.1 Information und neue Technologie

einfach	*in Kontakt bleiben*	*simsen*
das Ereignis	*kostenlos*	skypen
der Fernseher	leicht	surfen
herunterladen	lesen	die Tagesschau
hören	die Maus	überall
sich informieren	die Nachrichten (pl)	verstehen
klicken	das Radio	die Zeitschrift
kompliziert	schicken	

4J.2 Das Leben als Journalist

der Artikel	*das Internet*	*die Rolle*
ermüdend	kennenlernen	schreiben
erschöpft	der/die Journalist(in)	verantwortlich
erwarten	*die Medien (pl)*	*zeitraubend*
die Information	die Meinung	die Zeitung
interessant	*die Presse*	
sich für etwas interessieren	*das Publikum*	

Berlin – eine multikulturelle Weltstadt

Karneval der Kulturen – ein urbanes Festival

Der Karneval der Kulturen ist ein viertägiges Fest in Berlin-Kreuzberg, das die vielen Gesichter Berlins zeigt. Man feiert auf den Straßen Multikulturalität und Weltoffenheit.

Musik- und Tanzgruppen, Profis und Amateure, Kinder und Erwachsene nehmen an der Parade teil. Sie tragen tolle Kostüme, haben bemalte Gesichter und fantasievolle Masken und geschmückte Handkarren!

Internationale Bands und Künstler spielen verschiedene Musikrichtungen: von Reggae und R & B bis klassische Sitar-Musik und Pop!

Der Karneval der Kulturen findet seit 1996 statt und die Zahl der Besucher beträgt über eine Million. Es gibt viele Straßenfeste während des Festivals.

Die Gruppen kommen aus aller Welt, aber viele kommen auch aus Südamerika und Afrika. Vom brasilianischen Samba bis zum chinesischen Löwentanz, von westafrikanischen Trommeln bis zur Schweizer Musikkapelle, alle machen mit. Es gibt auch viel Kunst zu sehen!

Karneval der Kulturen

Mehr als 5.000 Akteure sind dabei. Bei den Umzügen gibt es auch Jugendgruppen, die Themen wie Korruption, Menschenrechte und Umweltschutz zeigen. Außerdem gibt es interaktive Angebote und Performances.

Der Karneval der Kulturen ist eines der größten Open-Air-Events Berlins im Mai oder Juni. Es gibt zahlreiche Partys, Musikveranstaltungen sowie Projekte für Jugendliche. Man kann auch internationale Speisen ausprobieren.

1 Lies den Artikel über das Festival. Wähl die richtige Antwort (a–c).

1 Wie lange dauert der Karneval der Kulturen?

   a nur eine Woche

   b fast eine Woche

   c weniger als fünf Tage

2 Wer darf daran teilnehmen?

   a junge Menschen und Profi-Musiker

   b Erwachsene und Tänzer

   c jeder

3 Was feiert man?

   a den Winter in Berlin

   b das internationale Berlin

   c den Sommer in Berlin

4 Seit wann gibt es den Karneval?

   a seit den 90er Jahren

   b seit dem 21. Jahrhundert

   c seit 90 Jahren

5 Wann findet der Karneval statt?

   a in großen Hallen

   b im späten Frühling

   c im Herbst

6 Was gibt es dort?

   a nur traditionelles deutsches Essen

   b Essen aus aller Welt

   c nichts zu essen

Das Brandenburger Tor

Das historische Tor hat eine interessante Geschichte, aber die Reihenfolge stimmt nicht. Ordne die Absätze chronologisch ein.

1 Mehr als 20 Jahre nach der Rede von John F. Kennedy spricht Präsident Ronald Reagan am Brandenburger Tor. Er sagt zu Gorbatschow: „Reißen Sie diese Mauer nieder."

2 Das Brandenburger Tor wurde zwischen 1788 und 1791 vom preußischen König Friedrich Wilhelm II. als Tor in der Stadt Berlin gebaut.

3 Im Januar 1933 wurde Hitler Reichskanzler. Sturmtruppen und SS-Mitglieder marschierten durch das Brandenburger Tor.

4 24 Jahre nach dem Mauerfall spricht Barack Obama in der Nähe des Brandenburger Tors. Er fordert eine Reduzierung nuklearer Waffen und Aktionen gegen den Klimawandel.

5 Am Ende des Zweiten Weltkriegs war das Brandenburger Tor beschädigt. Obwohl Berlin geteilt war, arbeiteten Ost und West in den 50er Jahren zusammen, um das Tor zu restaurieren.

6 Nur wenige Wochen nach dem Mauerfall dirigiert der amerikanische Komponist Leonard Bernstein Beethovens Neunte Symphonie in Berlin, um die Freiheit der Ostdeutschen zu feiern.

7 1961 wurde eine Mauer errichtet, um die weitere Emigration von Ostdeutschen in den Westen zu verhindern. John F. Kennedy sagte 22 Monate später anlässlich eines Besuchs: „Ich bin ein Berliner." Er wollte die Solidarität der USA für Westdeutschland zeigen.

Berlin

Die Hauptstadt Deutschlands ist immer eine Reise wert! Vorsicht – die Titel fehlen! Welcher Titel (A–G) passt zu welchem Absatz (1–7)?

A **Architektur**

B **Idee für Kinofans**

C **Kulturelle Angebote**

D **Unterhaltungskultur**

E **Gastronomie**

F **Verkehrsmittel – so kann man die Stadt erkunden**

G **Bademöglichkeiten**

1 Potsdam ist eine halbe Stunde von Berlin-Mitte entfernt. Die große Attraktion ist das Schloss Sanssouci! Wenn du dich für Stuntmen, Pyrotechniker und Filmtiertrainer interessierst, dann geh in den Filmpark Babelsberg!

2 Bei den Touristen ist das Reichstagsgebäude, wo das Parlament arbeitet, sehr beliebt. Das Gebäude wurde in den 50er Jahren wiederaufgebaut. Die Glaskuppel wurde vom britischen Architekten Sir Norman Foster am Ende des 20. Jahrhunderts fertiggestellt.

3 Berlin hat viele Parks – das sind beliebte Treffpunkte. Der Grunewald ist Berlins grüne Lunge und hat mehrere Seen. Dort gibt es auch das Strandbad Wannsee, das größte Binnensee-Strandbad Europas.

4 In Berlin gibt es ein Computerspielemuseum. Es ist einmalig in Europa und präsentiert über 60 Jahre „Gameskultur". Man kann 3D-Spiele, Tanz- und Bewegungsspiele ausprobieren. Dort ist z.B. das allererste Computerspiel aus dem Jahre 1951, das Nimrod heißt.

5 Du magst innovative Musik und die Tanz und Kunst-Szene? Dann ist Berlin genau richtig für dich. Viele internationale Künstler und Unternehmer ziehen nach Berlin, weil die Stadt hip ist. Berlin ist die Techno-Club-Hauptstadt der Welt.

6 Typisch für Berlin ist die Currywurst. Es ist eine Bratwurst mit Currypulver und tomatenhaltiger Sauce. Die Currywurst hat auch ihr eigenes Museum! Man bekommt im multikulturellen Berlin auch überall türkische Gerichte und Speisen aus Asien.

7 Wie wäre es mit einer Stadtrundfahrt mit dem Rad oder mit der Fahrradrikscha? Man kann auch Schiffstouren oder eine Kanutour durch Berlin machen.

Südtirol – eine multiethnische Region

Südtirol – einfach faszinierend

Hallo, Jakob. Du kommst aus Südtirol, aus der Hauptstadt Bozen. Erzähl uns etwas über dein Land!

Ja, also Bozen ist eine kleine mittelalterliche Stadt und Südtirol ist eine Region in Norditalien. Früher war Südtirol ein Teil von Österreich. Die meisten Leute in Südtirol sprechen Deutsch als Muttersprache, ich glaube rund 64%, und 24% sprechen Italienisch. 4% der Südtiroler sprechen Ladinisch, eine uralte romanische Sprache.

Die deutschsprachigen Südtiroler nennen meine Heimstadt Bozen, die italienischsprachigen Südtiroler nennen sie Bolzano!

Was kann man in Bozen in der Freizeit tun?

Bozen ist ziemlich klein, aber es gibt viel zu tun. Man kann ins Ötzi-Museum gehen, das bei Touristen aus dem Ausland beliebt ist. Dort sieht man Ötzi, eine gut erhaltene Mumie aus dem Eis! Wenn man sich für Kultur interessiert, kann man sich historische Gebäude, z.B. Kirchen aus dem Mittelalter ansehen. In Bozen kann man viel Sport treiben: klettern, schwimmen, Fußball und Tennis spielen und im Winter eislaufen und Eishockey spielen. Wenn man Ski fahren oder wandern will, dann muss man in die Berge fahren, aber die sind nicht weit von hier.

Sind deine Freunde deutschsprachige oder italienischsprachige Südtiroler?

Beides. Andere haben nur deutschsprachige Freunde, manche haben nur italienischsprachige Freunde. Jeder lernt die andere Sprache in der Schule und vielleicht von Freunden. Wir lernen die andere Sprache ab der Grundschule.

Kann man in Südtirol auch studieren?

Ja, es gibt eine Universität in Bozen, die erste dreisprachige Universität in Europa. Man lernt auf Deutsch, Italienisch und Englisch. Viele deutschsprachige Südtiroler studieren in Österreich (Innsbruck oder Wien) oder in Süddeutschland (München).

Möchtest du in Südtirol arbeiten?

Ja. Südtirol ist eine reiche Provinz und es gibt hier Arbeitsplätze in der Industrie, in der Landwirtschaft (Äpfel und Wein), und im Tourismus. Ich möchte gern im ökologischen Landbau arbeiten, weil es viele Arbeitsmöglichkeiten gibt.

Beschreib Südtirol in drei Worten!

Ok, es ist multikulturell – es gibt verschiedene ethnische Gruppen. Gutes Essen – z.B. Knödel, Gerichte mit Äpfeln. Klima – es gibt zirka 300 Sonnentage pro Jahr!

1 Lies das Interview und beantworte die Fragen auf Deutsch.

Beispiel: 1 Deutsch

1 Welche Sprache spricht die Mehrheit der Südtiroler als Muttersprache?

2 Welche Sprachen, die in Südtirol gesprochen werden, nennt Jakob?

3 Warum gibt es zwei Wörter für eine Stadt?

4 Wo wird die jeweils andere Sprache offiziell gelernt?

5 Warum ist Ötzi bekannt?

6 Warum ist die Universität in Bozen anders als andere Universitäten?

7 Wie ist die Wirtschaft in Südtirol?

8 Welche Produkte sind typisch für Südtirol?

Adrenalin-Kick und Spaß in Südtirol

Das Südtirol-Quiz. Welche Zahl passt? Rate, wenn du es nicht weißt!

1 Bei einem Tandemflug fliegst du mit einem Experten direkt in den Alpen. Von rund **?** Metern geht es hinunter ins Tal.

A 3000   **B** 1000   **C** 2000

2 Es gibt Berg-Trails für Mountainbiker. Dolomiti Superbike ist ein sehr internationales Ereignis. Die Weltcupstrecke ist **?** km lang.

A 60,5   **B** 119,8   **C** 220

3 Beim internationalen Schneeskulpturen-Festival haben die Künstler aus aller Welt **?** Tage Zeit, ihre Skulptur fertigzustellen.

A drei   **B** fünf   **C** sieben

4 Das größte Skikarussell der Welt, Dolomiti SuperSki, hat eine Länge von **?** Pistenkilometern und umfasst auch viele Südtiroler Skigebiete.

A 500   **B** 800   **C** 1200

5 Mit der Alpen-Achterbahn fährt man mit fast **?** Stundenkilometern 1 800 Meter den Berg hinunter.

A 30   **B** 35   **C** 40

6 In Bozen kann man die älteste Gletschermumie der Welt sehen. Der Mann aus dem Eis, auch „Ötzi" genannt, ist **?** Jahre alt.

A 1.000   **B** 5.300   **C** 8.000

7 Die älteste Seilbahn der Welt ist in Südtirol und wurde **?** gebaut.

A 1900   **B** 1901   **C** 1908

8 Südtirol ist das größte zusammenhängende Apfel-Anbaugebiet Europas und es werden jährlich ca. **?** Tonnen Äpfel geerntet, rund 12% der europäischen Ernte.

A eine halbe Million   **C** eineinhalb Millionen

B eine Million

„Hoi" aus Südtirol! Wessen Muttersprache ist Italienisch und wessen Muttersprache ist Deutsch?

klausi1	Hallo. Ich bin 15, komme aus Mainz und mache mit meiner Familie jedes Jahr Urlaub in Südtirol. Ich finde Südtiroler Dialekte interessant. Ich verstehe aber oft nicht viel! „Ich" heißt im Dialekt „I", zum Beispiel! Ziemlich verrückt! Was sind eure Erfahrungen? 
francesbon	Mir geht es auch so. Ich wohne in Bozen und meine Freunde sind deutschsprachige Südtiroler, weil ich sie im Skaterpark kennengelernt habe. Ich habe mich an den Dialekt gewöhnt, aber manchmal versteh' ich nur Bahnhof!
annaOM	Ich bin 16 Jahre alt und spreche fließend Deutsch. Ich habe auch den Dialekt gelernt, damals von meiner Tagesmutter. Ich habe es gegoogelt: Südtiroler Dialekte, und es gibt rund 40, gehören zur bayrischen Sprachfamilie, also, jemand aus München hat weniger Probleme, die Südtiroler zu verstehen …
sarahBolzano	Wegen meines Nebenjobs arbeite ich oft mit italienischsprachigen Südtirolern. Wir sprechen eigentlich immer Italienisch, weil mir das leicht fällt.

Prüfungsecke 4.1

Dein schriftliches Deutsch verbessern

Vier Tipps zur Planung des Aufsatzes

→ **Du kannst eine von drei Möglichkeiten wählen.** Die Aufgabe kann eine E-Mail, ein Bericht oder ein Blog sein. **Wähl die Aufgabe, die du schon mehrmals geübt hast** (nicht unbedingt das Thema, das dich am meisten interessiert). Du kennst schon die Wörter und die Grammatik, die du brauchst, und du hast viele Ideen zu diesem Thema.

→ **Plane deine Arbeit sorgfältig. Du musst zwischen 130 und 150 Wörter auf Deutsch schreiben.** Es gibt immer vier Stichpunkte mit Informationen, die du erwähnen **musst**. Du sollst also die Wortzahl durch vier teilen. Versuch 30 bis 35 Wörter für jeden Stichpunkt zu schreiben. Dann hast du 10 bis 30 Wörter übrig für eine kurze Einführung oder Zusammenfassung, wenn du sie brauchst.

→ **Es ist immer gut, so viele Zeitformen wie möglich zu benutzen (die Vergangenheit, das Präsens, das Futur).** Lies die Aufgabenstellung genau, damit du weißt, welche Zeitformen du in deiner Antwort benutzen musst. Schreib dann über etwas, was du zum Beispiel letztes Jahr gemacht hast, oder über etwas, was du nächstes Jahr machen wirst.

→ **Wenn die Aufgabe deine Meinung verlangt oder wenn du Vergleiche machen sollst, dann musst du das tun.**

Schüleraustausch

Du warst mit deiner Klasse an deiner deutschen Partnerschule. Schreib eine E-Mail (130–150 Wörter) an deinen Austauschpartner / deine Austauschpartnerin. Du musst Folgendes erwähnen:

- Details über die Reise nach Hause

- was du jetzt an deiner Schule machst

- deine Pläne, wie du mit deinem Partner / deiner Partnerin in Kontakt bleiben willst

- warum ein Schulaustausch wichtig ist.

1 a Partnerarbeit. Lest die beiden Antworten zur Prüfungsfrage und arbeitet zusammen, um die Unterschiede zu finden.

Einfache Antwort

Hallo Gabi!

Wir sind letzte Woche nach Hause gekommen. Die Reise war lang. Es war langweilig. Ich habe im Bus geschlafen.

Wir haben viele Prüfungen in der Schule. Ich finde die Fächer Physik, Deutsch, Erdkunde, Geschichte und Biologie schwer. Ich esse Chips und trinke Wasser in der Pause. Ich spiele Tennis in der Mittagspause. Das Wetter ist heute sehr schön und die Sonne scheint.

Ich will mit dir in Kontakt bleiben. Ich habe einen Laptop und ein Smartphone und ich werde dir eine E-Mail oder eine SMS schicken.

Meiner Meinung nach ist ein Schulaustausch wichtig. Ich habe viel Deutsch gelernt. Ich habe auch neue Freunde kennengelernt. Es war interessant in Deutschland.

Bis bald, Abbie

Bessere Antwort

> *Hallo Andi!*
>
> *Glücklicherweise sind wir letzte Woche ohne Probleme nach Hause gekommen, obwohl die Reise ziemlich lang war. Im Bus habe ich mit meinen Freunden geplaudert und ab und zu habe ich geschlafen.*
>
> *Jetzt müssen wir in der Schule viele Prüfungen machen. Das finde ich nicht so schlimm, wenn die Prüfungen in meinen Lieblingsfächern sind. Aber die Mathe-Prüfung gestern war echt schwer. Ich hoffe, dass ich die Deutschprüfung morgen leichter finden werde.*
>
> *Hoffentlich werden wir in Kontakt bleiben. Wir könnten E-Mails schreiben oder simsen. Ich weiß, dass du auch ein tolles Handy hast. Benutzt du auch soziale Netzwerke? Vielleicht können wir dort unsere Fotos teilen. Das wäre super!*
>
> *Unser Schulaustausch hat mir sehr gut gefallen, weil ich viel Deutsch gesprochen habe und auch viel über die deutsche Kultur gelernt habe. Das Essen hat mir gut geschmeckt. Ich finde es wichtig, dass man Menschen in einem anderen Land kennenlernt.*
>
> *Bis bald, Sam*

Wichtiger Hinweis

In der zweiten E-Mail gibt es Ausdrücke, die du lernen solltest, weil sie auch bei anderen Themen nützlich sind. Sie sind wichtige „Werkzeuge" und gehören in deine „Werkzeugkiste".

1 b Kopiere die markierten Wörter und Ausdrücke, übersetze sie in deine Sprache und lerne sie. Finde dann andere Ausdrücke und trag deine Ideen in deine Liste ein.

Beispiel: Glücklicherweise, letzte Woche…

1 c Lies die Aufgabenstellung noch einmal und schreib deinen eigenen Aufsatz.

Was du beim Aufsatzschreiben machen sollst

→ Halte dich genau an die Reihenfolge wie in der Aufgabe und erwähne alle Details.

→ Benutze eine Reihe von Verben und verschiedene Zeitformen (zum Beispiel Vergangenheit, Präsens, Futur, Konjunktiv). Benutze nicht nur die *Ich*-Form, sondern auch *wir, er, sie,* usw.

→ Versuche dich so wenig wie möglich zu wiederholen.

→ Gib deine Meinung mindestens zweimal und begründe sie mit *weil.*

→ Verbinde deine Sätze mit Konjunktionen wie *dass, obwohl, als,* usw.

Überprüfe deine Arbeit, wenn du fertig bist

→ Sind deine Verbkonjugationen richtig? Zum Beispiel **wir müssen.** Hast du die passende Zeitform benutzt?

→ Hast du den richtigen Artikel (Maskulinum, Femininum, Neutrum) und die richtige Pluralform bei Substantiven benutzt?

→ Hast du die richtigen Endungen für Adjektive benutzt? Denke an das Genus (M, F, N) und auch an den Fall (Nominativ, Akkusativ, Genitiv, Dativ).

→ Hast du den richtigen Fall nach Präpositionen benutzt? (z. B. *mit* + Dativ, *um* + Akkusativ)

→ Überprüfe die Rechtschreibung (Großschreibung bei Substantiven) und die Zeichensetzung (Punkt, Komma, usw.).

Prüfungsecke 4.2

Dein schriftliches Deutsch weiter verbessern

1 a Hier ist ein Beispiel von einer Prüfungsfrage. Lies die Aufgabe.

Ein Teilzeitjob

Du hast einen neuen Teilzeitjob. Schreib ein Blog (130–150 Wörter) über den Job. Du musst Folgendes erwähnen:

- Details über den Job
- warum du diesen Job wolltest
- was deine Eltern über deinen Job denken
- was du in Zukunft als Karriere machen möchtest.

1 b Lies diese Antwort.

Einfache Antwort

> Ich habe einen neuen Teilzeitjob. Ich arbeite samstags in einer Bäckerei in der Stadtmitte. Ich verkaufe Brot, Brötchen, Kekse und Kuchen. Das Geschäft macht um 7.00 Uhr auf. Ich arbeite von 7.00 Uhr bis 15.00 Uhr. Ich bin oft sehr müde. Ich habe gute Kollegen.
>
> Ich wollte einen Teilzeitjob haben. Meine Eltern geben mir kein Taschengeld und ich will Geld haben. Ich habe einen Job gesucht. Ich habe diesen Job letzten Monat gefunden. Es ist ein guter Teilzeitjob.
>
> Meine Eltern denken auch, dass der Job gut ist. Meine Mutter bringt mich mit dem Auto zur Bäckerei. Sie findet das nicht so gut. Sie muss sehr früh aufstehen.
>
> Ich will in Zukunft nicht in einer Bäckerei arbeiten. Ich will nach der Uni Ingenieur oder Kaufmann werden. Ich will viel Geld haben.

1 c Die Antwort ist zu monoton, weil es zu viele wiederholte Wörter und nicht genug Nebensätze gibt. Zähle wie oft:

    1 ein Satz mit *ich* beginnt

    2 man das Verb *haben* benutzt (außer als Hilfverb in der Vergangenheit)

    3 das Adjektiv gut *vorkommt*

    4 man den Ausdruck *ich will* findet

    5 man einen Nebensatz mit einer Konjunktion wie *weil*, *wenn*, *dass* liest.

1 d Lies diese bessere Version und beantworte die Fragen in Übung 1c noch einmal für diesen Text.

Bessere Antwort

> Samstags arbeite ich Teilzeit in einer Bäckerei, wo ich Brot und Kuchen verkaufe. Die Arbeit beginnt um 7.00 Uhr, wenn das Geschäft aufmacht. Oft bin ich müde, weil ich früh aufstehen muss, aber mein Arbeitstag endet um 15.00 Uhr. Meine Kollegen sind sehr nett.
>
> Seit letztem Monat arbeite ich dort. Da ich kein Taschengeld von meinen Eltern bekomme, habe ich einen Teilzeitjob gesucht und dann habe ich diesen Job gefunden. Ich wollte arbeiten, weil ich nächstes Jahr an der Uni studieren will. Dann werde ich viel Geld brauchen.
>
> Meine Eltern sind froh, dass ich einen Job gefunden habe, um Geld zu verdienen. Ein Nachteil ist, dass meine Mutter mich zur Arbeit fahren muss. Leider muss sie früh aufstehen, da es keinen Bus gibt.
>
> Obwohl der Job Spaß macht, möchte ich in Zukunft in einem anderen Beruf arbeiten. Am liebsten würde ich Ingenieur werden, weil das ein gut bezahlter Beruf ist.

Einen Geburtstag feiern

Schreib einen Bericht (130–150 Wörter) über einen Geburtstag, den du als kleines Kind (etwa fünf Jahre alt) gefeiert hast. Du musst Folgendes erwähnen:

- wie du den Geburtstag als kleines Kind gefeiert hast
- wie du jetzt als Jugendliche(r) deinen Geburtstag feierst
- welche Feier du besser findest
- wie Kinder in Zukunft ihren Geburtstag vielleicht feiern werden.

2   a   Lies diese Antwort zur Prüfungsfrage.

Beispiel:

> Ich war fünf Jahre alt. Ich hatte Geburtstag. Ich hatte eine Geburtstagsparty in meinem Haus. Viele Freunde sind gekommen. Meine Großeltern sind auch gekommen. Sie hatten Geschenke für mich. Es gab Pizza, Würstchen, Chips, Cola, Kuchen, Eis und Süßigkeiten. Es gab Spiele im Garten. Es war gut.
>
> Ich bin sechzehn Jahre alt. Mein Geburtstag ist im Juni. Ich habe normalerweise keine Party. Ich gehe mit meinen Freunden ins Kino oder ich gehe mit meiner Familie ins Restaurant. Ich bekomme Geschenke. Es macht Spaß.
>
> Meiner Meinung nach ist der Geburtstag eines kleinen Kindes besser als der Geburtstag eines Teenagers.
>
> Kinder werden in Zukunft viele Geschenke wie Smartphones und elektronische Dinge bekommen. Sie werden die Geburtstagsparty online buchen. Sie werden Fotos und Videos machen und die Fotos und Videos im Internet teilen. Die Großeltern werden die Videos sehen.

2   b   Versuche die Qualität dieses Textes zu verbessern. Du könntest:

- Sätze durch Konjunktionen verbinden, z.B. *Als ich fünf Jahre alt war, hatte ich Geburtstag.*
- Wiederholungen vermeiden (*ich hatte / es gab / ich gehe ...*).
- andere Wörter statt *ich* am Anfang des Satzes benutzen.
- Zeitadverbien benutzen (*jetzt, dieses Jahr, manchmal, ab und zu*).
- die Meinung für Stichpunkt 3 begründen: *... weil man die ganze Klasse einladen kann.*
- interessante Adjektive benutzen (*Es war ~~gut~~ aufregend*).

| weil | obwohl | aufregend | manchmal |
| wenn | einladen | jetzt | |

2   c   Schreib eine bessere Version als diejenige in Aufgabe 2a. Benutze die Tipps sowohl in Aufgabe 2b als auch in Prüfungsecke 4.1 auf Seite 222–223. Wenn du fertig bist, teile deine Version mit deinem Partner / deiner Partnerin und besprecht eure Ideen, um den Bericht so gut wie möglich zu machen.

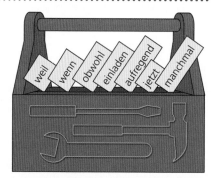

Grammatik

Grammar section contents

A Nouns *Substantive*   227
- A1 Nouns and gender *Substantive und Genus*
- A2 Singular and plural forms *Substantive im Singular und im Plural*
- A3 Definite article *Der bestimmte Artikel*
- A4 Indefinite article *Der unbestimmte Artikel*
- A5 Negative article *Negationswörter*
- A6 German case system *Deutsche Fälle*
- A7 Weak nouns *Schwache Substantive*
- A8 Adjectives used as nouns *Adjektive als Substantive*
- A9 Masculine and feminine job titles *Berufsbezeichnungen für Männer und Frauen*

B Adjectives *Adjektive*   229
- B1 Adjectives before and after nouns *Adjektive vor und nach Substantiven*
- B2 Adjectives after definite articles *Adjektive nach bestimmten Artikeln*
- B3 Adjectives after indefinite articles *Adjektive nach unbestimmten Artikeln*
- B4 Demonstrative adjectives: 'dieser' and 'jener' *Demonstrativadjektive*
- B5 Possessive adjectives *Possessivadjektive*
- B6 Interrogative adjectives *Frageadjektive*
- B7 Adjectival endings after 'etwas, nichts, viel, wenig, alles' *Adjektivendungen*
- B8 Comparative adjectives *Der Komparativ*
- B9 Superlative adjectives *Der Superlativ*
- B10 Quantifiers and qualifiers *Mengenwörter und Modaladverbien*

C Adverbs *Adverbien*   232
- C1 Adjectives used as adverbs *Adjektive als Adverbien*
- C2 *Gern*
- C3 Interrogative adverbs *Frageadverbien*
- C4 Adverbs and adverbial phrases of time *Zeitadverbien*
- C5 Adverbs and adverbial phrases for degrees of certainty *Adverbialphrasen*
- C6 Comparative and superlative adverbs *Komparativ- und Superlativadverbien*

D Pronouns *Pronomen*   233
- D1 Personal pronouns *Personalpronomen*
- D2 Modes of address *Anredeformen*
- D3 Reflexive pronouns *Reflexivpronomen*
- D4 Relative pronouns *Relativpronomen*
- D5 Possessive pronouns *Possessivpronomen*
- D6 Indefinite pronouns *Indefinitpronomen*
- D7 Emphatic pronouns *Emphatische Pronomen*

E Prepositions *Präpositionen*   235
- E1 Single-case prepositions + accusative *Präpositionen mit dem Akkusativ*
- E2 Single-case prepositions + dative *Präpositionen mit dem Dativ*
- E3 Dual-case prepositions + either accusative or dative *Wechselpräpositionen*
- E4 Prepositions + genitive *Präpositionen mit dem Genitiv*

F Verb tenses *Zeitformen des Verbs*   236
- F1 Present tense *Das Präsens*
- F2 Imperative *Der Imperativ*
- F3 Perfect tense *Das Perfekt*
- F4 Imperfect tense *Das Imperfekt*
- F5 Pluperfect tense *Das Plusquamperfekt*
- F6 Future tense *Das Futur*
- F7 Conditional *Der Konjunktiv*

G Verb usage *Verben verwenden*   239
- G1 Impersonal verbs *Unpersönliche Verben*
- G2 Infinitive constructions *Infinitivsätze*
- G3 *Seit* and *schon*
- G4 Negative constructions *Negation*
- G5 Passive voice and how to avoid it *Das Passiv und wie man es vermeidet*

H Sentence construction *Satzbau*   240
- H1 Main clauses *Hauptsätze*
- H2 Time, manner, place *Wann, wie, wo*
- H3 Coordinating conjunctions *Konjunktionen*
- H4 Subordinating conjunctions *Subjunktionen*
- H5 Forming questions *Fragen stellen*

I Numbers, dates, times and quantities *Zahlen, Daten, Uhrzeiten und Mengen*   242
- I1 Cardinal numbers *Kardinalzahlen*
- I2 Ordinal numbers *Ordinalzahlen*
- I3 Dates *Die Daten*
- I4 Telling the time *Die Uhrzeit lesen*
- I5 Days of the week *Wochentage*
- I6 Quantities, weights and measures *Mengen, Maße und Gewichte*

J Points of the compass *Himmelsrichtungen*   244

K Verb table *Die Verben*   245

The following grammar summary includes all the grammar and structure points required for the Edexcel International GCSE.

A Nouns *Substantive*

A noun is:

- a person (the teacher)
- a name (Connie)
- a concept (happiness)
- an animal (the guinea pig)
- a thing (the whiteboard)

In German all nouns start with a capital letter.

A1 Nouns and gender *Substantive und Genus*

All German nouns have a gender: they are masculine (*der*), feminine (*die*) or neuter (*das*).

	m	f	n
the	der Mund	die Hand	das Haus
a	ein Mund	eine Hand	ein Haus

You must learn the gender of each noun.

A2 Singular and plural forms *Substantive im Singular und im Plural*

When you learn a new noun, learn the singular and plural forms together. German nouns form their plurals in many different ways.

Masculine nouns tend to add an **-e** (where appropriate, there is also an umlaut):

der Tisch – die Tische

der Baum – die Bäume

There is no plural ending for masculine nouns ending in **-el**, **-en** or **-er**:

der Lehrer – die Lehrer

der Schlüssel – die Schlüssel

Feminine nouns tend to add an **-n** or **-en**:

die Frau – die Frauen

die Blume – die Blumen

Neuter nouns tend to add **-e** or **-er** (where appropriate, there is also an umlaut):

das Spiel – die Spiele

das Buch – die Bücher

The ending **-s** is used only to form plurals of nouns taken from another language:

das Auto – die Autos

das Kino – die Kinos

das Restaurant – die Restaurants

A3 Definite article *Der bestimmte Artikel*

The word 'the' is known as the **definite article** and can be translated in various ways depending on the **gender** (m, f, n), the **number** (s or pl) and the **case** (see section A6 for explanation of German cases).

	m	f	n	pl
Nom	**der** Vater	die Mutter	das Kind	die Hunde
Acc	**den** Vater	die Mutter	das Kind	die Hunde
Gen	**des** Vaters	**der** Mutter	**des** Kindes	**der** Hunde
Dat	**dem** Vater	**der** Mutter	**dem** Kind	**den** Hunden

In the masculine and neuter genitive singular, nouns that do not already end in **-s** add **-es** if they are one syllable long (*des Kindes*) or *-s* if they are two or more syllables long (*des Vaters*).

In the dative plural, nouns that are not borrowed from other languages and do not already end in **-n** add **-n**. Note that such nouns add **-en** if adding just **-n** makes a word that cannot be pronounced easily (*den Hunden*). *Das Auto* is a borrowed word, so it is *den Autos* in the dative plural.

A4 Indefinite article *Der unbestimmte Artikel*

The words 'a' and 'an' are known as **indefinite articles** and can be translated in various ways depending on the **gender** (m, f, n) and the **case** (see section A6 for explanation of German cases). In English the plural indefinite article is 'some', but in German there is no plural indefinite article, so 'some children' is simply translated as *Kinder*.

	m	f	n	pl
Nom	ein Vater	eine Mutter	ein Kind	Hunde
Acc	**einen** Vater	eine Mutter	ein Kind	Hunde
Gen	**eines** Vaters	**einer** Mutter	**eines** Kind(e)s	Hunde
Dat	**einem** Vater	**einer** Mutter	**einem** Kind	Hunden

In the masculine and neuter genitive singular, and in the dative plural, the same rules apply as for the definite article.

A5 Negative article *Negationswörter*

To say 'not a', 'not any' or 'no' in German, use the **negative article**, *kein*. As with positive articles, this varies depending on gender, number and case. In all its singular forms it is the same as the indefinite article, with a *k-* at the beginning.

	m	f	n	pl
Nom	kein Vater	keine Mutter	kein Kind	keine Hunde
Acc	**keinen** Vater	keine Mutter	kein Kind	keine Hunde
Gen	**keines** Vaters	**keiner** Mutter	**keines** Kindes	**keiner** Hunde
Dat	**keinem** Vater	**keiner** Mutter	**keinem** Kind	**keinen** Hunden

A6 German case system *Deutsche Fälle*

All German nouns must be in a certain case, depending on the part the noun plays in the sentence.

Nominative

The nominative case is used for the subject of the sentence. The subject is the person or thing doing the action (the verb). This case is also always used after *sein* (to be).

Der Mann fährt nach Berlin.
The man travels to Berlin.

Meine Schwester wohnt in Salzburg.
My sister lives in Salzburg.

Dieses Meerschweinchen ist süß.
This guinea pig is cute.

Diese Schuhe kosten 80€.
These shoes cost 80€.

Accusative

The accusative case is used:

- for the direct object of the sentence. The direct object is the person or thing to which the action is being done:

Ich kaufe **einen Bleistift**.
I buy a pencil.

Er hat **keine Schwester**.
He has not got a sister.

Peter trägt **das Hemd**.
Peter is wearing the shirt.

Elizabeth macht **ihre Hausaufgaben**.
Elizabeth is doing her homework.

- after certain prepositions (also see sections E1 and E3):

Ich gehe **durch den Park**.
I go through the park.

Die Post liegt **um die Ecke**.
The post office is around the corner.

Genitive

The genitive case is used:

- to indicate possession. This means the person or thing owning something is in the genitive:

Die Katze **meines Onkels** ist zwei Jahre alt.
My uncle's cat is two years old.

Die Wohnung **meiner Freundin** ist sehr schön.
My girlfriend's flat is very nice.

Ich finde die Farbe **des Wagens** ganz schön.
I find the colour of the car rather attractive.

- after certain prepositions (also see section E4):

Mario wohnt **außerhalb der kleinen Stadt**.
Mario lives outside of the small town.

Karolina hört **während der Arbeit** gerne Musik.
Karolina likes listening to music while she works.

Dative

The dative case is used:

- for the indirect object of the sentence. The indirect object is the person or thing to whom/which or for whom/which something is being done (whatever the verb):

Ich gebe **meinem Bruder** das Buch.
I give the book to my brother.

Er schreibt **seiner Mutter** einen Brief.
He writes a letter to his mother.

Habib zeigt **dem Kind** das Bild.
Habib shows the picture to the child.

Wir schicken **unseren Freunden** eine Postkarte.
We send a postcard to our friends.

- after certain prepositions (also see sections E2 and E3):

Ich wohne **bei meiner Schwester**.
I live at my sister's house.

Er kommt **aus dem Zimmer**.
He comes out of the room.

- with certain verbs:

gehören (to belong to)

Das Buch gehört **der Schule**.
The book belongs to the school.

helfen (to help)

Wir helfen **den Kindern**.
We help the children.

passen (to fit, to suit)

Die Jeans passt **meinem Freund** gut.
The jeans fit my friend

In the dative plural **-n** is added to the noun if it does not already end in one.

*mit den Freunde**n***   with the friends

A7 Weak nouns *Schwache Substantive*

Weak nouns are masculine nouns that end in **-n** or **-en** in all cases of the singular, except for the nominative singular, and throughout the plural. Many weak masculine nouns end in **-e** in the nominative singular, such as *der Junge*. They are frequently people or nationalities such as *der Beamte* (the official) or *der Ire* (the Irishman).

	m	pl
Nom	der Junge	die Jungen
Acc	**den** Jungen	die Jungen
Gen	**des** Jungen	**der** Jungen
Dat	**dem** Jungen	**den** Jungen

A8 Adjectives used as nouns *Adjektive als Substantive*

When adjectives are used as nouns, they have endings that are determined by the gender, number and case, and also by whether the word is being used with the definite or indefinite article (for masculine and neuter nouns in the nominative case). The adjective takes the same ending as if it were placed before a noun and it has a capital letter.

*Ich sehe **den Alten** in der Stadtmitte.*
I see the old man in the town centre.

*Ich habe **eine Verwandte** in Cochem.*
I have a (female) relation in Cochem.

***Der/die Kleine** schläft sehr schlecht.*
The little one (baby) sleeps very badly.

***Der Deutsche/Ein Deutscher** segelt in die Karibik.*
The/A German is sailing to the Caribbean.

*Krankenschwestern helfen **Kranken/den Kranken**.*
Nurses help sick people (indefinite article)/the sick (definite article).

A9 Masculine and feminine job titles *Berufsbezeichnungen für Männer und Frauen*

All job titles have a masculine and a feminine form. The feminine form is usually the masculine form with **-in** added, such as *der Lehrer – die Lehrer**in***. The nearest 'a' or 'o', if there is one, often becomes 'ä' or 'ö' to help pronunciation, as in *der Zahnarzt – die Zahn**ä**rzt**in***.

Masculine job titles ending in **-mann** change to **-frau** in the feminine form, as in *der Kauf**mann** – die Kauf**frau***.

When people describe their own or someone else's job, the indefinite article is not needed in German.

Ich bin Busfahrer.
I am a bus driver.

Deine Freundin ist Fischhändlerin.
Your friend is a fishmonger.

B Adjectives *Adjektive*

Adjectives are words that describe nouns.

B1 Adjectives before and after nouns *Adjektive vor und nach Substantiven*

If you place adjectives after the noun, they do not change:

*Mein Garten ist **schön**.*
My garden is beautiful.

*Die Hose ist **blau**.*
The trousers are blue.

*Das Haus ist **groß**.*
The house is large.

If you place an adjective before a noun, you have to add an ending.

B2 Adjectives after definite articles *Adjektive nach bestimmten Artikeln*

Below are the endings for adjectives that come after the definite article:

	m	f	n	pl
Nom	*der schöne Garten*	*die blaue Hose*	*das große Haus*	*die alten Schuhe*
Acc	*den schönen Garten*	*die blaue Hose*	*das große Haus*	*die alten Schuhe*
Gen	*des schönen Gartens*	*der blauen Hose*	*des großen Hauses*	*der alten Schuhe*
Dat	*dem schönen Garten*	*der blauen Hose*	*dem großen Haus*	*den alten Schuhen*

Die schwarze Jacke kostet viel Geld.
The black jacket costs a lot of money.

*Ich kaufe **den** schwarz**en** Pulli.*
I am buying the black jumper.

*Die Farbe **des** elegant**en** Hemd**es** ist schön.*
The colour of the elegant shirt is attractive.

*Der Junge mit **den** neu**en** Handschuhe**n** kommt aus der Schweiz.*
The boy with the new gloves comes from Switzerland.

B3 Adjectives after indefinite articles *Adjektive nach unbestimmten Artikeln*

Below are the endings for adjectives that come after the indefinite and negative articles:

	m	f	n	pl
Nom	*ein schöner Garten*	*eine blaue Hose*	*ein großes Haus*	*keine alten Schuhe*
Acc	*einen schönen Garten*	*eine blaue Hose*	*ein großes Haus*	*keine alten Schuhe*
Gen	*eines schönen Gartens*	*einer blauen Hose*	*eines großen Hauses*	*keiner alten Schuhe*
Dat	*einem schönen Garten*	*einer blauen Hose*	*einem großen Haus*	*keinen alten Schuhen*

*Es ist **eine** interessante Zeitung.*
It is an interesting newspaper.

*Ich schreibe **einen** freundlichen Brief.*
I am writing a friendly letter.

*Während **einer** langen Autofahrt schläft der Kleine oft ein.*
During a long car journey the little boy often falls asleep.

*Sandra schwimmt gern mit **einer** guten Freundin.*
Sandra likes to swim with a good friend.

*Karolina wählt **kein** ungesundes Essen.*
Karolina does not choose any unhealthy food.

B4 Demonstrative adjectives: 'dieser' and 'jener' *Demonstrativadjektive*

Dieser corresponds to the English 'this', or 'these' in the plural. *Jener* is 'that', or 'those' in the plural.

	m	f	n	pl
Nom	dieser jener	diese jene	dieses jenes	diese jene
Acc	diesen jenen	diese jene	dieses jenes	diese jene
Gen	dieses jenes	dieser jener	dieses jenes	dieser jener
Dat	diesem jenem	dieser jener	diesem jenem	diesen jenen

***Dieser** Pullover ist schön.*
This sweater is nice.

***Diese** Bluse ist zu klein, aber jene Bluse kostet viel.*
This blouse is too small but that blouse costs a lot.

***Dieses** Kleid ist billig.*
This dress is cheap.

***Diese** dicke Frau isst viel fettes Essen, aber **jene** schlanke Frau isst sehr gesundes Essen.*
This fat woman eats a lot of fatty food, but that slim woman eats very healthy food.

The endings of *dieser* and *jener* are the same as for the definite article, including for adjective endings. *Jener* tends to be used only in formal speech, to contrast with *dieser*.

Note that *dieser* and *jener* can also be used as demonstrative pronouns. Again, they have the same endings as the definite article:

Welchen Pullover möchtest du kaufen?
Which jumper would you like to buy?

*Ich möchte **diesen** kaufen.*
I would like to buy this one.

B5 Possessive adjectives
Possessivadjektive

Possessive adjectives are words like 'my', 'your', 'his', 'her' etc. Their gender and number must agree with the noun they refer to.

	m	f	n	pl
my	mein	meine	mein	meine
your (informal)	dein	deine	dein	deine
his	sein	seine	sein	seine
her	ihr	ihre	ihr	ihre
its	sein	seine	sein	seine
our	unser	unsere	unser	unsere
your (informal)	euer	eure	euer	eure
their	ihr	ihre	ihr	ihre
your (polite)	Ihr	Ihre	Ihr	Ihre

Possessive adjectives also need case endings. These are the same endings as for the indefinite article, including for adjectives.

*Ist das **dein** Vater?*
Is that your father?

*Ich möchte nicht ohne **meine** Kinder in Urlaub gehen.*
I don't want to go on holiday without my children.

*Paul geht mit **seiner** Mutter ins Kino.*
Paul goes to the cinema with his mother.

*Die Brüder kaufen **ihr** Auto von **ihrem** Onkel.*
The brothers buy their car from their uncle.

*Können Sie **Ihre** Frage bitte wiederholen?*
Can you repeat your question, please?

B6 Interrogative adjectives
Frageadjektive

Welcher means 'which' in English.

m	f	n	pl
welcher	welche	welches	welche

***Welches** Hemd ist zu groß?*
Which shirt is too big?

***Welchen** Film sieht er heute Abend an?*
Which film is he watching tonight?

Welcher needs to agree with the noun in number, gender and case. The endings are the same as for the definite article, including for adjectives.

Wie viel, meaning 'how much?', is formed in a similar way.

***Wie viele** Freunde kommen zur Party?*
How many friends are coming to the party?

B7 Adjectival endings after 'etwas, nichts, viel, wenig, alles' *Adjektivendungen*

After these words, adjectives are often used as neuter nouns and take a capital letter and endings. Here are some common examples:

*Er liest **etwas Interessantes**.*
He is reading something interesting.

*Es gibt hier **nichts Schönes**.*
There is nothing beautiful here.

*Hana und Beate essen **wenig Süßes**.*
Hana and Beate do not eat much sweet food.

B8 Comparative adjectives *Der Komparativ*

To compare two things you use the comparative, which is formed by adding **-er** to the adjective:

schnell	fast	*schneller*	faster
früh	early	*früher*	earlier
schlecht	bad	*schlechter*	worse

A preceding vowel (a, o, u) may take an umlaut in the comparative of some common single-syllable adjectives:

warm	warm	*w**ä**rmer*	warmer
groß	big	*gr**ö**ßer*	bigger
gesund	healthy	*ges**ü**nder*	healthier

In English, with longer adjectives, we often say 'more' (e.g. more interesting). In German this does not happen. You still add **-er**:

oft	often	*öfter*	more often
interessant	interesting	*interessanter*	more interesting

But note some exceptions:

viel	lots	*mehr*	more
gut	good	*besser*	better
hoch	tall/high	*höher*	taller/higher

Comparative adjectives can also go in front of the noun and add endings in the same way as other adjectives (see sections B2 and B3):

*Mein Vater hat ein **schnelleres** Auto gekauft.*
My father has bought a faster car.

B9 Superlative adjectives *Der Superlativ*

The superlative (highest, quickest etc.) is formed by adding **-ste** to the nominative form of the adjective. It agrees with the noun it describes:

schnell	fast	*der/die/das schnell**ste***	fastest
freundlich	friendly	*der/die/das freundlich**ste***	most friendly

*Alle Autos hier sind billig, aber dieses Auto ist **das billigste**.*
All cars here are cheap, but this car is the cheapest

You can also place the superlative in front of the noun. In this case you must add the correct adjective ending:

*Ich habe den billigste**n** Pulli gekauft.*
I bought the cheapest sweater.

Note these common exceptions:

gut	good	*der/die/ das beste*	best
hoch	tall/high	*der/die/ das höchste*	tallest/ highest
viel	lots	*der/die/ das meiste*	most

B10 Quantifiers and qualifiers *Mengenwörter und Modaladverbien*

Quantifiers explain how much or how many, whereas qualifiers explain what something is like. Quantifiers and qualifiers go in front of adjectives, but as they tend to be adverbs, they do not have endings, regardless of whether the adjective has an ending. These are common examples:

sehr	very
ziemlich	quite
viel	very, much
wenig	little
ein bisschen	a little

*Mein Bruder hat einen **ziemlich** kleinen Hund.*
My brother has a rather small dog.

*Die Musik ist ein **bisschen** laut.*
The music is a bit loud.

C Adverbs *Adverbien*

Adverbs describe verbs, adjectives or other adverbs and generally do not take endings. Some quantifiers and qualifiers (see section B10) are adverbs.

C1 Adjectives used as adverbs
Adjektive als Adverbien

While English usually has one word for the adjective (e.g. 'slow') and another for its equivalent adverb (e.g. 'slowly'), German adjectives can also act as adverbs. When adjectives are used as adverbs, they do not have adjective endings.

*Das Auto ist **langsam**.*
The car is slow.

*Ich fahre **langsam**.*
I travel slowly.

*Der Bäcker ist **böse**.*
The baker is angry.

*Der Bäcker öffnet **böse** die Tür.*
The baker opens the door angrily.

C2 *Gern*

Use *gern* (or *nicht gern*) to indicate whether you do or do not like doing something:

*Ich sehe **gern** fern.*
I like watching television.

*Er arbeitet **gern** im Büro.*
He likes working in the office.

*Ich gehe nicht **gern** ins Kino.*
I don't like going to the cinema.

The comparative and superlative forms of *gern* are *lieber* and *am liebsten*:

*Ich esse **gern** Fisch, aber ich esse **lieber** Hähnchen.*
I like to eat fish, but I prefer to eat chicken.

*Sie lernen **gern** Spanisch, aber sie lernen **am liebsten** Deutsch.*
They like to learn Spanish but they like learning German best.

C3 Interrogative adverbs
Frageadverbien

These words seek further information than a simple yes/no question can obtain:

***Was** möchtest du morgen früh machen?*
What do you want to do tomorrow morning?

***Wie** bist du nach Luxemburg gefahren?*
How did you travel to Luxembourg?

***Wann** kommt der Zug aus Brüssel an?*
When does the train from Brussels arrive?

For further information see section H (Sentence construction).

C4 Adverbs and adverbial phrases of time *Zeitadverbien*

These words and phrases are important to determine the time frame of the sentence (past, present, future):

gestern	yesterday
morgen	tomorrow
vor zwei Jahren	two years ago
heute	today
am Abend	in the evening
letzte Woche	last week
in drei Jahren	in three years

***Gestern** bin ich nach Straßburg gefahren.*
Yesterday I went to Strasbourg.

*Wir sehen **am Abend** fern.*
We watch television in the evening.

*Wir gehen **in drei Jahren** auf die Uni.*
We are going to university in three years.

C5 Adverbs and adverbial phrases for degrees of certainty *Adverbialphrasen*

Apart from expressing time, adverbs (and adverbial phrases) can express degrees of certainty or uncertainty.

*Wir trinken **jeden Tag** zwei Liter Wasser.*
We drink two litres of water every day.

*Sie bekommen **vielleicht** einen wichtigen Brief von meinen Eltern.*
You will perhaps receive an important letter from my parents.

*Ich fahre **meistens** mit dem Bus.*
I travel mostly by bus.

*Er nimmt **wahrscheinlich** die Straßenbahn zur Stadtmitte.*
He is probably taking the tram to the town centre.

C6 Comparative and superlative adverbs *Komparativ- und Superlativadverbien*

Comparative and superlative adjectives can be used adverbially:

*Er spricht **besser** Deutsch.*
He speaks German better.

*Wir spielen **am liebsten** Golf.*
We like playing golf best.

*Sie spricht **leiser** am Telefon.*
She speaks more quietly on the telephone.

Gern is an exception, as seen in section C2.

These adverbs have irregular forms, too:

bald – eher – am ehesten   soon

gut – besser – am besten	good
nah – näher – am nächsten	near
viel – mehr – am meisten	much, many

D Pronouns *Pronomen*

A pronoun is a word that replaces a noun: a person, animal, thing or idea.

D1 Personal pronouns
Personalpronomen

German pronouns change according to their case.

	Nom	Acc	Dat
I	*ich*	*mich*	*mir*
you (informal)	*du*	*dich*	*dir*
he, it	*er*	*ihn*	*ihm*
she, it	*sie*	*sie*	*ihr*
it	*es*	*es*	*ihm*
we	*wir*	*uns*	*uns*
you (informal)	*ihr*	*euch*	*euch*
they	*sie*	*sie*	*ihnen*
you (polite)	*Sie*	*Sie*	*Ihnen*

Subject pronouns are used instead of the subject of the verb, when you already know what that subject is. They are therefore always in the **nominative** case. In the following example the subject of the first sentence (*der Mann*) is replaced by the subject pronoun *er* in the second sentence.

Wo wohnt der Mann?
Where does the man live?

Er wohnt in Zürich.
He lives in Zurich.

Personal pronouns are used in the **accusative** case in two situations:

● instead of the direct object of the verb when you already know who or what is being referred to

Wie findest du deine neue Nachbarin?
How do you like your new neighbour?

*Ich finde **sie** sympathisch.*
I think she is nice.

● following prepositions that take the accusative

Das Buch ist für Peter.
The book is for Peter.

*Es ist ein Geschenk für **ihn**.*
It is a present for him.

Personal pronouns are used in the **dative** case in these situations:

● to replace the indirect object of the verb when you already know who or what is being indirectly referred to

*Johann hilft **seinen Freunden** im Garten.*
Johann is helping his friends in the garden.

*Er baut **ihnen** ein Gewächshaus.*
He is building a greenhouse for them.

● following prepositions that take the dative

*Frederick verbringt das Wochenende mit **seinem Onkel**.*
Frederick is spending the weekend with his uncle.

*Er angelt mit **ihm**.*
He is going fishing with him.

D2 Modes of address *Anredeformen*

Use *du* to address one person you know well, such as a close family member or friend.

Use *Sie* to address one person or more whom you do not know well or with whom you are on polite rather than friendly terms. *Sie* can be used professionally or to an adult whom you have only just met.

Use *ihr* to address more than one person you know well. This could be several family members or classmates.

*Vati, willst **du** am Wochenende Tennis spielen?*
Dad, do you want to play tennis this weekend?

*Herr Meyer, haben **Sie** meine Hausaufgaben bekommen?*
Mr Meyer, have you received my homework?

*Peter und Simone, geht **ihr** heute Abend ins Kino?*
Peter and Simone, are you going to the cinema this evening?

D3 Reflexive pronouns
Reflexivpronomen

Reflexive pronouns are used with reflexive verbs. A reflexive verb is one where the person doing the action does it to himself/herself. Most reflexive verbs have pronouns in the accusative case, as in this example. *Sich waschen* means 'to wash (oneself)':

ich	*wasche **mich***	*wir*	*waschen **uns***
du	*wäschst **dich***	*ihr*	*wascht **euch***
er/sie/es/man	*wäscht **sich***	*Sie/sie*	*waschen **sich***

Some verbs are used reflexively in the dative case. The dative pronouns differ from the accusative pronouns only in the *ich* and *du* forms.

*Ich putze **mir** die Zähne.*
I clean my teeth.

*Du wäschst **dir** die Haare.*
You wash your hair.

D4 Relative pronouns *Relativpronomen*

Relative pronouns ('that', 'who', 'which' etc.):

- introduce relative clauses
- send the verb to the end of the clause
- agree in number and gender with the noun to which they refer
- are preceded by a comma

The grammatical case of the relative pronoun depends on its role within the relative clause. It takes its number and gender from the noun it refers to. We can join the following two sentences with a relative pronoun:

Der Mann heißt Walter. Er spielt gut Tennis.
The man is called Walter. He plays tennis well.

*Der Mann, **der** gut Tennis spielt, heißt Walter.*
The man who plays tennis well is called Walter.

or

*Der Mann, **der** Walter heißt, spielt gut Tennis.*
The man who is called Walter plays tennis well.

The relative clauses *der gut Tennis spielt* and *der Walter heißt* cannot stand on their own. They simply tell us more about the man.

The relative pronouns are as follows:

	m	f	n	pl
Nom	der	die	das	die
Acc	den	die	das	die
Gen	dessen	deren	dessen	deren
Dat	dem	der	dem	denen

The relative pronoun can be missed out in English but not in German.

The book (**that**) I bought was boring.
*Das Buch, **das** ich gekauft habe, war langweilig.*

The television (**that**) I bought is too small.
*Der Fernseher, **den** ich gekauft habe, ist zu klein.*

Was is also used as a relative pronoun, but unlike the above, it does not change. It is used after indefinite pronouns such as *alles, viel, nichts* and all superlatives.

*Das ist das Beste, **was** ich gesehen habe.*
It is the best that I have seen.

D5 Possessive pronouns *Possessivpronomen*

The forms for these are the same as for *dieser/jener* (see section B4).

*Dein Kuli ist schwarz. **Unserer** ist blau.*
Your biro is black. Ours is blue.

*Du hast deine Jacke. Hast du **ihre** gesehen?*
You have your jacket. Have you seen hers?

*Dein Buch ist langweilig. **Meines** ist interessanter.*
Your book is boring. Mine is more interesting.

D6 Indefinite pronouns *Indefinitpronomen*

These pronouns are used for more general or vague subjects, rather than specific pronouns such as 'I' or 'he', for example:

jemand	someone
etwas	something
man	one, you (meaning people generally)
nichts	nothing

***Jemand** hat meinen Bleistift genommen.*
Someone has taken my pencil.

***Man** soll in der Schule ein weißes Hemd tragen.*
You are supposed to wear a white shirt at school.

***Nichts** ist unmöglich.*
Nothing is impossible.

D7 Emphatic pronouns *Emphatische Pronomen*

Selbst or *selber* mean 'myself', 'yourself', 'himself' etc. These words are added to give emphasis. No agreement is needed. They can be used with reflexive verbs and in any person.

*Die Arbeit ist leicht. Ich mache sie **selber**.*
The work is easy. I am doing it myself.

*Ich habe das Mittagessen **selbst** vorbereitet.*
I prepared lunch myself.

E Prepositions *Präpositionen*

Prepositions are words such as 'in', 'under', 'until', 'without'. They are usually placed before a noun or pronoun and show the relationship between that noun or pronoun and the rest of the sentence.

E1 Single-case prepositions + accusative *Präpositionen mit dem Akkusativ*

These prepositions are always followed by the accusative case:

für	for
um	around
durch	through
gegen	against
entlang	along (stands after the noun)
bis	until
ohne	without
wider	against

*Das Geschenk ist für **meine Freundin**.*
The present is for my girlfriend.

To help you remember the above list of prepositions, remember the nonsense word **fudgebow** (f = *für*, u = *um* etc.). All of them are placed before the noun, except *entlang*, which is placed after.

*Ich gehe **den Fluss** entlang.*
I walk along the river.

E2 Single-case prepositions + dative *Präpositionen mit dem Dativ*

These prepositions are always followed by the dative case:

ab	from
aus	from, out of
außer	except for
bei	at
gegenüber	opposite
mit	with
nach	after, to
seit	since
von	from
zu	to

***Nach** der Schule gehe ich schwimmen.*
After school I go swimming.

*Er kommt **aus** dem Geschäft.*
He comes out of the shop.

Shortened forms:

*zu dem – **zum***   *zu der – **zur***

*bei dem – **beim***   *von dem – **vom***

E3 Dual-case prepositions + either accusative or dative *Wechselpräpositionen*

Some prepositions can be followed by either the accusative or the dative. The accusative is used to show movement towards a place; the dative is used to show rest or position at a place.

an	at, on (vertical things)
auf	on (horizontal things)
hinter	behind
in	in, into
neben	next to
über	over, above, across
unter	under, among
vor	in front of
zwischen	between

Accusative: *Ich gehe **in das** Haus.*
I go into the house.

Dative: *Wir wohnen **in dem** Doppelhaus.*
We live in the semi-detached house.

Accusative: *Er hängt das Bild **an die** Wand.*
He hangs the picture on the wall.

Dative: *Das Bild hängt **an der** Wand.*
The picture hangs on the wall.

Shortened forms:

in das   **ins**   *in dem*   **im**

*an das – **ans***   *an dem – **am***

E4 Prepositions + genitive *Präpositionen mit dem Genitiv*

Some prepositions take the genitive case. These often have 'of' in their English translation, such as 'because of', and include:

außerhalb	outside	*während*	during
statt	instead of	*wegen*	because of
trotz	in spite of		

*Er wohnt **außerhalb** der Stadt.*
He lives outside of the town.

***Trotz** seines ausgezeichneten Aufsatzes hat er nicht den Preis gewonnen.*
Despite his excellent essay, he did not win the prize.

F Verb tenses *Zeitformen des Verbs*

Verbs are 'doing' words: they describe actions. The form of the verb depends on:

- the person or thing doing the action; this is the subject of the verb and could be a noun or a pronoun. You must use the correct verb ending for each different noun/pronoun.

- when the action happens; this is known as the **tense**.

F1 Present tense *Das Präsens*

Use this tense to talk about things that are happening now or about what happens every day or regularly.

Weak or regular verbs

All weak or regular verbs behave like *wohnen* (to live). First find the infinitive (e.g. *wohnen*) and take off the **-en** to give the stem **wohn-**. Then add the endings shown in bold below:

wohnen

ich	wohn**e**	wir	wohn**en**
du	wohn**st**	ihr	wohn**t**
er/sie/es/man	wohn**t**	Sie/sie	wohn**en**

Strong or irregular verbs

A few verbs are **strong** or **irregular verbs.** They are irregular in more forms than the *du* and *er/sie/es/man* forms, e.g. *sein* (to be). This is an important verb and you must learn it.

sein

ich	bin	wir	sind
du	bist	ihr	seid
er/sie/es/man	ist	Sie/sie	sind

Mixed verbs

Some verbs are known as **mixed** verbs. These verbs change the stem, usually in the *du* and *er/sie/es/man* forms only. Look at *haben* (to have) below:

haben

ich	habe	wir	haben
du	**hast**	ihr	habt
er/sie/es/man	**hat**	Sie/sie	haben

Modal verbs

There is a small group of six verbs known as **modals.** You usually use modal verbs together with another verb that is in the infinitive and which goes at the end of the sentence. The six modals are:

dürfen (may/to be allowed to)

ich	darf	wir	dürfen
du	darfst	ihr	dürft
er/sie/es/man	darf	Sie/sie	dürfen

können (can/to be able to)

ich	kann	wir	können
du	kannst	ihr	könnt
er/sie/es/man	kann	Sie/sie	können

mögen (to like to)

ich	mag	wir	mögen
du	magst	ihr	mögt
er/sie/es/man	mag	Sie/sie	mögen

müssen (must/to have to)

ich	muss	wir	müssen
du	musst	ihr	müsst
er/sie/es/man	muss	Sie/sie	müssen

sollen (should/ought to)

ich	soll	wir	sollen
du	sollst	ihr	sollt
er/sie/es/man	soll	Sie/sie	sollen

wollen (to want to)

ich	will	wir	wollen
du	willst	ihr	wollt
er/sie/es/man	will	Sie/sie	wollen

*Ich **muss** mit dem Zug nach Berlin fahren.*
I have to travel to Berlin by train.

*Er **will** ein neues Auto kaufen.*
He wants to buy a new car.

*Du **kannst** hier Fußball spielen.*
You can play football here.

Separable verbs

Separable verbs come in two parts: the prefix and the verb. In the present tense you separate the prefix from the verb and put the prefix at the end of the sentence. The verb is the second element (see section H1).

Look at these sentences:

***ab**waschen – Ich wasche jeden Tag **ab**.*
I wash up every day.

***auf**räumen – Sie räumt ihr Zimmer nie **auf**.*
She never tidies her room.

***ein**kaufen – Mein Vater kauft gern **ein**.*
My father likes to go shopping.

***fern**sehen – Jeden Abend sehen wir zwei Stunden **fern**.*
We watch television for two hours every evening.

In a dictionary (or glossary) the prefix is always listed first, so you would look for *abwaschen* under 'a'.

F2 Imperative *Der Imperativ*

In German you use the imperative form of the verb when you want to give instructions or orders. It is formed from the present tense. The imperative of the polite form *Sie* is the same as the present tense but you place the *Sie* after the verb. For example:

Gehen Sie *geradeaus.*
Go straight on.

Nehmen Sie *die zweite Straße links.*
Take the second road on the left.

To make the imperative of the *du* form, take off the **-(e)st** of the present tense:

gehen: du gehst
Geh *geradeaus.*

nehmen: du nimmst
Nimm *die erste Straße rechts.*

An important exception is *sein*. For example:

Sei *ruhig!*   Be quiet!

The imperative *ihr* form is the *ihr* form of the verb without the pronoun. For example:

Steht auf!   Stand up.

With reflexive verbs you must remember to include the appropriate reflexive pronoun in the imperative:

sich setzen: ihr setzt euch → Setzt euch!

Sometimes the infinitive is used to give commands, such as those on official signs:

Bitte **ziehen**.   Please pull. [on a door]

Auf spielende Kinder **achten**!   Watch out for children playing. [on a road sign]

F3 Perfect tense *Das Perfekt*

The perfect tense is used to talk about what happened in the past and is now finished. It is made up of two parts:

1 the **auxiliary**, i.e. the correct form of either *haben* or *sein*

2 the **past participle**, which goes at the end of the sentence

Regular past participles

To form the past participle of a **regular** verb:

- Take the infinitive, e.g. *kaufen.*
- Remove the **-en** at the end and add **-t**.
- Add **ge-** to the beginning of the word.

For example, the past participle of *kaufen* is *gekauft*. The past participle **always** stays the same.

Verbs with a stem ending in **-t**, such as *arbeiten*, add an extra **-e** in the past participle so that they can be pronounced more easily: *gearbeitet*.

Irregular past participles

Irregular past participles still have **ge-** at the beginning but end in **-en** rather than **-t**:

infinitive = geben   *past participle = gegeben*

Sometimes the vowel changes as well:

infinitive = trinken   *past participle = getrunken*

Refer to the verb table (pages 245–248) to find the correct forms of irregular past participles.

Verbs with inseparable prefixes or that end in *-ieren*

Verbs that begin with inseparable prefixes (e.g. **be-, emp-, ent-, er-, ver-, zer-**) or that end in **-ieren** do not add **ge-** to form the past participle. The past participles of these verbs just take the ending **-t** (regular verbs) or **-en** (irregular verbs):

telefonieren – telefoniert

besuchen – besucht

empfehlen – empfohlen

Auxiliary: *haben* or *sein*

Most verbs form the perfect tense with *haben*:

Ich **habe** *ein T-Shirt* **gekauft**.
I have bought a T-shirt.

Du **hast** *zu viel Schokolade* **gegessen**.
You have eaten too much chocolate.

Er **hat** *einen Schlüssel* **gefunden**.
He found a key.

However, the following verbs form the perfect tense with *sein*:

- verbs of movement, e.g. *gehen, fliegen, fahren*
- verbs indicating a change of state e.g. *aufwachen* (to wake up), *einschlafen* (to go to sleep), *werden* (to become)
- *bleiben* (to stay)

Ich **bin** *nach Hause* **gegangen**.
I went home.

Wir **sind** *nach Amerika* **geflogen**.
We flew to America.

Er **ist** *mit dem Auto* **gefahren**.
He travelled by car.

Bist *du zu Hause* **geblieben**?
Did you stay at home?

Separable verbs in the perfect tense

With separable verbs the **ge-** goes after the separable prefix:

Ich bin um 8 Uhr aufgewacht.
I woke up at 8 o'clock.

Wir haben den Tisch abgeräumt.
We cleared the table.

Inseparable verbs in the perfect tense

Some verbs have a prefix that is inseparable. The prefix therefore remains on the front of the past participle and **ge-** is not added. Examples of inseparable prefixes include **be-, emp-, ent-, er-, ver-** and **zer-**.

An meinem Geburtstag habe ich Geld bekommen.
On my birthday I received money.

Der Lehrer hat die Hausaufgaben vergessen.
The teacher forgot the homework.

F4 Imperfect tense *Das Imperfekt*

The imperfect tense is used to describe past events or situations that are now finished. Except for some common verbs, it is not usually used in speech.

Regular (weak) verbs in the imperfect tense
Take the infinitive of the verb (e.g. *machen*), remove the *-en* (*mach-*) and add the endings shown in bold below:

ich	mach**te**	wir	mach**ten**
du	mach**test**	ihr	mach**tet**
er/sie/es/man	mach**te**	Sie/sie	mach**ten**

Note that *ich arbeite* becomes *ich arbeitete*.

Irregular (strong) verbs in the imperfect tense
These verbs have set stems to which the following endings are added:

geben

ich	gab	wir	gab**en**
du	gab**st**	ihr	gab**t**
er/sie/es/man	gab	Sie/sie	gab**en**

Mixed verbs
These are weak or regular verbs that have a different stem in the imperfect tense from the one used in the present tense. These different stems can be found by looking in the imperfect column in the verb table on pages 245–248.

When you have found the irregular imperfect stem, add the regular endings. For example:

denken

ich	dach**te**	wir	dach**ten**
du	dach**test**	ihr	dach**tet**
er/sie/es/man	dach**te**	Sie/sie	dach**ten**

Common irregular verbs used in the imperfect in speech

sein (to be)

ich	war	wir	war**en**
du	war**st**	ihr	war**t**
er/sie/es/man	war	Sie/sie	war**en**

haben (to have)

ich	hatte	wir	hatte**n**
du	hatte**st**	ihr	hatte**t**
er/sie/es/man	hatte	Sie/sie	hatte**n**

Modal verbs in the imperfect tense
Modal verbs are frequently used in the imperfect in spoken German. For example:

können

ich	konn**te**	wir	konn**ten**
du	konn**test**	ihr	konn**tet**
er/sie/es/man	konn**te**	Sie/sie	konn**ten**

Note that the imperfect tense of *können* means 'could' as in 'was able to' (i.e. in the past). To say 'could' as in 'would be able to', use the imperfect subjunctive of *können* (see F7).

F5 Pluperfect tense
Das Plusquamperfekt

The pluperfect expresses something that had happened before another event in the past that is being talked about. To form the pluperfect tense, use the imperfect tense of *haben* or *sein* together with the relevant past participle.

The rules about whether to use *haben* or *sein* are the same as in the perfect tense (see section F3).

ich	hatte gegessen	wir	hatten gegessen
du	hattest gegessen	ihr	hattet gegessen
er/sie/es/man	hatte gegessen	Sie/sie	hatten gegessen

ich	war gekommen	wir	waren gekommen
du	warst gekommen	ihr	wart gekommen
er/sie/es/man	war gekommen	Sie/sie	waren gekommen

Ich hatte meine Hausaufgaben schon gemacht, als mein Freund ankam.
I had already done my homework when my friend arrived.

F6 Future tense *Das Futur*

In German, as in English, the present tense is often used to express future ideas if a future time phrase is included:

Ich fahre nächste Woche nach Berlin.
I'm going to Berlin next week.

To form the future tense, use the correct form of the present tense of *werden* plus the infinitive of the relevant verb. The infinitive goes at the end of the sentence. Here is the present tense of *werden*:

ich	werd**e**	wir	werd**en**
du	**wirst**	ihr	werd**et**
er/sie/es/man	**wird**	Sie/sie	werd**en**

*Ich **werde** in einem Büro **arbeiten**.*
I shall/will work in an office.

*Er **wird** nächste Woche nach Berlin **fahren**.*
He will go to Berlin next week.

If the future tense is being used in a subordinate clause, the *werden* part is last:

Er denkt, dass ich morgen Fußball spielen werde.
He thinks that I will play football tomorrow.

F7 Conditional *Der Konjunktiv*

The conditional expresses the idea of 'would'. It is used to talk about actions that depend on certain conditions being fulfilled. The easiest way to express what you 'would do' is to use the conditional. It is formed by combining the appropriate form of *würde* with the relevant infinitive (which goes at the end of the sentence):

ich **würde** *mehr Rad* **fahren**

du **würdest** *in der Schweiz* **wohnen**

er/sie/es/man **würde** *an der Uni* **studieren**

wir **würden** *mehr Rad* **fahren**

ihr **würdet** *in der Schweiz* **wohnen**

sie **würden** *an der Uni* **studieren**

Sie **würden** *an der Uni* **studieren**

Würden is the **imperfect subjunctive** form of the verb *werden*. For some common verbs, you do not need to use *würden* as they have their own imperfect subjunctive forms.

These have the same endings as *würden* (shown above), but the stem for each verb is irregular:

Ich **wäre** *reich.*
I would be rich.

Ich **hätte** *ein großes Haus.*
I would have a large house.

Ich **könnte** *mit dem Rad fahren.*
I could (= would be able to) travel by bike.

Ich **möchte** *im Ausland arbeiten.*
I would like to work abroad.

Ich **sollte** *früh ins Bett gehen.*
I should go to bed early

Note that the imperfect subjunctive form *könnte* means 'could' as in 'would be able to', whereas the imperfect tense form *konnte* means 'could' as in 'was able to'.

The conditional is often used with the subordinating conjunction *wenn* (if) (see also section H4).

Wenn ich viel Geld **hätte**, **würde** *ich eine Weltreise* **machen**.
If I had lots of money, I would go on a world tour.

Ich **würde** *in Frankreich* **wohnen**, *wenn ich Französisch sprechen* **könnte**.
I would live in France if I could speak French.

G Verb usage *Verben verwenden*

G1 Impersonal verbs *Unpersönliche Verben*

These verbs do not refer to any person or thing in particular. They are often used in set phrases or idioms, for example:

- weather expressions (*es regnet, es schneit, es friert* etc.)
- *gefallen, schmecken: Ich kaufe oft Brot. Es schmeckt mir gut.*
- *es gibt* + accusative: *Es gibt einen Dom in Köln.*
- *es ist mir kalt/warm/schwindlig/übel*
- *es tut mir leid*
- *es freut mich*
- *es geht (nicht) es geht (mir/ihr etc.) gut/schlecht/besser: Es geht mir gut, aber meiner Schwester geht es schlecht.*

G2 Infinitive constructions *Infinitivsätze*

The infinitive can be used in the following ways:

- to form the future or conditional:

Ich werde mit dem Bus **fahren**.
I will travel by bus.

Wir würden uns in Spanien **sonnen**.
We would sunbathe in Spain.

- after modal verbs:

Sie muss gesündere Gerichte **essen**.
She must eat healthier dishes.

Er will auf dem Land **wohnen**.
He wants to live in the countryside.

- with *gehen*:

Ich gehe **schwimmen**.
I go swimming.

- with *zu*:

Es ist nicht erlaubt, Kaugummi in die Schule **zu bringen**.
It is forbidden to bring chewing gum into school.

- with *um...zu* and *ohne...zu* (see below):

Wir duschen, **um** *Wasser* **zu sparen**.
We have a shower in order to save water.

- with *lassen*:

Er **lässt** *sich die Haare* **schneiden**.
He has his hair cut.

- with *Könntest du/Könnten Sie*:

Könnten Sie mir das Buch **reichen**, *bitte?*
Please could you pass me the book?

Um…zu and ohne…zu

To say 'in order to…' you use the construction *um…zu* plus the infinitive at the end of the clause. There is a comma before *um*.

Jan fährt nach Zürich, **um** *seine Großmutter* **zu** *besuchen.*
Jan is travelling to Zurich in order to visit his grandmother.

Ohne…zu means 'without…'. There is a comma before *ohne* and the infinitive goes at the end of the clause:

Meine Mutter hat den Urlaub gebucht, **ohne** *meinen Vater* **zu** *fragen.*
My mother has booked the holiday without asking my father.

G3 *Seit* and *schon*

Seit means 'for' or 'since'. If the situation that is being talked about is still going on, the present tense is used in German (whereas the past tense is used in English). If *seit* is followed by a noun, the dative case must be used. *Schon* means 'already'.

Ich wohne hier **seit** *2004.*
I have lived here since 2004.

Ich lerne Deutsch **seit** *drei Jahren.*
I have been learning German for three years.

Ich wohne **schon seit** *meiner Geburt in Mannheim.*
I have lived in Mannheim since my birth.

Wir fuhren **schon** *seit zehn Jahren nach Frankreich, als ich endlich Paris besuchte.*
We had been going to France for ten years before I finally visited Paris.

G4 Negative constructions *Negation*

Nicht

Nicht means 'not' and tends to go directly after the verb in the present tense.

Mein Bruder ist **nicht** *freundlich.*
My brother is not friendly.

Ich gehe **nicht** *ins Kino.*
I'm not going to the cinema.

Nie

Nie means 'never'.

Wir kochen **nie** *fettiges Essen.*
We never cook greasy food.

Kein

Kein means 'no', 'not a' or 'not any'. It agrees with the noun that comes after it. (See section A5 for information about agreement.)

Ich bin Vegetarierin und ich esse **kein** *Fleisch.*
I am a vegetarian and I do not eat meat.

Er hat **kein** *Geld.*
He has not got any money.

Nichts

Nichts means 'nothing' or 'not anything'. If you add *gar* or *überhaupt* in front of *nichts,* it means 'nothing at all'.

Er hat **gar nichts** *gemacht.*
He did nothing at all.

Niemand

Niemand means 'no one' and, as it is a pronoun, takes endings in the accusative and dative cases:

Niemand *erklärt mir die Situation.*
No one explains the situation to me.

Ich habe **niemanden** *im Supermarkt getroffen.*
I did not meet anyone in the supermarket.

G5 Passive voice and how to avoid it
Das Passiv und wie man es vermeidet

The passive voice is used when the subject of the verb is not carrying out the action but is on the receiving end of it. The subject carrying out the action is often missing completely, but when it is included, it is introduced by *von* + dative. To form the passive voice, use *werden* as the auxiliary plus the past participle of the verb:

Die Bücher **werden gekauft.**
The books are bought.

Die Frau **wird** *von dem Jungen* **gesehen.**
The woman is seen by the boy.

Viele Politiker **werden** *im Fernsehen* **interviewt.**
Many politicians are interviewed on television.

The passive voice is less common in German than in English. A common way of avoiding the passive is the use of *man*:

Man *sieht die Frau.*
The woman is seen. (literally 'one sees the woman')

Man *interviewt viele Politiker.*
Many politicians are interviewed. (literally 'one interviews many politicians')

H Sentence construction *Satzbau*

H1 Main clauses *Hauptsätze*

In German the verb must always be the **second idea** in the clause or sentence:

Wir **fahren** *am Mittwoch in die Stadt.*
We travel into the town on Wednesday.

Sometimes you might want to stress a particular piece of information by putting it at the beginning of the sentence, but the verb must always be the second idea (not necessarily the second word, but the second idea):

Am Mittwoch **fahren** *wir in die Stadt.*
On Wednesday we travel into the town.

This leads to inversion of the subject (*wir*) and verb (*fahren*).

H2 Time, manner, place *Wann, wie, wo*

When you mention **when** (time), **how** (manner) and **where** (place) you do something in a sentence, the order they take is:

time - manner - place

Wir fahren am Mittwoch mit dem Bus in die Stadt.
We travel on Wednesday by bus into the town.

Even if there are only two types of this information in the sentence, the word order still follows this pattern:

Wir fahren am Mittwoch in die Stadt.
We travel on Wednesday into the town.

Wir fahren mit dem Bus in die Stadt.
We travel by bus into the town.

H3 Coordinating conjunctions *Konjunktionen*

You can join sentences together by using linking words (conjunctions). The coordinating conjunctions *aber, sondern, und* and *oder* do not change the word order.

Ich spiele Fußball. Ich sehe fern.
I play football. I watch television.

*Ich spiele Fußball **und** ich sehe fern.*
I play football and I watch television.

Er hat eine Schwester. Er hat keinen Bruder.
He has a sister. He has not got a brother.

*Er hat eine Schwester, **aber** er hat keinen Bruder.*
He has a sister but he has not got a brother.

H4 Subordinating conjunctions *Subjunktionen*

Subordinating conjunctions (e.g. *dass*) introduce subordinate clauses. A subordinate clause does not make sense on its own and so cannot stand alone: it needs a main clause. Subordinating conjunctions send the verb to the end of the sentence they introduce. Common subordinating conjunctions include:

als	when (in past actions)
bevor	before
damit	so that
dass	that
nachdem	after
obwohl	although
seitdem	since
so dass	so that
während	while
weil	because
wenn	when, if

*Er weiß, **dass** Drogen illegal sind.*
He knows that drugs are illegal.

*Er bleibt zu Hause, **weil** er krank ist.*
He is staying at home because he is ill.

*Ich fahre morgen an die Küste, **wenn** das Wetter schön ist.*
I am going to the coast tomorrow if the weather is fine.

*Sie spart ihr Taschengeld, **damit** sie ein neues Fahrrad kaufen kann.*
She is saving her pocket money so that she can buy a new bicycle.

*Wir haben sofort unsere Hausaufgaben gemacht, **als** wir zu Hause angekommen sind.*
We did our homework straightaway when we got home.

*Wir sind spazieren gegangen, **obwohl** es geregnet hat.*
We went for a walk although it was raining.

You can place the subordinate clause before the main clause. In this case the subordinate clause is the first idea, so the verb in the main clause is the second idea.

*Wenn das Wetter schön ist, **fahre** ich morgen an die Küste.*
If the weather is fine, I am going to the coast tomorrow.

H5 Forming questions *Fragen stellen*

Inversion
You can turn a statement into a question by using inversion. This means rearranging the statement to put the verb first and the subject second.

Du gehst am Samstag ins Kino.
You are going to the cinema on Saturday.

***Gehst du** am Samstag ins Kino?*
Are you going to the cinema on Saturday?

Er hat viele Hausaufgaben.
He has got a lot of homework.

***Hat er** viele Hausaufgaben?*
Has he got a lot of homework? (*or* Does he have…?)

Adding *ja, nicht, oder*
Adding these words can help to make your German sound more natural:

*Du möchtest ins Theater gehen, **oder**?*
You want to go to the theatre, don't you?

Question words
There are three types of question words, and in German most of them begin with *W*:

- interrogative adverbs
- interrogative pronouns
- interrogative adjectives.

241

Interrogative adverbs

These question words stand on their own at the beginning of a sentence or clause, often immediately before a verb, and do not change their form.

Wann beginnt der Film?
When does the film begin?

Warum macht ihr das?
Why are you doing that?

Was machst du in deiner Freizeit?
What do you do in your free time?

The question word for 'how' is often followed by an adjective.

Wie alt bist du?
How old are you?

Wo wohnst du?
Where do you live? (Where at)

Woher kommst du?
Where do you come from? (Where from)

Wohin gehst du?
Where are you going? (Where to)

Interrogative adjectives

These question words describe nouns. They agree in number, gender and case with the nouns they describe, and usually come just before them (these are explained in more detail in section B6).

Welches Kleid kaufst du?
Which dress are you buying?

Wie viel Taschengeld bekommst du?
How much pocket money do you get?

Interrogative pronouns

These question words refer to people. Their form changes according to their case, i.e. the function of the word 'who' in the sentence.

Nom	*Wer?*	Who?
Acc	*Wen?*	Who(m)?
Gen	*Wessen?*	Whose?
Dat	*Wem?*	To who(m)?

Wer hat das gesagt?
Who said that?

Wen können wir anrufen?
Who can we phone? (Whom can we phone?)

Wem gehört das?
Who does that belong to? (To whom does that belong?)

Mit wem hast du Fußball gespielt?
Who did you play football with?
(Preposition that takes the dative)

Wessen Schuhe sind unter dem Tisch?
Whose shoes are under the table?

I Numbers, dates, times and quantities *Zahlen, Daten, Uhrzeiten und Mengen*

I1 Cardinal numbers *Kardinalzahlen*

0	*null*	15	*fünfzehn*
1	*eins*	16	*sechzehn*
2	*zwei*	17	*siebzehn*
3	*drei*	18	*achtzehn*
4	*vier*	19	*neunzehn*
5	*fünf*	20	*zwanzig*
6	*sechs*	21	*einundzwanzig*
7	*sieben*	22	*zweiundzwanzig*
8	*acht*	23	*dreiundzwanzig*
9	*neun*	24	*vierundzwanzig*
10	*zehn*	25	*fünfundzwanzig*
11	*elf*	30	*dreißig*
12	*zwölf*	40	*vierzig*
13	*dreizehn*	50	*fünfzig*
14	*vierzehn*	60	*sechzig*

70	*siebzig*	300	*dreihundert*
80	*achtzig*	1000	*(ein)tausend*
90	*neunzig*	2000	*zweitausend*
100	*(ein)hundert*	3500	*dreitausendfünfhundert*
200	*zweihundert*		

Zwo can replace *zwei* in Switzerland and on the telephone.

This is how to express years:

● 1791 = *siebzehnhunderteinundneunzig*

● 1995 = *neunzehnhundertfünfundneunzig*

● 2008 = *zweitausendacht*

● 2022 = *zweitausendzweiundzwanzig*

I2 Ordinal numbers *Ordinalzahlen*

Up to 19th

To make ordinal numbers (first, second, third, fourth etc.) up to 19th, you simply add **-te** to the cardinal number, e.g. *fünfte, elfte, siebzehnte*. There are a few exceptions, such as:

erste	first
dritte	third
siebte	seventh
achte	eighth

Ordinal numbers are adjectives that may be used with an article, most often the definite article. In this situation, they have definite article adjective endings (see section B2):

*Er ist der **elfte** Schüler, der zu spät kommt.*
He is the eleventh pupil to arrive late.

*Nehmen Sie **die dritte** Straße links.*
Take the third street on the left.

*Wir wohnen im **zehnten** Stock.*
We live on the tenth floor.

From 20th upwards

To make ordinal numbers from 20th upwards, you must add **-ste** to the cardinal number:

zwanzigste	20th
einunddreißigste	31st
hundertste	100th

I3 Dates *Die Daten*

The months in German are written with a capital letter.

Januar, Februar, März, April, Mai, Juni, Juli, August, September, Oktober, November, Dezember

Ordinal numbers are used for dates in German. When giving dates, if you need to use *am*, you must add *-n* to the ordinal number since *am* takes the dative.

Ich habe am vierundzwanzigsten Juni Geburtstag.
My birthday is on 24 June. (My birthday is on the 24th June.)

This is not required if you are saying what date it is today, as in this case the nominative is used.

Heute ist Dienstag, der fünfte Dezember.
Today is Tuesday 5 December.

Ordinal numbers are frequently written as digits in dates, in which case a full stop is added.

Er hat am 20. Dezember Geburtstag.
His birthday is on 20 December.

I4 Telling the time *Die Uhrzeit lesen*

The 24-hour clock is widely used in German-speaking countries, especially for time tables and appointments.

07:00	*sieben Uhr*
08.10	*acht Uhr zehn*
10:15	*zehn Uhr fünfzehn*
12.05	*zwölf Uhr fünf*
14:30	*vierzehn Uhr dreißig*
17:45	*siebzehn Uhr fünfundvierzig*
24:00	*vierundzwanzig Uhr (null Uhr)*

The 12-hour clock is used in conversation and works in a similar way to the English-speaking version with one noticeable exception: half past the hour is expressed as half TO the next hour.

7:00 a.m.	*sieben Uhr (morgens)*
8.10 a.m.	*acht Uhr zehn*
10:15 a.m.	*Viertel nach zehn*
12:00 p.m.	*zwölf Uhr (mittags), mittag*
2:30 p.m.	*halb drei*
5.45 p.m.	*Viertel vor sechs*
12.00 a.m.	*zwölf Uhr (nachts), mitternacht*

Asking and telling the time

Wie spät ist es?
What time is it? (Literally 'How late is it?')

Es ist halb vier.
It is half past three.

Wie viel Uhr ist es?
What time is it?

Es ist zehn vor elf.
It is ten to eleven.

Saying you do something at a certain time

Ich mache meine Hausaufgaben um sechs Uhr abends.
I do my homework at six o'clock in the evening.

I5 Days of the week *Wochentage*

These are written with a capital letter in German.

Montag, Dienstag, Mittwoch, Donnerstag, Freitag, Samstag, Sonntag

To refer to an activity on a particular day, use the preposition *am* (short for *an dem*). In this case the day starts with a capital letter.

Am Samstag gehen wir in die Stadt.
On Saturday we are going into town.

To refer to an activity that takes place regularly add an **-s** to the day and use a small letter.

Dienstags spiele ich Fußball und donnerstags lerne ich Klavier.
On Tuesdays I play football, and on Thursdays I learn the piano.

16 Quantities, weights and measures
Mengen, Maße und Gewichte

When you ask for a quantity of something in German, you do not need the word for 'of'.

ein Stück Kuchen
a piece of cake

ein Glas Milch
a glass of milk

eine Portion Pommes
a portion of chips

eine Flasche Orangensaft
a bottle of orange juice

eine Packung Kekse
a packet of biscuits

ein Paar Socken
a pair of socks

Similarly, the word for 'of' is not needed when you are talking about weights or amounts of liquid.

hundert Gramm Käse
a hundred grammes of cheese

ein Kilo Äpfel
a kilo of apples

ein Liter Wasser
a litre of water

J Points of the compass *Himmelsrichtungen*

The points of the compass are all masculine in German.

der Norden the North

der Süden the South

der Westen the West

der Osten the East

This means that if you want to say 'in the North' you need to start with *im* (short for *in dem*).

Es ist sonnig im Süden.
It is sunny in the South.

The compass points can be joined together to give more precise directions

der Nordwesten, der Nordosten, der Südwesten, der Südosten

The compass points can also be used as a prefix for countries.

Wir fahren nach Norddeutschland.
We are travelling to North Germany.

Sie kommt aus Westfrankreich.
She comes from the west of France.

To say someone comes from the middle of a country, use *in der Mitte*, or use *mittel–* as a prefix.

– *Wohnst du in West- oder Ostösterreich?*

– *Nein, ich wohne in der Mitte.*

– *Ich wohne auch in Mittelösterreich, in Liezen.*

– Do you live in the North or the South of Austria?

– No, I live in the middle.

– I also live in the middle of Austria, in Liezen.

K Verb table *Die Verben*

* denotes verbs that take *sein* in the perfect and pluperfect tenses

Infinitive	Present	Imperfect	Past participle	English
anfangen	fängt an	fing an	angefangen	to begin, start
angeln	angelt	angelte	geangelt	to fish
ankommen	kommt an	kam an	angekommen *	to arrive
anrufen	ruft an	rief an	angerufen	to phone
anziehen (sich)	zieht an	zog an	angezogen	to put on (clothes)
arbeiten	arbeitet	arbeitete	gearbeitet	to work
aufhören	hört auf	hörte auf	aufgehört	to stop, finish
aufstehen	steht auf	stand auf	aufgestanden *	to get up
aufwachen	wacht auf	wachte auf	aufgewacht *	to wake up
ausgeben	gibt aus	gab aus	ausgegeben	to spend (money)
austauschen	tauscht aus	tauschte aus	ausgetauscht	to exchange
bearbeiten	bearbeitet	bearbeitete	bearbeitet	to work on
bedienen	bedient	bediente	bedient	to serve
beeinflussen	beeinflusst	beeinflusste	beeinflusst	to influence
befinden (sich)	befindet	befand	befunden	to be situated
beginnen	beginnt	begann	begonnen	to begin
bekommen	bekommt	bekam	bekommen	to get, receive
benutzen	benutzt	benutzte	benutzt	to use
besichtigen	besichtigt	besichtigte	besichtigt	to visit (a place), to view
bestellen	bestellt	bestellte	bestellt	to order
besuchen	besucht	besuchte	besucht	to visit
bieten	bietet	bot	geboten	to offer
bleiben	bleibt	blieb	geblieben *	to stay
brauchen	braucht	brauchte	gebraucht	to need
brechen	bricht	brach	gebrochen	to break
bringen	bringt	brachte	gebracht	to bring
dauern	dauert	dauerte	gedauert	to last
denken	denkt	dachte	gedacht	to think
durchfallen	fällt durch	fiel durch	durchgefallen *	to fail (exam)
dürfen	darf	durfte	gedurft	to be allowed to
einkaufen	kauft ein	kaufte ein	eingekauft	to shop
erfahren	erfährt	erfuhr	erfahren	to experience, to learn (a fact)
erleben	erlebt	erlebte	erlebt	to experience
erwarten	erwartet	erwartete	erwartet	to expect
erzählen	erzählt	erzählte	erzählt	to tell, to narrate
essen	isst	aß	gegessen	to eat
fahren	fährt	fuhr	gefahren *	to go, travel
fallen	fällt	fiel	gefallen *	to fall

Infinitive	Present	Imperfect	Past participle	English
fangen	fängt	fing	gefangen	to catch
feiern	feiert	feierte	gefeiert	to celebrate
finden	findet	fand	gefunden	to find
fliegen	fliegt	flog	geflogen *	to fly
fragen	fragt	fragte	gefragt	to ask
fühlen	fühlt	fühlte	gefühlt	to feel
geben	gibt	gab	gegeben	to give
gebrauchen	gebraucht	gebrauchte	gebraucht	to use
gehen	geht	ging	gegangen *	to go
gehören	gehört	gehörte	gehört	to belong to
gelingen	gelingt	gelang	gelungen *	to succeed, to manage
genießen	genießt	genoss	genossen	to enjoy
gewinnen	gewinnt	gewann	gewonnen	to win
glauben	glaubt	glaubte	geglaubt	to believe
haben	hat	hatte	gehabt	to have
halten	hält	hielt	gehalten	to stop, to hold
hängen	hängt	hing	gehangen	to hang
helfen	hilft	half	geholfen	to help
hoffen	hofft	hoffte	gehofft	to hope
hören	hört	hörte	gehört	to hear, listen to
kaufen	kauft	kaufte	gekauft	to buy
kennen	kennt	kannte	gekannt	to know
kommen	kommt	kam	gekommen *	to come
können	kann	konnte	gekonnt	to be able to
langweilen (sich)	langweilt	langweilte	gelangweilt	to be bored
lassen	lässt	ließ	gelassen	to leave, to allow
laufen	läuft	lief	gelaufen *	to run
leiden	leidet	litt	gelitten	to suffer
lernen	lernt	lernte	gelernt	to learn
lesen	liest	las	gelesen	to read
lieben	liebt	liebte	geliebt	to love
liegen	liegt	lag	gelegen	to lie
meinen	meint	meinte	gemeint	to think, to be of an opinion
mieten	mietet	mietete	gemietet	to hire, to rent
mögen	mag	mochte	gemocht	to like
müssen	muss	musste	gemusst	to have to
nehmen	nimmt	nahm	genommen	to take
plaudern	plaudert	plauderte	geplaudert	to chat
putzen	putzt	putzte	geputzt	to clean
rasieren (sich)	rasiert	rasierte	rasiert	to shave
reden	redet	redete	geredet	to talk, to speak

Infinitive	Present	Imperfect	Past participle	English
regnen	regnet	regnete	geregnet	to rain
reisen	reist	reiste	gereist *	to travel
reiten	reitet	ritt	geritten (*)	to ride (a horse)
rennen	rennt	rannte	gerannt *	to run
reparieren	repariert	reparierte	repariert	to repair
rufen	ruft	rief	gerufen	to call
sagen	sagt	sagte	gesagt	to say
scheinen	scheint	schien	geschienen	to shine
schicken	schickt	schickte	geschickt	to send
schlafen	schläft	schlief	geschlafen	to sleep
schließen	schließt	schloss	geschlossen	to shut
schneiden	schneidet	schnitt	geschnitten	to cut
schneien	schneit	schneite	geschneit	to snow
schreiben	schreibt	schrieb	geschrieben	to write
schwätzen	schwätzt	schwätzte	geschwätzt	to chat
schwimmen	schwimmt	schwamm	geschwommen *	to swim
sehen	sieht	sah	gesehen	to see
sein	ist	war	gewesen *	to be
singen	singt	sang	gesungen	to sing
sitzen	sitzt	saß	gesessen	to sit
sollen	soll	sollte	gesollt	to be supposed to
spielen	spielt	spielte	gespielt	to play
sprechen	spricht	sprach	gesprochen	to speak
staubsaugen	staubsaugt	staubsaugte	gestaubsaugt	to hoover
stehen	steht	stand	gestanden	to stand
stehlen	stiehlt	stahl	gestohlen	to steal
steigen	steigt	stieg	gestiegen *	to climb, go up
sterben	stirbt	starb	gestorben *	to die
studieren	studiert	studierte	studiert	to study (university)
suchen	sucht	suchte	gesucht	to look for
tanzen	tanzt	tanzte	getanzt	to dance
teilen	teilt	teilte	geteilt	to share
tragen	trägt	trug	getragen	to carry, to wear
treffen	trifft	traf	getroffen	to meet
treiben	treibt	trieb	getrieben	to do (sport)
trinken	trinkt	trank	getrunken	to drink
tun	tut	tat	getan	to do
übernachten	übernachtet	übernachtete	übernachtet	to spend the night
überqueren	überquert	überquerte	überquert	to cross (e.g. road)
uploaden	uploadet	uploadete	upgeloadet	to upload (computer)
verbessern	verbessert	verbesserte	verbessert	to improve, correct
verbringen	verbringt	verbrachte	verbracht	to spend (time)

Infinitive	Present	Imperfect	Past participle	English
verdienen	verdient	verdiente	verdient	to earn, deserve
vergessen	vergisst	vergaß	vergessen	to forget
verlieren	verliert	verlor	verloren	to lose
verstehen	versteht	verstand	verstanden	to understand
versuchen	versucht	versuchte	versucht	to try
waschen	wäscht	wusch	gewaschen	to wash
werden	wird	wurde	geworden *	to become
werfen	wirft	warf	geworfen	to throw
wissen	weiß	wusste	gewusst	to know
wohnen	wohnt	wohnte	gewohnt	to live
wollen	will	wollte	gewollt	to want to
zeigen	zeigt	zeigte	gezeigt	to show
ziehen	zieht	zog	gezogen	to pull